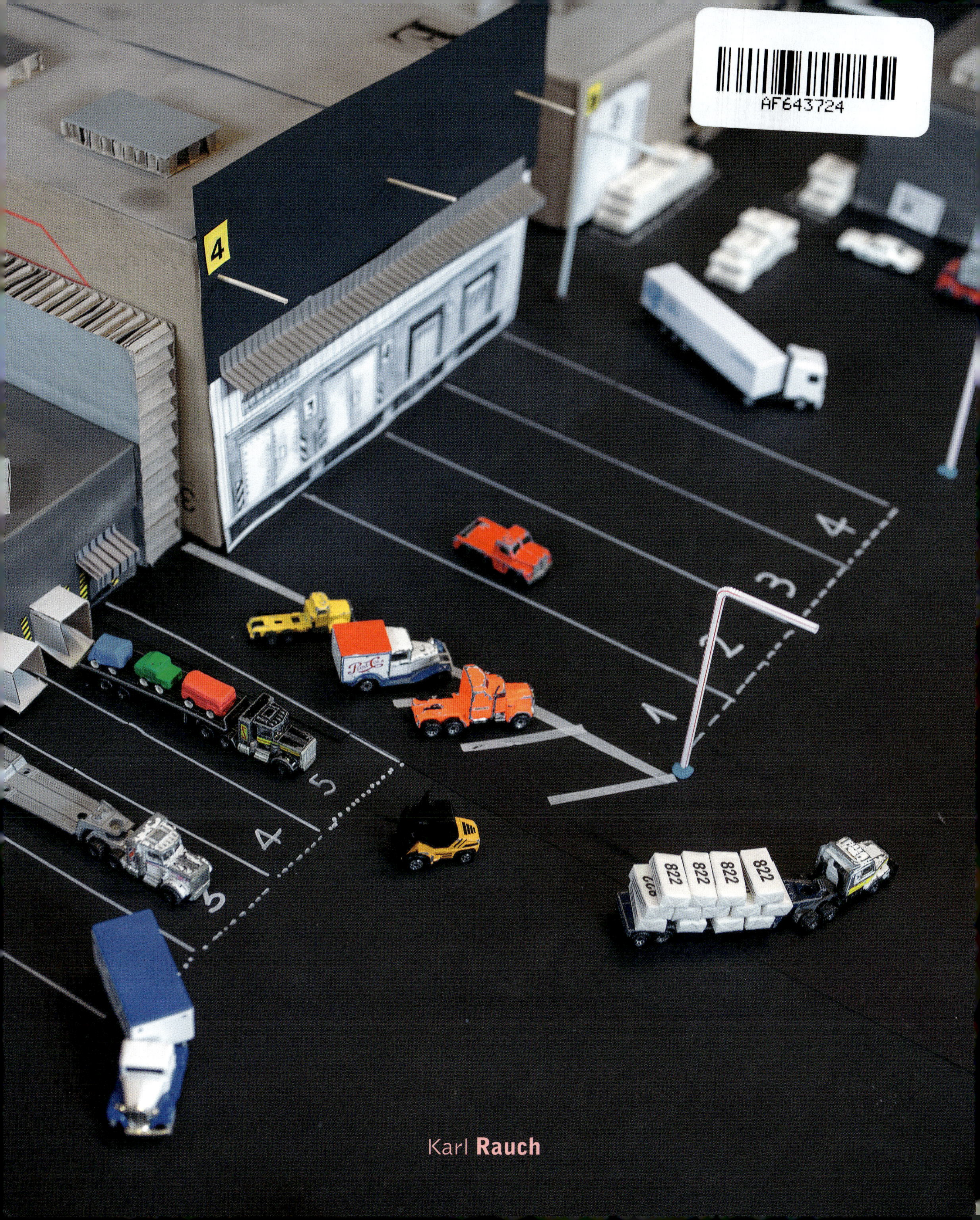

Karl **Rauch**

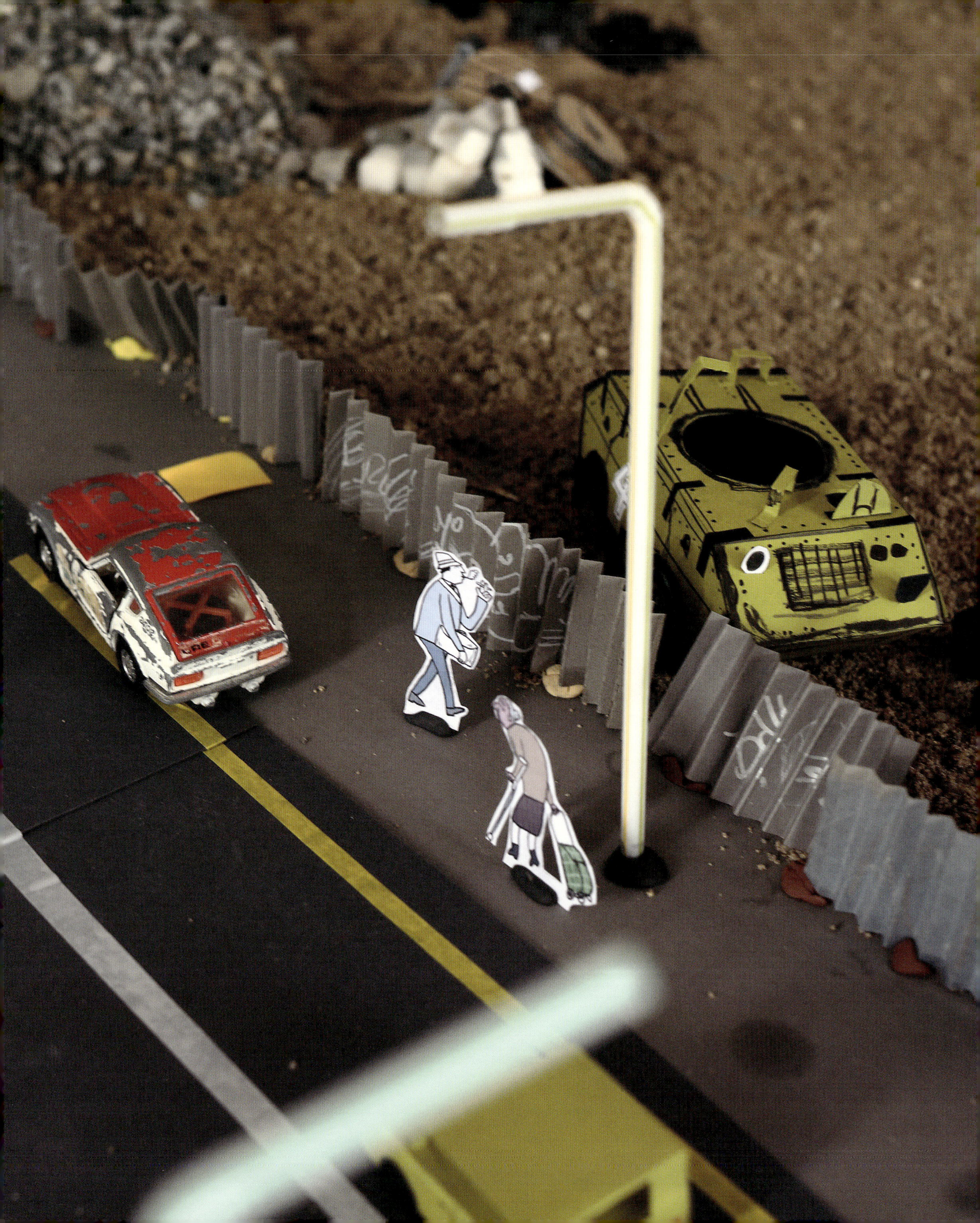

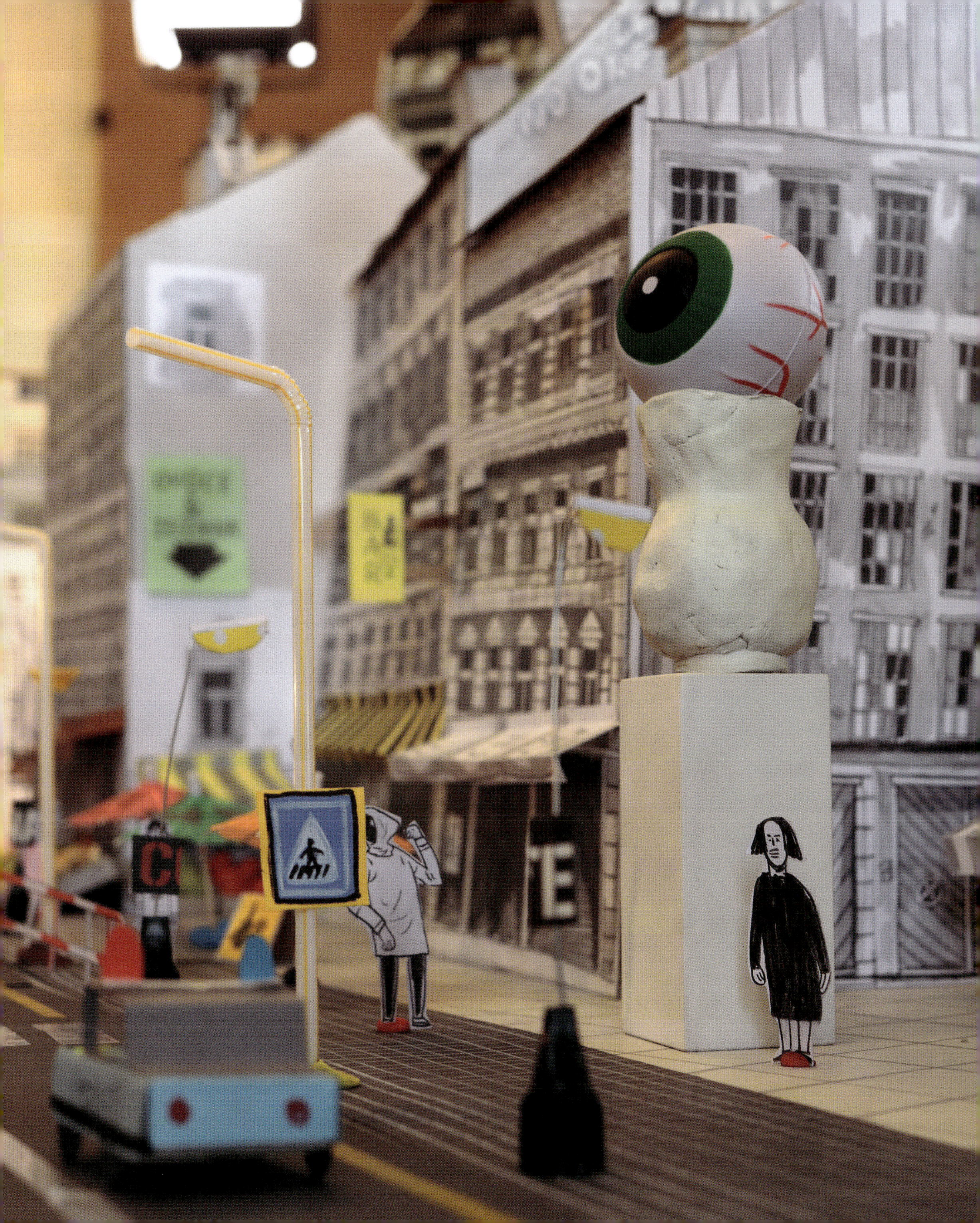

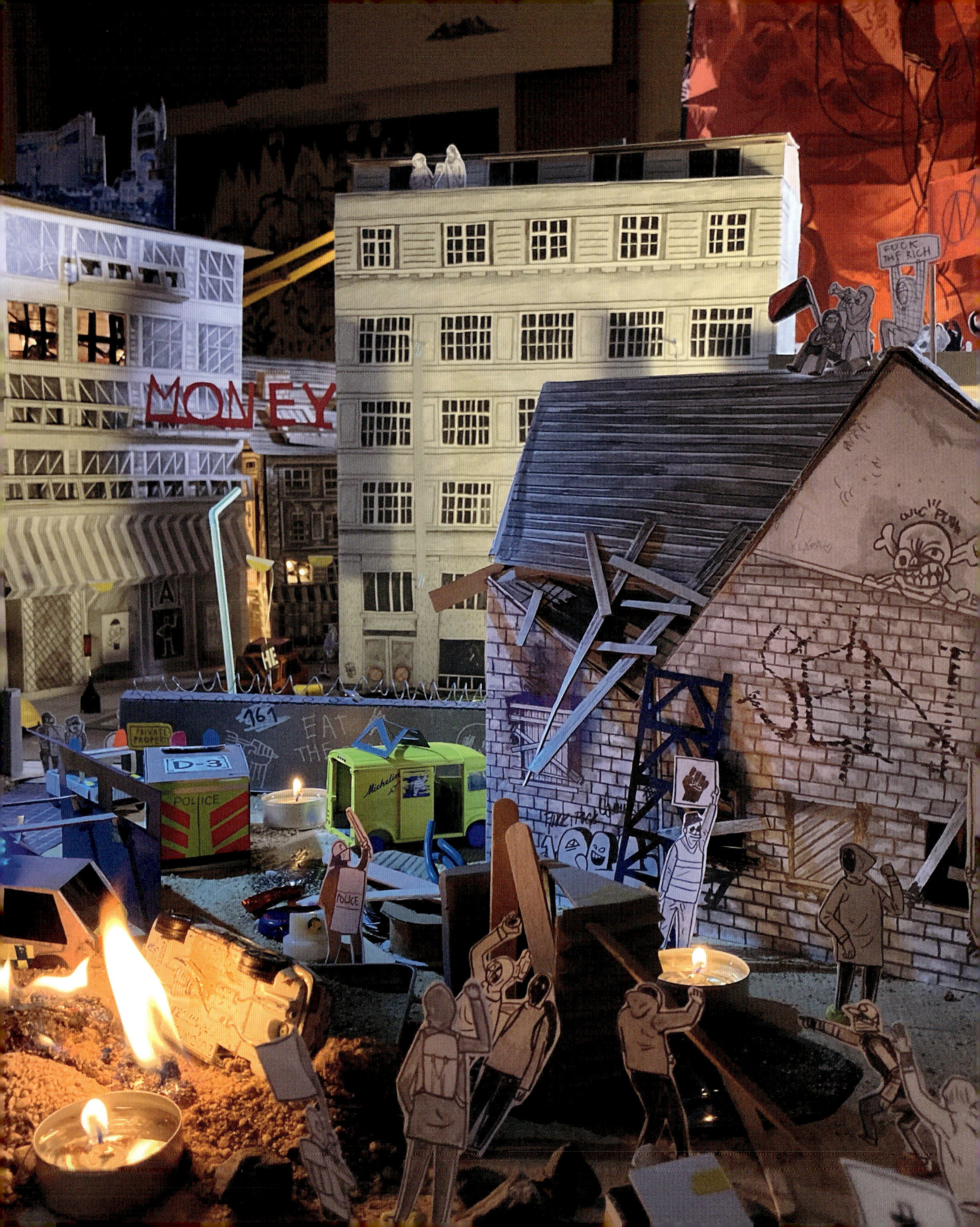

MONEY
FUCK THE RICH
POLICE
D-3
161
EAT THE
POLICE

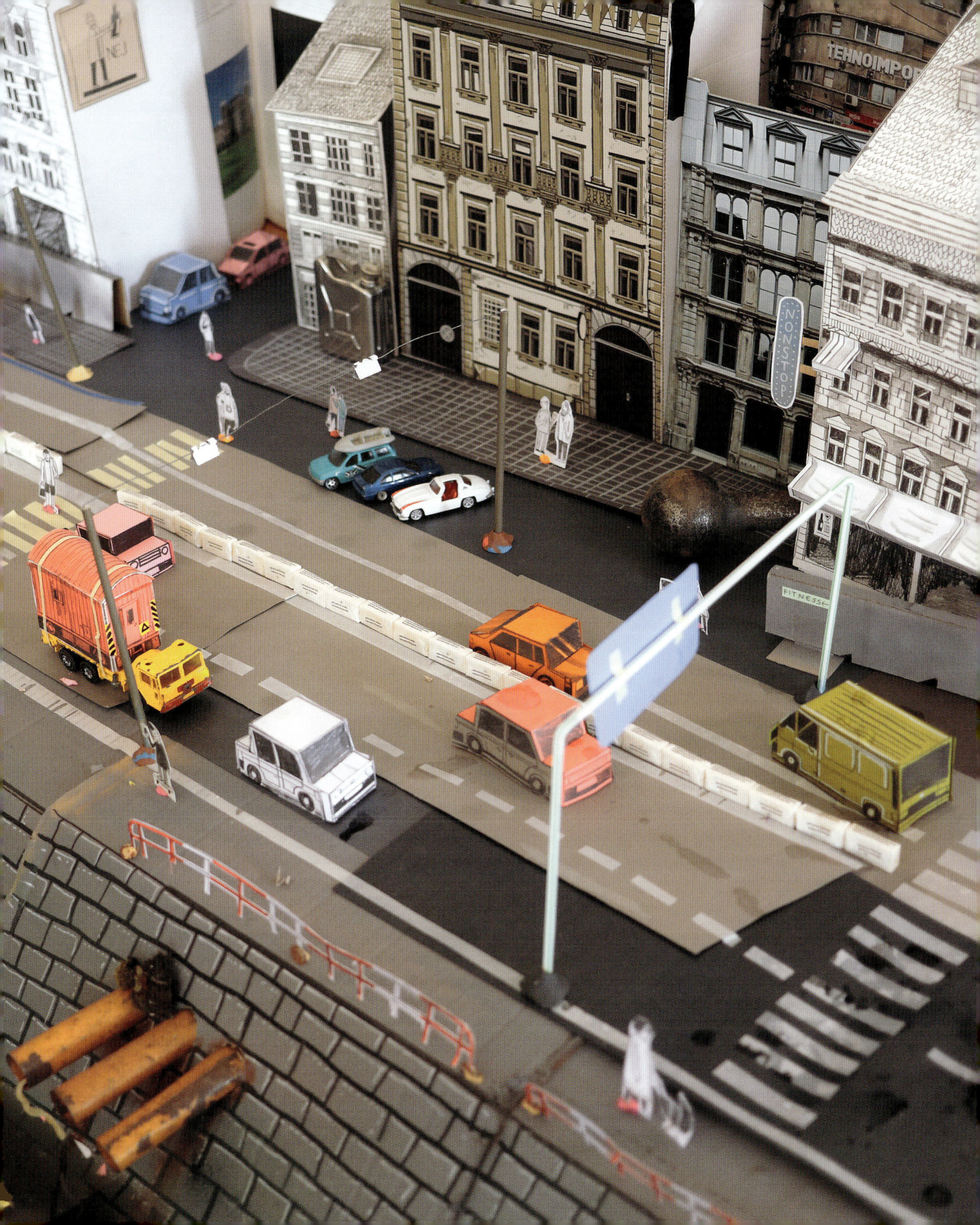
TEHNOIMPOR
NONSTOP

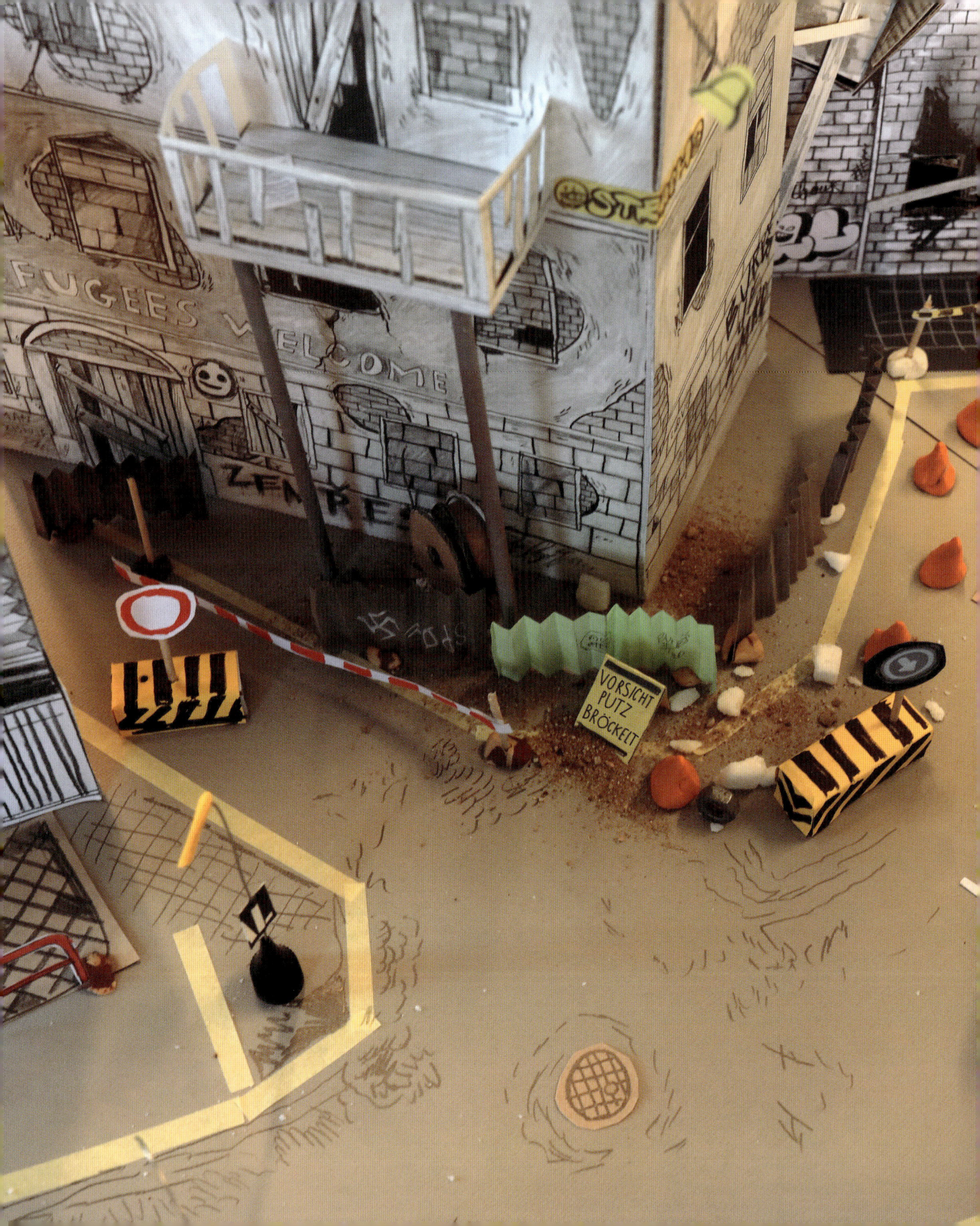
FUGEES WELCOME
VORSICHT PUTZ BRÖCKELT

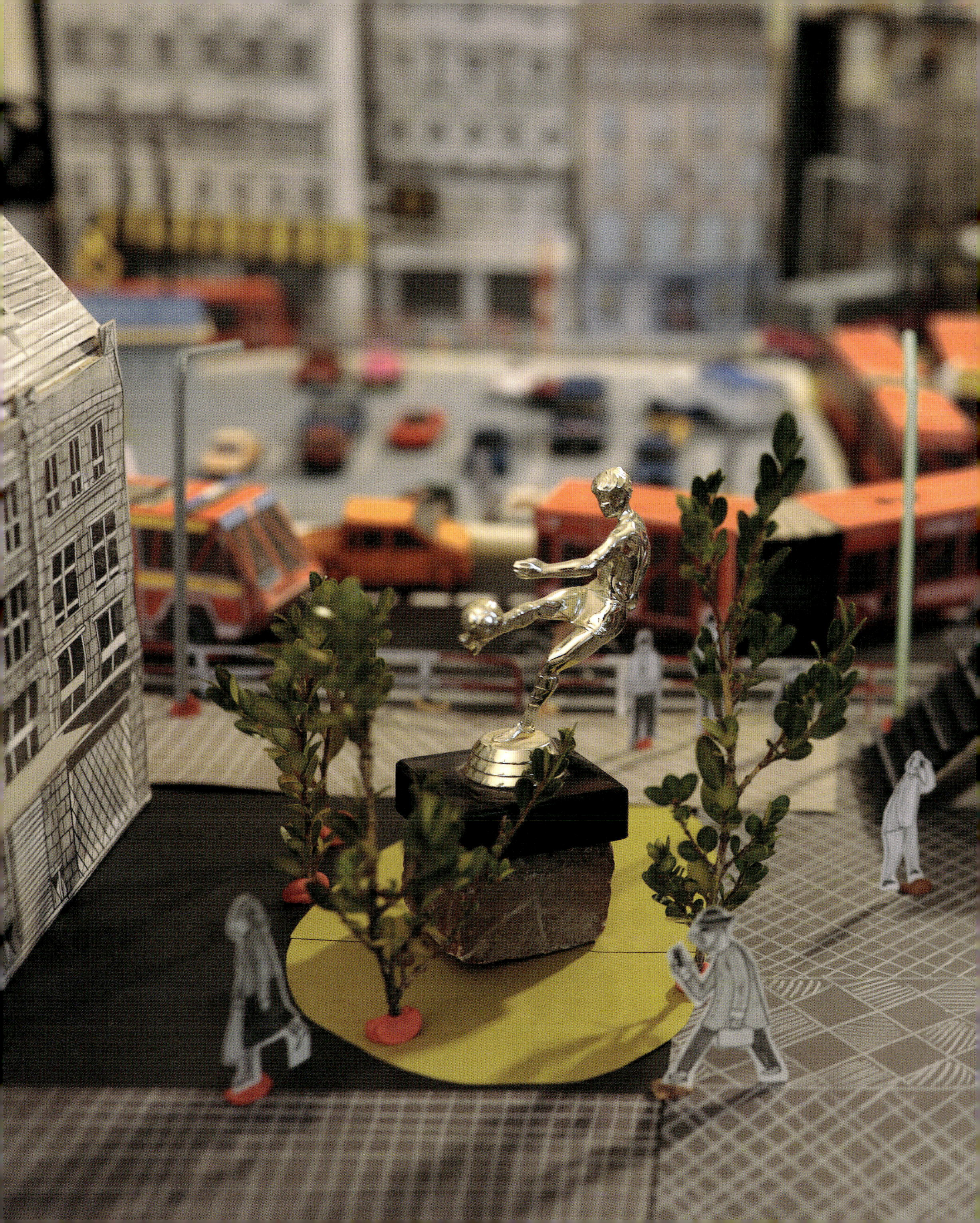

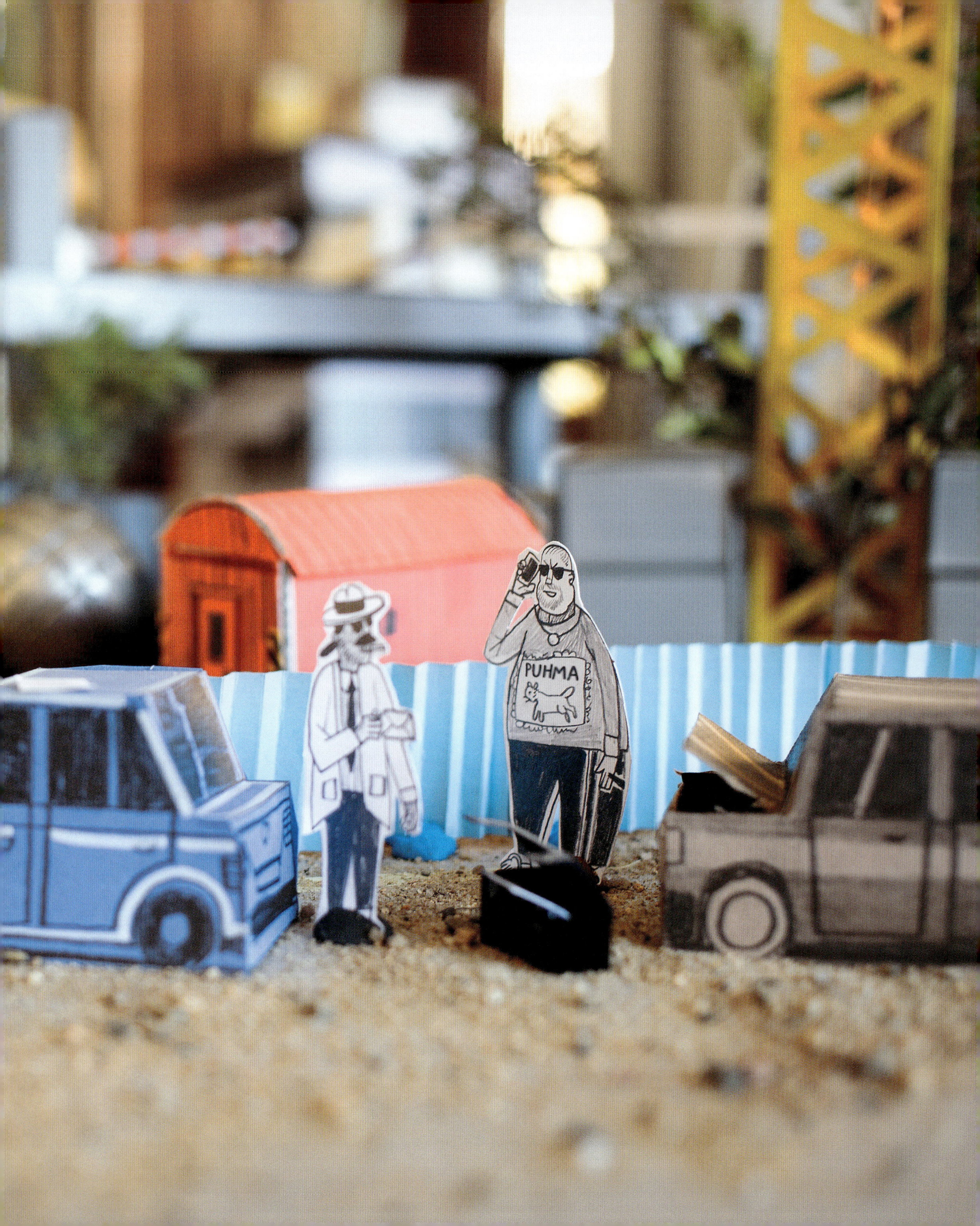
PUHMA

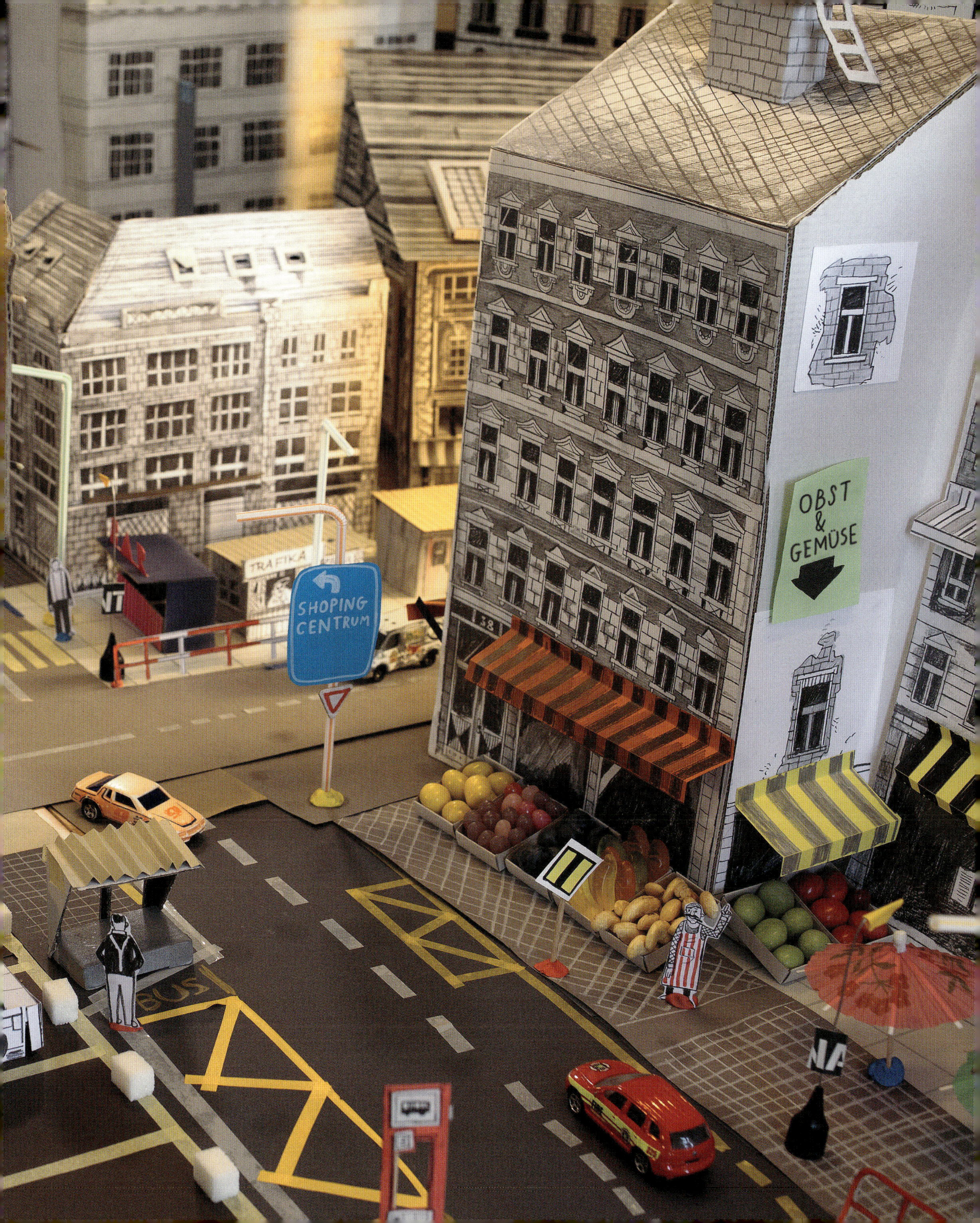

OBST
&
GEMÜSE
SHOPING
CENTRUM
TRAFIKA
BUS

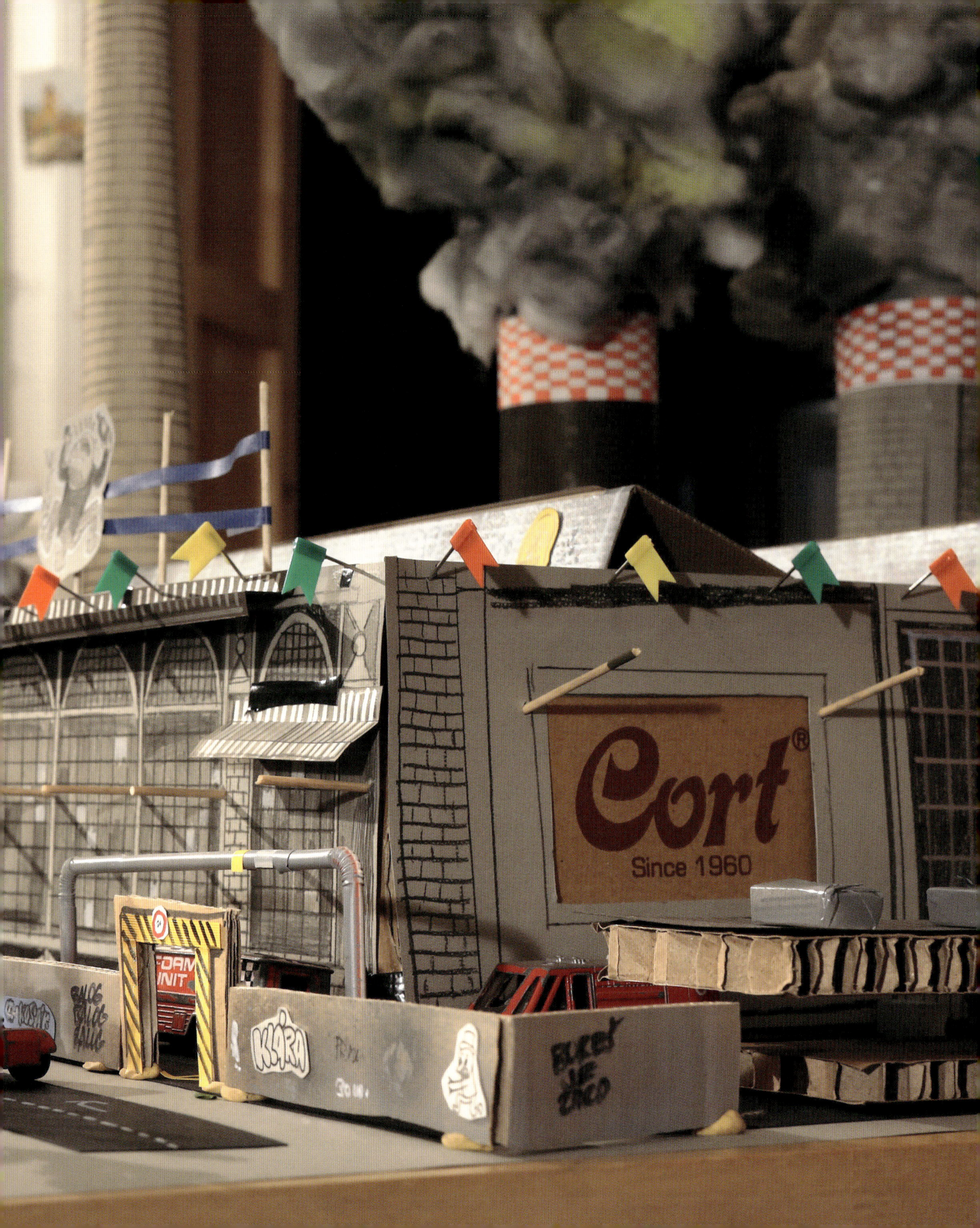
Cort®
Since 1960

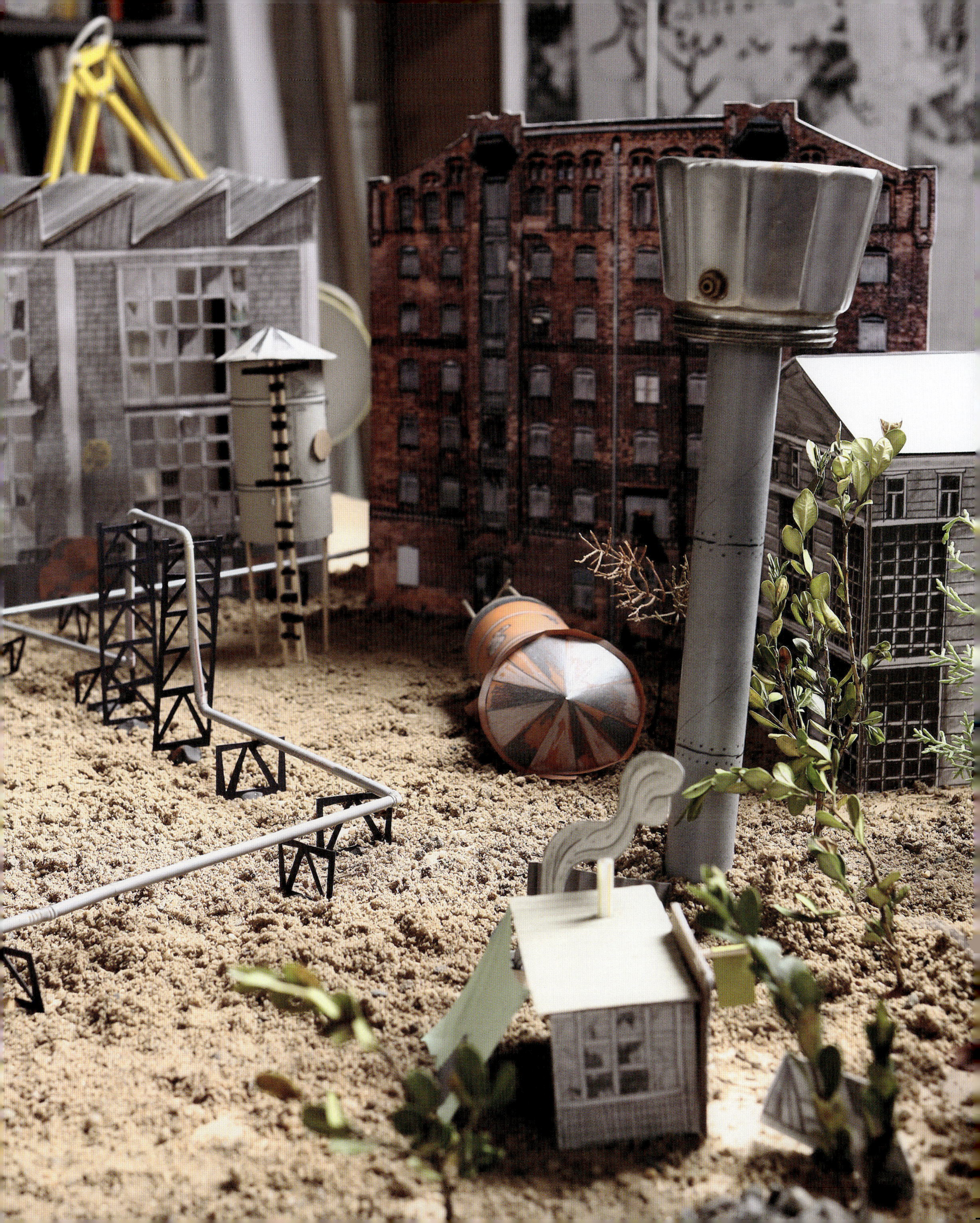

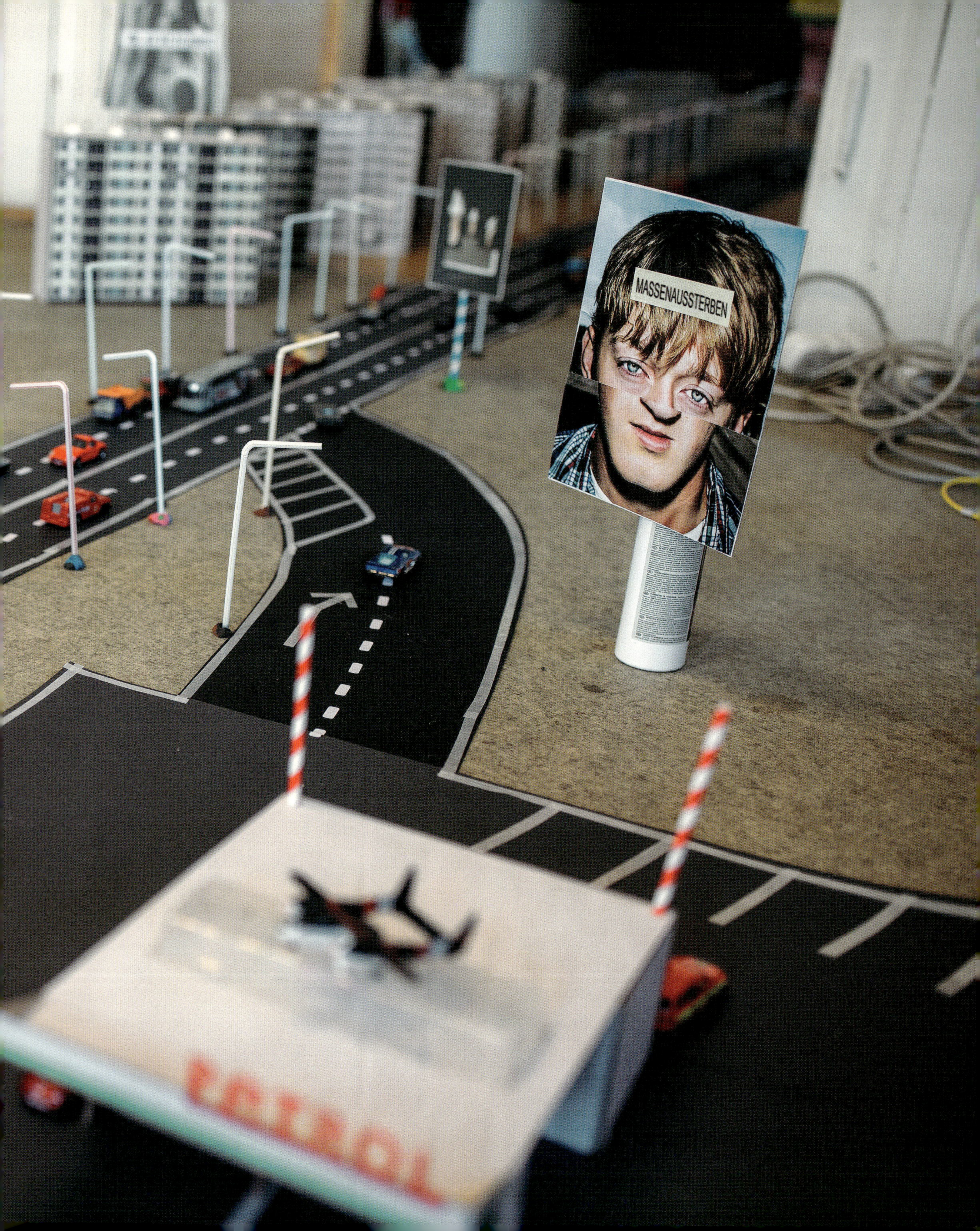
MASSENAUSSTERBEN

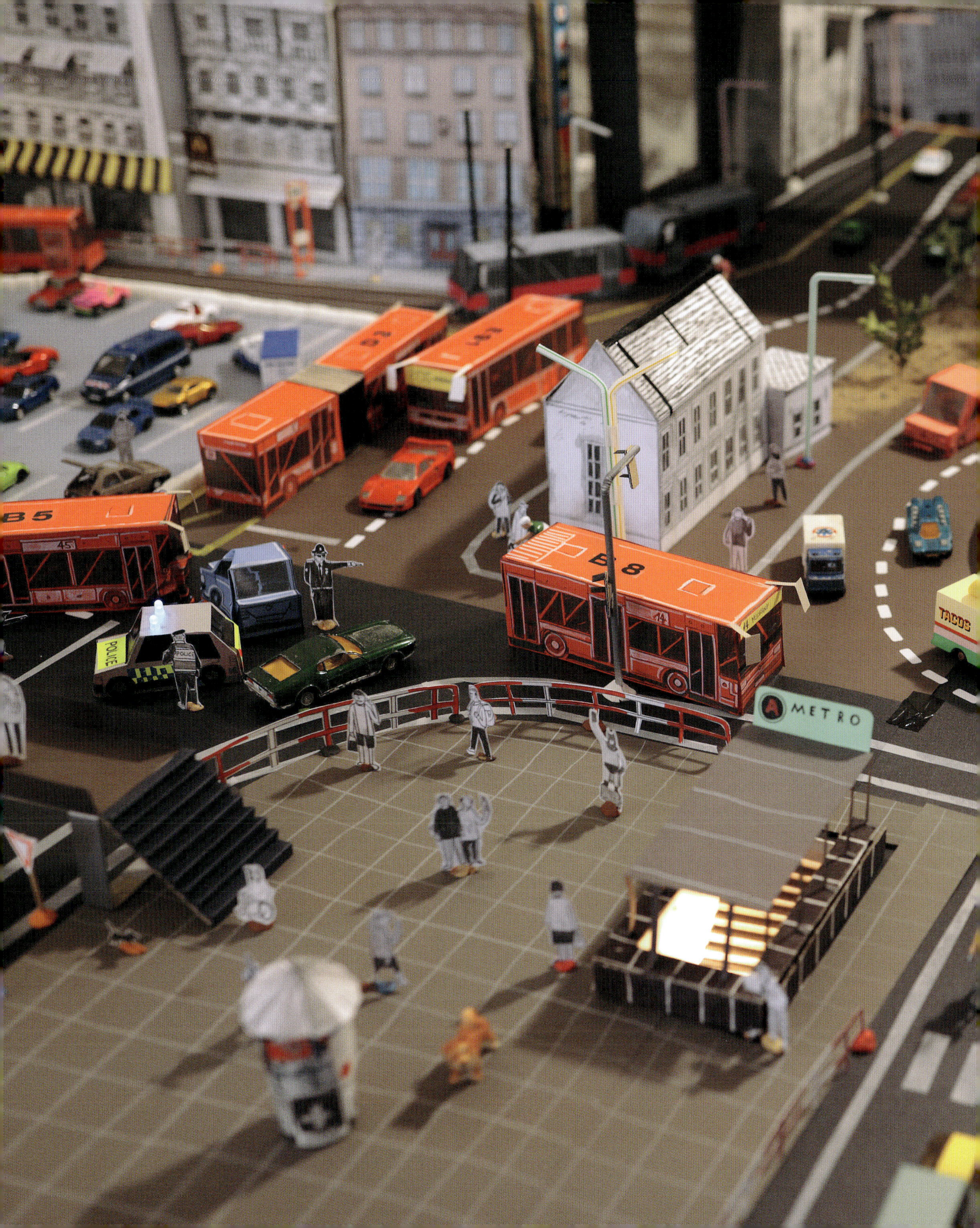
B5
B8
POLICE
METRO
TACOS

DIE STA

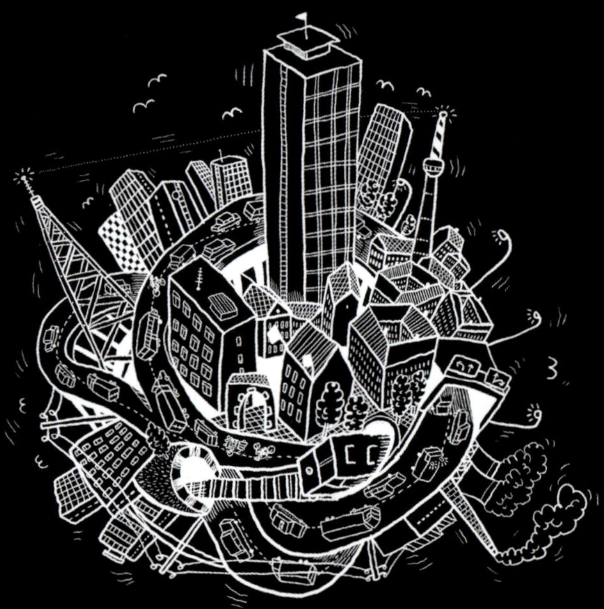

Text
Osamu Okamura

Ilustrationen und Modelle
David Böhm & Jiří Franta

Fotografie
Pavel Horák

Übersetzung aus dem Tschechischen
Lena Dorn

Vorwort
Laura Weißmüller

ADT FÜR ALLE

HANDBUCH FÜR ANGEHENDE STADTPLANERINNEN UND STADTPLANER

VORWORT

Eine Stadt von heute hat zwei Gesichter. Da ist das eine, das Hoffnung macht, weil die Stadt der Ort ist, wo Menschen freier sind und klüger werden, wo sie Lösungen finden für schwierige Probleme, wo sie sich ganz zufällig treffen und dann zusammen etwas Neues entwickeln, was die Welt weiterbringt.

Aber da ist eben auch das andere Gesicht einer Stadt, das Angst einflößen kann und beunruhigen. Ist eine Stadt doch auch der Ort, wo gewaltige Probleme existieren. Wo Menschen nicht mehr wissen, wie sie ihre Miete zahlen sollen, und deswegen fürchten müssen, ihr Zuhause zu verlieren. Wo die Natur leidet, weil Böden zubetoniert werden, um Neubauviertel zu schaffen. Wo unfassbar viel Energie verbraucht und CO_2 in den Himmel geblasen wird, wo Flüsse verschmutzt und Bäume gefällt werden. Wo Autos die Straße verstopfen und die Luft verpesten. Die Stadt von heute trägt wesentlich zur Klimakatastrophe auf der Welt bei.

Welches der beiden Gesichter wird in der Zukunft dominieren? Das entscheiden die Bewohner einer Stadt selbst – und damit wären wir schon bei den großartigen Eigenschaften einer Metropole. Denn sie ist ein Ort von vielen für viele, in gewisser Weise ist die Stadt Demokratie, gebaut in Häusern, Plätzen, Parks und Straßen. Zwar hat es in der Geschichte immer wieder den Versuch gegeben, eine Stadt auf dem Reißbrett zu entwerfen. Aber das hat eigentlich nie funktioniert, insbesondere nicht, seitdem die Stadtplaner alles den Autos unterordnen wollen. Und auch wenn dabei einige Architekturikonen entstanden sind, etwa die Planstadt Chandigarh des schweizerisch-französischen Architekten Le Corbusier in Indien, wo der indische Staat allen zeigen wollte, dass Indien nach der Unabhängigkeit von Großbritannien nicht im Chaos versinkt, und darum die modernste Stadt der Welt in Auftrag gab. Doch wirklich aufgegangen ist die strikte Trennung von Le Corbusier zwischen den unterschiedlichen Funktionen einer Stadt nicht. Genauso wenig wie Oscar Niemeyers Konzept für seine Reißbrettstadt Brasília, die zwar vom Flugzeug aus großartig aussieht, aber nicht mehr auf Augenhöhe ihrer Bewohner. Beide Städte, Chandigarh in Indien und Brasilia in Brasilien, besitzen atemberaubend schöne Gebäude, die als gewaltige Betonskulpturen ihre Schöpfer feiern. Als Stadt aber sind sie gescheitert.

Das hat etwas mit dem Wesen einer Stadt zu tun, mit dem, was sie im Kern ausmacht. Denn eine Stadt ist auf Vernetzung ausgelegt, den Austausch möglichst vieler Menschen, Waren und Dienstleistungen, am besten rund um die Uhr. Das ist ihr Erfolgsrezept, und zwar seitdem es sie gibt. Uruk, die erste Megacity der Welt im Süden Mesopotamiens, wo 25.000 Einwohner auf engem Raum zusammenlebten, funktionierte da vor gut 5.000 Jahren im Prinzip nicht anders als heute New York. Denn Städte waren vor allem immer eines: bedeutende Handelszentren. Jede wichtige Megacity der Gegenwart geht auf einen wirtschaftlichen Knotenpunkt zurück. Meist mit angeschlossenem Hafen, immer mit dem Versprechen, von hier aus bessere Geschäfte machen zu können. Das ließ sich die politische Macht nicht entgehen und platzierte sich gut sichtbar im Zentrum einer jeden Metropole. Das öffentliche Leben war der Pulsschlag einer Stadt.

Gerade darin liegt die Innovationskraft der Metropolen. Wo viele Menschen zusammenkommen, wo unterschiedliche Gesellschaftsschichten aufeinanderprallen, sich austauschen, Kontakte knüpfen, dort entstehen Erfindungen. Das hat nicht nur mit den dort angesiedelten Universitäten und Forschungseinrichtungen zu tun, sondern mit der urmenschlichen Eigenschaft, gemeinsam etwas Neues zu entwickeln. Die Stadt macht den Menschen erfinderisch, weil sie ihm die räumliche Nähe zu seinen Mitmenschen bietet. Städteforscher Luis Bettencourt vom Santa Fe Institute verglich diese Fähigkeit mal mit Prozessen im Weltall: »Eine Stadt funktioniert wie ein Stern. Wie sie Menschen anzieht und soziale Interaktionen und Leistungen beschleunigt, gleicht dem, wie Sterne Masse anziehen und immer heller brennen, je größer sie sind.«

Genau diese Strahlkraft führt aber nicht nur zu Erfindungen, sondern auch dazu, dass sich immer mehr Menschen vom Versprechen der Stadt angezogen fühlen. Auch das ist kein modernes Phänomen. Schon im Altertum versprach sich die Landbevölkerung in den Metropolen einen besseren Zugang zu Bildung und Aufstiegschancen. Die Glanzleistungen der Vergangenheit sind auch deswegen urbane. Als das Römische Reich zerfiel und mit ihm die europäischen Städte, ging es in puncto Fortschritt erst einmal rapide bergab. Es ist kein Zufall, dass die Wiedergeburt der Städte vom 12. Jahrhundert an Europa den Aufschwung brachte, der den Kontinent so lange zur autoritativen Führungskraft der Welt machte. Oder wie der Soziologe Armin Nassehi einmal in einem Interview erklärte: »Alles, was wir modern nennen, ist in den Städten geboren.«

Diese urbane Erfindungskraft zeigt sich auch in den Künsten. Es mag immer wieder Maler, Musiker, Schriftsteller oder Architekten gegeben haben, die sich aufs Land geflüchtet haben, um dort kreativ zu sein. Aber im Großen und Ganzen ist die Kultur eine Geschichte der Städte. Nicht nur, weil sie hier ihre Bühne findet, sondern auch durch die Inspirationen, die Metropolen den Künstlern liefern. Städte können aber auch Menschen schulen, und zwar darin, andere Menschen auszuhalten. Der amerikanische Soziologe Richard Sennett schrieb in seinem Plädoyer für die offene Stadt, dass Kinder, die in Städten aufwachsen, eine größere Chance haben, demokratische Bürger zu werden. Warum? »Weil sie es ganz physisch lernen«, erklärte er im Gespräch. Weil sie ab der Kita unterschiedliche Nationalitäten und Glaubensrichtungen kennenlernen. Weil sie auf dem Spielplatz lernen müssen, dass Schaukel und Rutsche zu teilen sind, und auf dem Schulhof, dass es andere Kulturkreise und Milieus gibt als die eigenen.

Der Begriff »sozial« benenne »die Fähigkeit, denselben Platz zu bewohnen wie Menschen, die ganz anders sind als man selbst«, so Sennett. Jeder Spaziergang in einer halbwegs großen Stadt führt das vor Augen, egal ob man ihn in München-Schwabing, in Berlin-Friedrichshain oder in Brooklyn, New York, absolviert. In Fragen der Kleidung, der sexuellen Ausrichtung oder auch der Erwerbstätigkeit liegen oft Welten zwischen den Passanten, die sich da eine Postleitzahl teilen.

Doch die Innovationskraft von Städten, der Treibstoff für ihren Erfolg, ist in Gefahr. Die steigenden Mieten für Wohnungen und Gewerbeflächen werden für immer mehr Menschen zum Problem. Die Pandemie hat die Situation noch verschärft, denn die Preise für Immobilien stiegen fast ungebremst weiter, während viele Bewohner weniger verdienten und den Lokalen und Geschäften die Einnahmen wegbrachen. Immobilien sind, spätestens seit der Finanzkrise in den Nullerjahren, zum beliebten Spekulationsobjekt geworden. Gerade in Deutschland, wo Gewinne durch steigende Bodenpreise und Immobilienspekulation immer noch nicht vernünftig besteuert werden. Viel zu lang hat die öffentliche Hand auch noch beim Ausverkauf mitgemacht und selbst Grundstücke und öffentliche Wohnungsbestände verkauft, um ihren Haushalt zu sanieren. Mit fatalen Folgen. Heute fehlen allein in deutschen Städten fast zwei Millionen bezahlbare Wohnungen. Gleichzeitig sind in den vergangenen 20 Jahren viel zu viele öde Neubauviertel entstanden, wo Einfamilienhäuser immense Flächen beanspruchen und wo ein Auto vor jeder Haustür parkt, was die Straßen noch mehr verstopft und Platz in den Städten wegnimmt, den man dringend für die Bewohner und die Natur dort brauchen würde.

Wie sieht heute ein lebenswertes Quartier aus? Fast jede Stadt auf der Welt stellt sich diese Frage. Viele knüpfen bei der Suche danach an historische Vorbilder aus einer Zeit an, als es noch keine Autos gab und die Städte nur für Menschen gebaut wurden. Immer mehr verbannen deswegen Autos aus den Vierteln und entwickeln neue Konzepte, damit die Bewohner bequem von A nach B kommen. Allen voran Kopenhagen tut viel dafür, dass seine Bewohner am liebsten aufs Fahrrad steigen oder zu Fuß gehen. Aber auch Barcelona zeigt, wie angenehm ein Viertel ohne Autos sein kann. In Wien kann man beobachten, wie ein Neubauviertel nicht nur aufs Auto verzichtet, sondern auch, dass ein Haus in der Stadt ganz unterschiedliche Nutzungen möglich machen muss, wenn das Viertel lebendig sein soll. Viele der Wohnhäuser im Sonnwendviertel Ost bieten Platz zum Arbeiten und haben ein öffentliches Erdgeschoss, wo es Läden, Geschäfte und Restaurants gibt, wo eine Musikschule Kurse anbietet oder ein kleiner Kunstverein Ausstellungen und Workshops veranstaltet.

Die wichtigste Frage aber, auf die jede Stadt eine Antwort finden muss, ist, wie sie sich der Klimakatastrophe stellt. Städte müssen grüner werden, wenn die Erde eine Chance haben soll, weiter zu existieren. Sie müssen der Natur einen größeren Platz einräumen, müssen Dächer begrünen, Flächen renaturieren und mit dem Regenwasser anders umgehen. Das ist die große Aufgabe einer Stadt, aber auch ihre große Chance: Denn wenn die Städte es richtig angehen, können sie durch den Umbau nicht nur grüner, sondern auch sozialer, gerechter und nicht zuletzt lebenswerter werden. Sie haben also die Chance, die zwei Gesichter einer Stadt wieder miteinander zu versöhnen.

Laura Weißmüller

Laura Weißmüller ist Architekturkritikerin und Redakteurin der *Süddeutschen Zeitung*, wo sie über Architektur, Stadtplanung und Design schreibt. Besonders interessiert sie dabei die Frage, welche Art von Gestaltung es braucht, damit die Gesellschaft sich trifft.

INHALT DER STADT

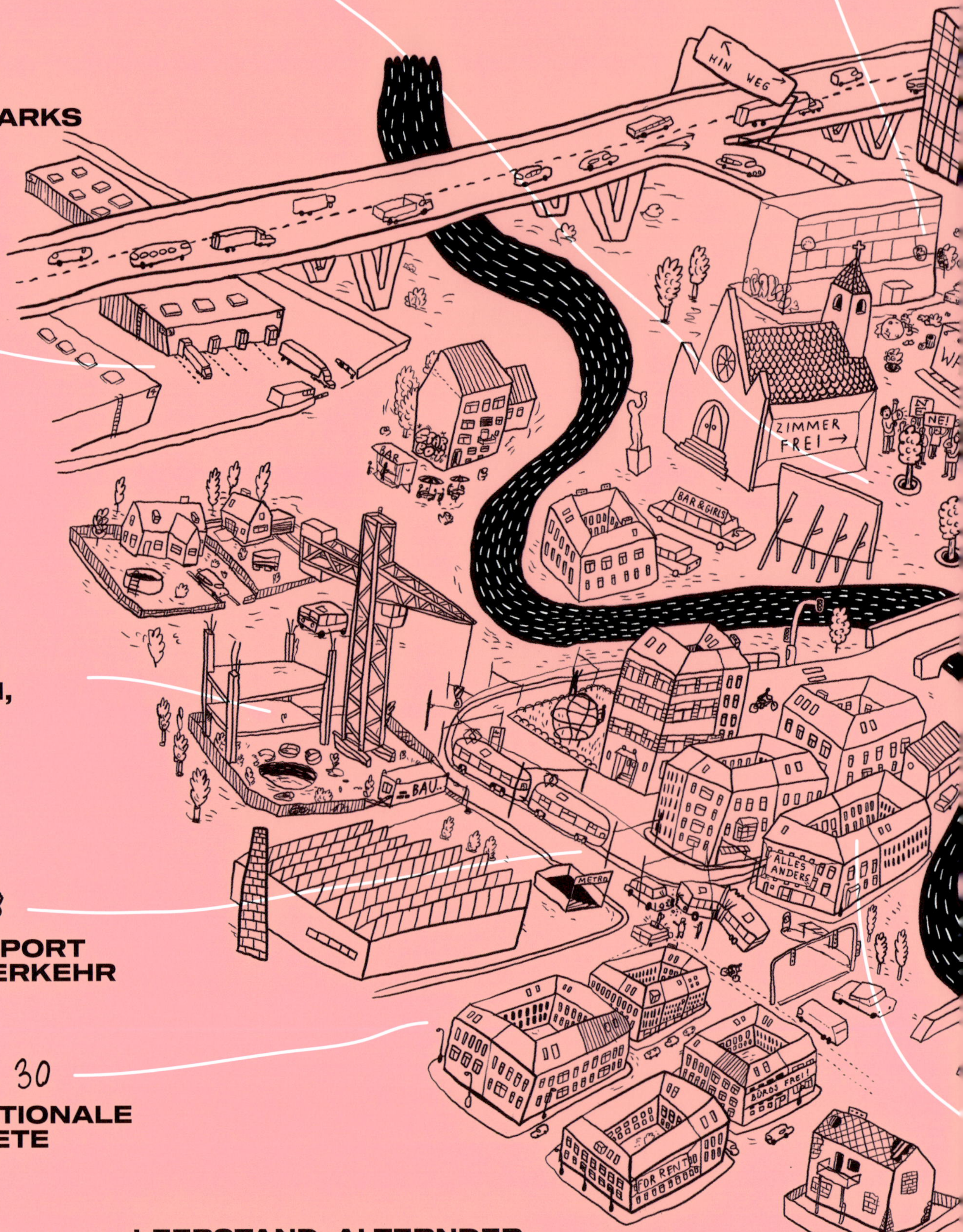

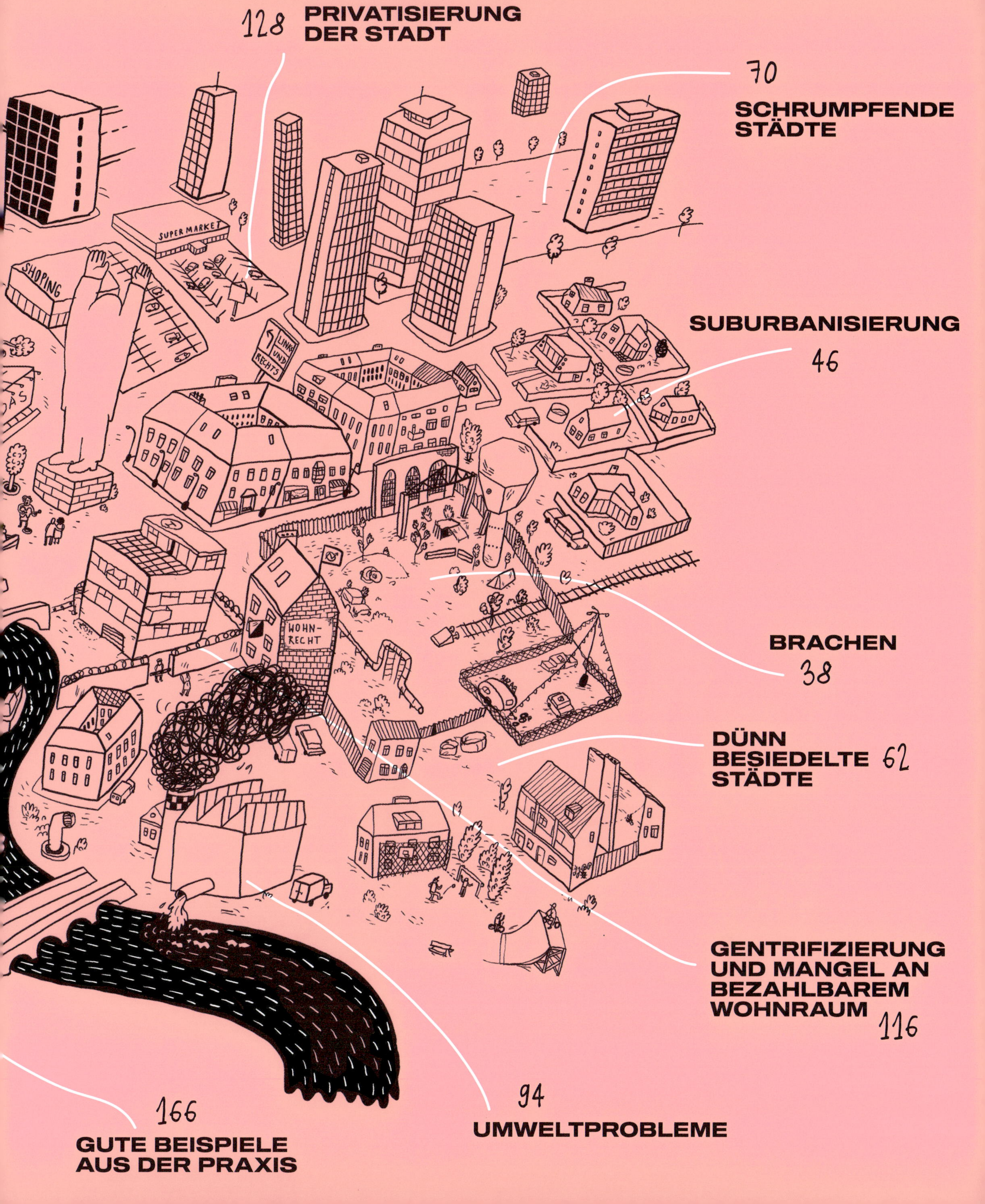

128 PRIVATISIERUNG DER STADT
70 SCHRUMPFENDE STÄDTE
SUBURBANISIERUNG 46
BRACHEN 38
DÜNN BESIEDELTE STÄDTE 62
GENTRIFIZIERUNG UND MANGEL AN BEZAHLBAREM WOHNRAUM 116
94 UMWELTPROBLEME
166 GUTE BEISPIELE AUS DER PRAXIS
SUPERMARKET
SHOPING
LINKS UND RECHTS
WOHN-RECHT

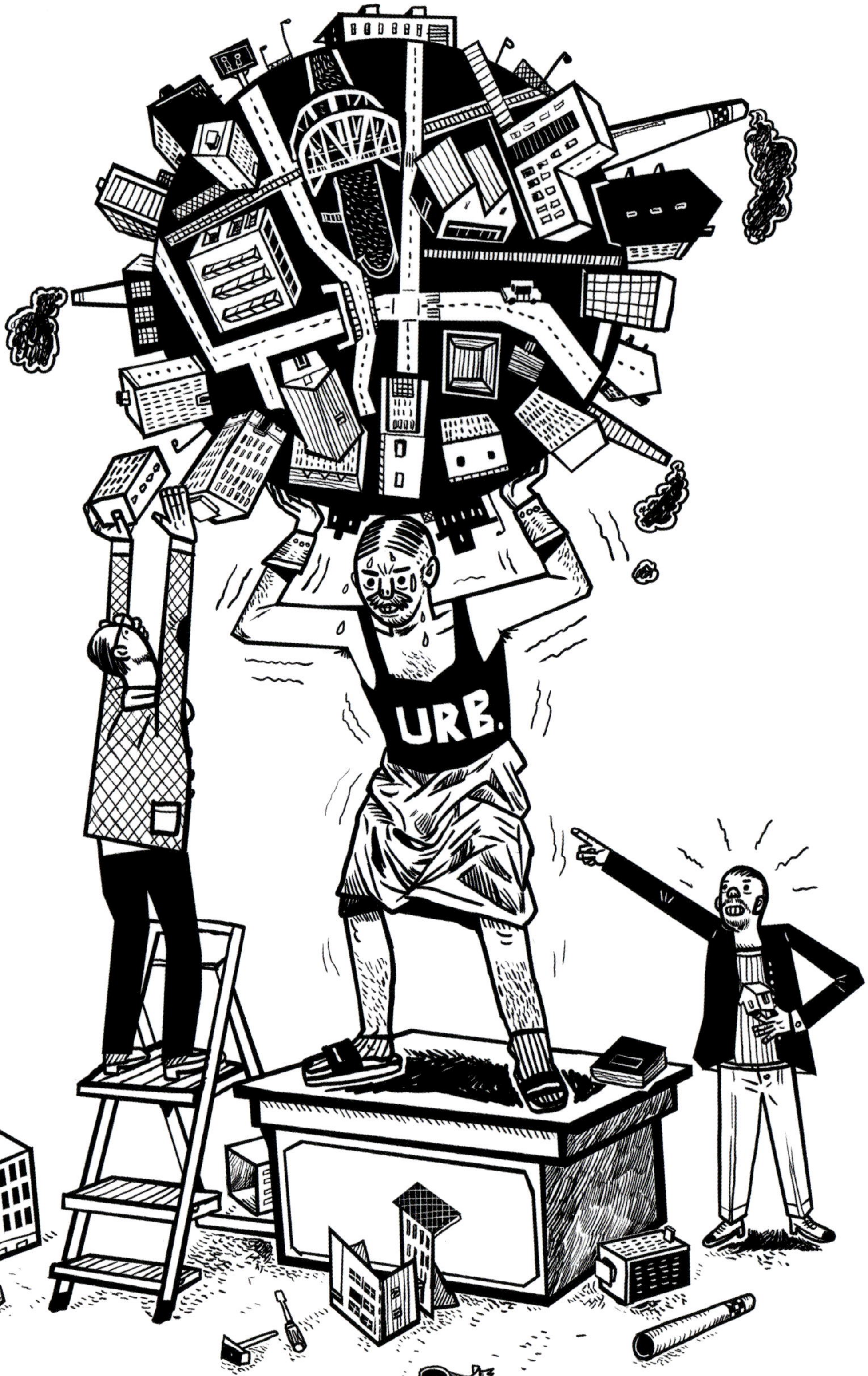

Im Jahr 1990 gab es 10 Megastädte auf der Welt.
Heute sind es schon 37, die meisten davon in Asien.
In Tokio, der größten aller Megastädte, leben 37 Millionen Menschen.

WARUM EIN BUCH ÜBER STADTPLANUNG, NICHT ÜBER ARCHITEKTUR?

Wenn wir von Architektur sprechen, stellen wir uns einzelne Gebäude vor, ein Haus, ein Denkmal oder eine Fabrikhalle. Architektur ist greifbar, sie hat eine klare Form. Wir können sie mit den Sinnen und dem Verstand fassen, wir können uns gut über sie unterhalten. Manche haben es schon selbst erlebt, was für ein Aufwand es ist, ein Familienhaus entwerfen zu lassen. Aber wie soll man etwas so Riesiges und Kompliziertes wie eine ganze Stadt erfassen? Wie lesen wir die Stadt? Wie kann man lernen, die Stadt kritisch zu betrachten?

Viele Probleme, die überall auf der Welt bekannt sind und die Stadt als solche betreffen, zeigen, dass sich die Lebensqualität der Menschen nicht grundlegend verbessert, wenn man nur Teilprobleme in der Architektur einzelner Häuser löst. Solche kleinen Veränderungen betreffen nämlich oft nur bestimmte Einwohnergruppen. Wie viele genau, das hängt z.B. davon ab, ob es sich um ein privates oder ein öffentliches Gebäude handelt. Die Kunst, eine Stadt zu planen und zu bauen, ist seit der Antike Bestandteil unserer Zivilisation, und sie bestimmt das Leben der Menschen auf viele Arten und umfassend.

Aber obwohl die Stadt eine zivilisatorische Errungenschaft ist, lebte bis vor Kurzem die Mehrzahl der Menschen auf dem Erdball außerhalb von Städten, nahe an der Natur. In den letzten Jahrzehnten hat sich das rasant geändert. Seit 2008 lebt mehr als die Hälfte der Menschheit in Städten. Der Prozess geht immer schneller, und wir können davon ausgehen, dass dieser Anteil bis 2050 – so bald schon – auf 68 Prozent klettern wird. In den europäischen Städten wachsen die Einwohnerzahlen nicht ganz so schnell, aber in den asiatischen und afrikanischen Entwicklungs- und Schwellenländern steigt die Zahl der Einwohner von Megastädten sehr deutlich. (Eine Megastadt ist eine Stadt mit mehr als 10 Millionen Einwohnern; in Europa gibt es zwei davon, Moskau und die Metropolregion Paris. London und der europäische Teil Istanbuls, in dem zwei Drittel der Bewohner Istanbuls leben, nähern sich dem Status einer Megastadt.)

Die Stadt wird das Zuhause von immer mehr Menschen, die ihr ganzes Leben dort verbringen. Deshalb wird die Einwohnerdichte in den Städten immer größer, was Probleme mit sich bringt. Vergleichen wir einmal die Situation auf dem Land mit der in der Stadt. Wenn zum Beispiel auf dem Land ein Problem auftritt, etwa ein anhaltender Mangel an Nahrungsmitteln, können die dort lebenden Menschen aktiv werden und Kartoffeln oder andere Pflanzen anbauen. Sie passen sich der neuen Situation schnell an. Oder ein anderer Extremfall: Wenn eine Coronavirus-Pandemie, die Spanische Grippe oder die Cholera auftreten, sterben möglicherweise viele Menschen in dem einen Dorf, während in den anderen Dörfern die meisten überleben. Wenn eine Pandemie oder eine Naturkatastrophe einen so komplizierten, aufgeblähten und zugleich empfindlichen Organismus wie die Stadt trifft, sind die Folgen meist schlimmer und betreffen viele Menschen gleichzeitig. Darum werden Städte heutzutage geplant wie militärische Schlachten – man bespricht Strategien und Taktiken und entwirft verschiedene Krisenszenarien.

WEM GEHÖRT DIE STADT?

Was ist eigentlich der öffentliche Raum einer Stadt? Die Stadt ist ein Zusammenschluss von Menschen. Sie entsteht, wenn Menschen beschließen, gemeinsam an einem Ort zu leben, und diese Entscheidung für sich als vorteilhaft wahrnehmen. Die Menschen entwickeln sich durch das Leben in der Stadt weiter und fühlen sich sicherer. Der Harvard-Ökonom Edward Glaeser hält die Stadt für die großartigste Erfindung der Menschheit. Die Stadt macht die Menschen gebildeter, reicher, gesünder und glücklicher. Diese Darstellung können wir mit Daten untermauern. Die Einwohner von Städten sind seltener krank, sie erreichen ein höheres Alter, einen höheren Bildungsstand und ein höheres Einkommen. Das bedeutet jedoch nicht, dass ein Mensch sein Glück nur in der Stadt finden kann. Er kann auch mitten im Wald ein erfülltes und glückliches Leben führen. Dennoch entspricht Glaesers Sichtweise ungefähr der allgemein verbreiteten Erwartung an ein gutes und zufriedenes Leben.

Die Stadt ist eine faszinierende und komplexe Erfindung. Sie ist ein Ort der Begegnung. Das sieht man zum Beispiel auf dem Foto von der Gründung der israelischen Stadt Tel Aviv. Darauf ist eine Gruppe von Menschen in schwarzer Kleidung mitten in der Wüste zu sehen, die mit einem Pflock den Ort für die neue Stadt markieren. Um sie herum nur Sand und Kamele. Das Wichtigste in der Stadt sind die Menschen, nicht die Häuser. Wenn die Menschen von der Stadt daran gehindert werden, den städtischen Raum zu nutzen, funktioniert das Zusammenleben nicht mehr.

Heute spricht man von der Privatisierung der Städte oder der Privatisierung des öffentlichen Raums. Das Ergebnis ist, dass ein paar wenige findige Draufgänger den Raum auf Kosten der anderen an sich reißen. Reiche Investoren kaufen Immobilien in den Stadtzentren auf, aus denen sie ältere Menschen und andere Einwohnergruppen verdrängen,

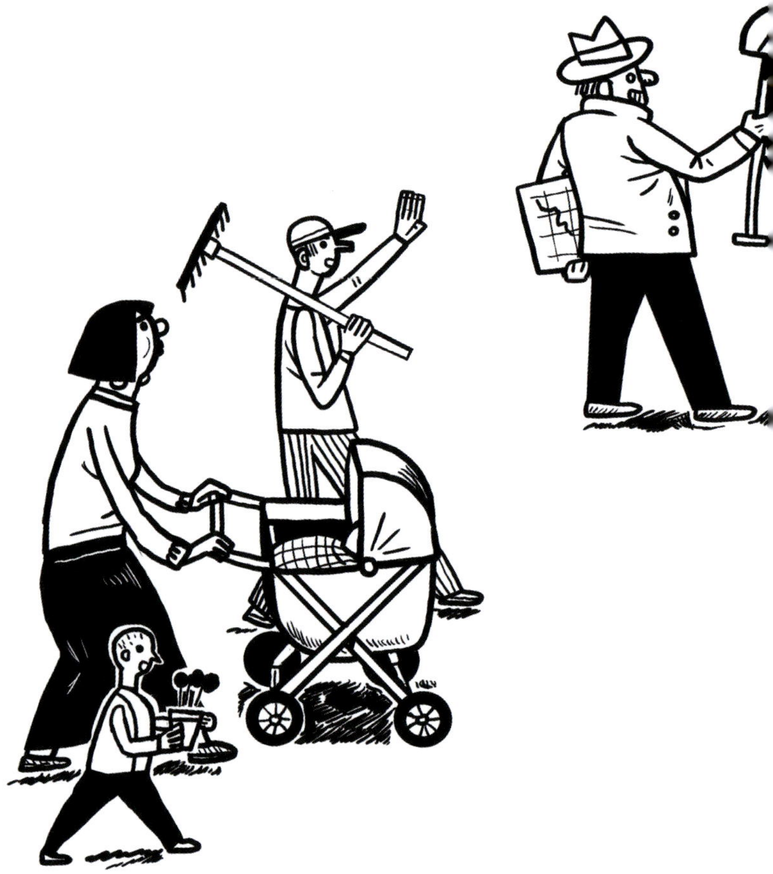

die keine hohen Mieten zahlen können und nicht genug Gewinn bringen. Aber solche Eingriffe in die gesellschaftliche Struktur zerstören eine Stadt in ihren Grundfesten. Die wachsende Ungleichheit in der Gesellschaft kann eine gefährliche Sprengkraft entwickeln und zu neuen Konflikten führen. Heute merken selbst die Reichen, dass das gesellschaftliche Ungleichgewicht auch für sie zur Bedrohung wird. (Aktuelle Statistiken sagen, dass die 26 reichsten Menschen der Welt ebenso viel besitzen wie die ganze ärmere Hälfte der Weltbevölkerung.)

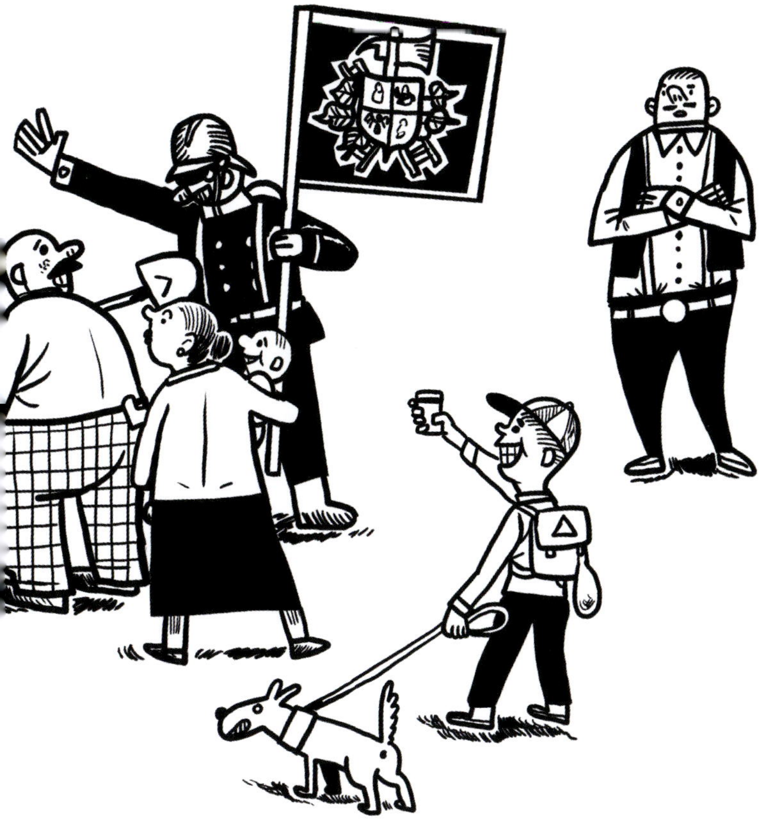

WAS IST EINE GUT FUNKTIONIERENDE STADT?

Wenn wir sie kaum bemerken, dann funktioniert eine Stadt gut: Wenn unsere Lebensqualität so hoch ist, dass wir nicht ständig auf Barrieren, Gefahren oder Hygieneprobleme stoßen. Eine funktionale Stadt stellt uns eine gute Umgebung für ein zufriedenes Leben zur Verfügung. Dabei geht es nicht nur um die Wirtschaft, sondern auch um die Qualität von Umwelt, Luft und Wasser. (Europa ist eine der wenigen Gegenden auf unserem Planeten, wo wir ganz selbstverständlich Trinkwasser aus dem Wasserhahn bekommen. In China, Indien oder Afrika ist das meist gar nicht möglich. In manchen Städten ist die technische Infrastruktur so unzureichend, dass sie kurz vor dem Kollaps stehen.)

An dicht besiedelten Orten kann man sich nicht darauf verlassen, dass nur die Politikerinnen und die Verwaltung für eine funktionierende Stadt sorgen. In kleineren Gemeinden funktioniert das traditionelle Netz zwischenmenschlicher Beziehungen bis heute. Beispiele dafür sind die Freiwilligen Feuerwehren, verschiedene Formen von Nachbarschaftshilfe oder der unmittelbare und regelmäßige Kontakt der Einwohner mit dem Bürgermeister oder der Bürgermeisterin. In Großstädten besteht der unmittelbare, persönliche Kontakt in der Regel nicht. Die Einwohner erwarten von den Institutionen die Lösung von Problemen. Aber wenn eine Stadt immer weiter wächst, wird es für die Institutionen schwierig, die immer komplexeren Situationen zu erfassen und zu beherrschen. Deshalb ist es auch in Großstädten notwendig, nicht nur ein gutes Nachbarschaftsleben zu pflegen, sondern die dort lebenden Menschen auch aktiv in die Planung der Stadt einzubeziehen und ihnen zu zeigen, wie sie an ihrer Verwaltung teilhaben können. Denken wir zum Beispiel an ein Hochwasser als eine lebensbedrohliche Situation. Ein so großes Problem kann auch von tausend Beamten nicht gelöst werden. Da müssen sich die Bürgerinnen und Bürger selbst einschalten und zum Beispiel helfen, Sandsäcke zu füllen. Ein anderes Beispiel: Es steht auch nicht in der Macht von Ämtern, alle Gehwege abzulaufen und zu kontrollieren, wo neue Schlaglöcher und Risse aufgetaucht sind. Wir sprechen deshalb vom direkten Mitmachen und Gestalten der Stadt – der Einbeziehung der Öffentlichkeit (also der Übertragung von Aufgaben an die Bürger und Bürgerinnen) und von Mitverantwortung.

WIE FUNKTIONIERT DIE BAULEITPLANUNG?

Eine Stadt besteht aus den einzelnen Bewohnerinnen und Bewohnern – Privatpersonen, die jeweils eigene Interessen haben. Stellt euch einmal vor: Ich habe ein Grundstück und baue mir einen Wolkenkratzer darauf. Dass daneben eine Schule steht, die jetzt wegen meines Wolkenkratzers komplett im Schatten liegt, interessiert mich überhaupt nicht. Ich will eben aus meinem Grundstück einen möglichst hohen Gewinn ziehen. Für fast niemanden steht das öffentliche Interesse an erster Stelle. Deshalb muss die kommunale Verwaltung auf den Plan treten, deren Aufgabe unter anderem die Abwägung von Interessen ist. Die zuständige Verwaltung kann zu einer Person sagen: Sie haben schon sehr viel gebaut auf Ihrem Grundstück. Jetzt müssen wir in dem Gebiet noch die Infrastruktur stärken und breite Straßen bauen, damit der Verkehr nicht kollabiert. An den Kosten müssen Sie und die benachbarten Grundstücksbesitzer sich beteiligen, denn sonst würden wir alle darunter leiden.

Den einzelnen Besitzerinnen und Besitzern fehlt oft der Abstand, sie sehen die Dinge nicht immer im Zusammenhang. Wir stellen uns die Stadtverwaltung meistens als Regulierungsbehörde vor. Aber sie soll auch gestalten, vorschlagen und ermöglichen. Die Stadt soll den Menschen helfen, ihre Träume und Pläne zu verwirklichen. Sie soll sie motivieren, aber auch lenken. Auf keinen Fall soll sie die Einwohner bremsen – das wäre ein negatives Rollenverständnis der Stadt. Es stimmt nicht, dass die kommunale Verwaltung die Bebauung vor allem verbietet. Im Gegenteil, die Stadt muss sich entwickeln, sodass sie immer wieder darauf reagieren kann, wenn die Bedürfnisse der Menschen sich verändern.

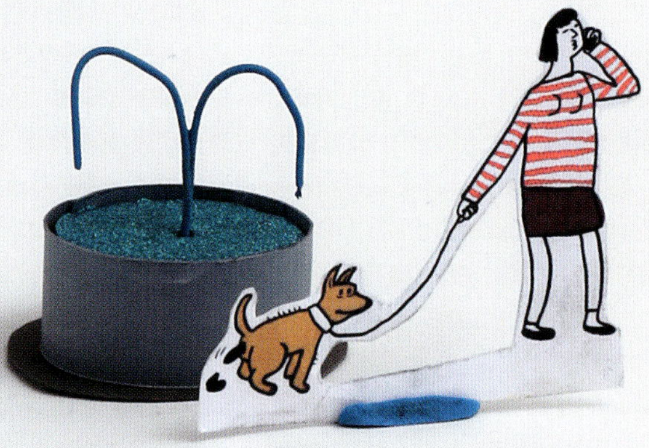

In den Städten der Welt werden jeden Tag etwa 11.000 neue Gebäude fertiggebaut (nicht mitgerechnet sind Einfamilienhäuser). Da die Stadtbevölkerung bis 2050 voraussichtlich auf 6,4 Milliarden Menschen ansteigen wird (wobei zwei Drittel des weltweiten Bevölkerungswachstums auf Afrika entfallen), muss diese Zahl eigentlich auf 14.700 neue Gebäude pro Tag anwachsen.

Man kann eine Stadt nicht nur für die Gegenwart planen. Den Einwohnern einer Stadt ist es auch wichtig, wie ihre Stadt in der Zukunft aussehen soll. Aufgabe der Kommune ist es, die Planung dafür zu betreiben. Dabei müssen das Allgemeinwohl und die nachhaltige Entwicklung der Stadt berücksichtigt werden. Solche Planungen sind auf 15 Jahre angelegt, aber die geplanten Straßen und Gebäude überdauern meist eine Zeit von mehreren Generationen. In Deutschland werden unter dem Begriff der Bauleitplanung zwei Planungsdokumente zusammengefasst, der Flächennutzungsplan und der Bebauungsplan. Der Flächennutzungsplan gilt für die ganze Gemeinde, Bebauungspläne werden für kleine Teile des Gebiets aufgestellt. Zunächst wird von der Kommune ein Vorschlag erarbeitet, der als Grundlage für die Abwägung der Interessen dient. In diesem Abwägungsprozess können verschiedene Gruppen eingebunden werden, zum Beispiel Stadtplaner, Architektinnen, Soziologen, Humangeografinnen, Ingenieure, Wirtschaftsförderer, Politiker, Akademikerinnen, Akteure der Kulturszene, NGOs (Nichtregierungsorganisationen) und Vertreterinnen von Bürgerinitiativen.

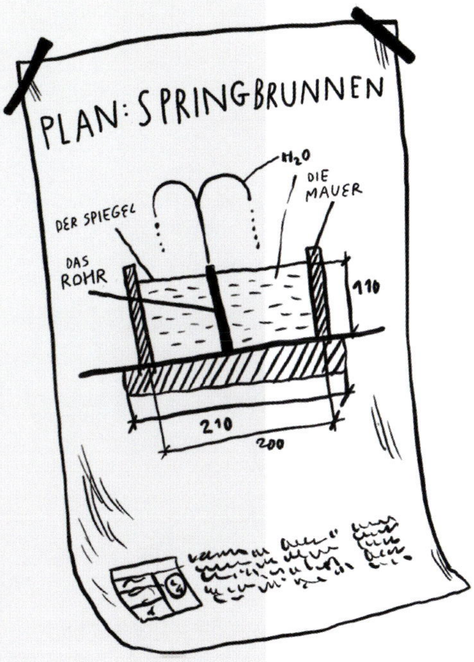

Der Stadtentwicklungsplan für Hamburg könnte zum Beispiel vorgeben: Wir möchten dieses alte Hafengebiet umnutzen und daraus ein Kultur- und Wohngebiet machen. Man nimmt sich einen geografischen Plan der Stadt vor und schaut sich die Morphologie an, also wo zum Beispiel der Fluss und das Ufer genau verlaufen. Dann stellen sich ganz viele Fragen: Wie können wir das in der Praxis umsetzen? Wie kann das Stadtviertel durch neue Gebäude, zum Beispiel ein Philharmoniegebäude, weiterentwickelt werden? Wenn direkt am Wasser eine große Philharmonie entsteht, wie regeln wir dann die Infrastruktur und den Verkehr? Soll hier ein neues Zentrum entstehen, oder soll das bestehende Stadtzentrum gestärkt werden? Anders gesagt – wollen wir eine polyzentrische oder eine monozentrische Stadt, also eine Stadt mit vielen Stadtteilzentren oder einem einzigen gemeinsamen Stadtzentrum?

Die Bauleitplanung legt den Rahmen dafür fest, wo die Gebäude entstehen sollen, die für das Funktionieren der Stadt und das gesellschaftliche Leben notwendig sind – Wohn- und Gewerbegebäude, Bildungs- und Kulturinstitutionen, Verkehrsinfrastruktur –, aber auch, in welchen Gebieten ein Stück Natur erhalten bleiben oder wo ein neuer Park entstehen soll.

Flächennutzungspläne und Bebauungspläne werden vor allem von Stadtplanerinnen und Architekten gemacht, die gelernt haben, wie man einen Plan im konkreten Raum umsetzen kann. Doch auch andere Berufsgruppen reden dabei mit, z.B. Mitarbeiterinnen der Denkmalbehörde sowie des Bauamts

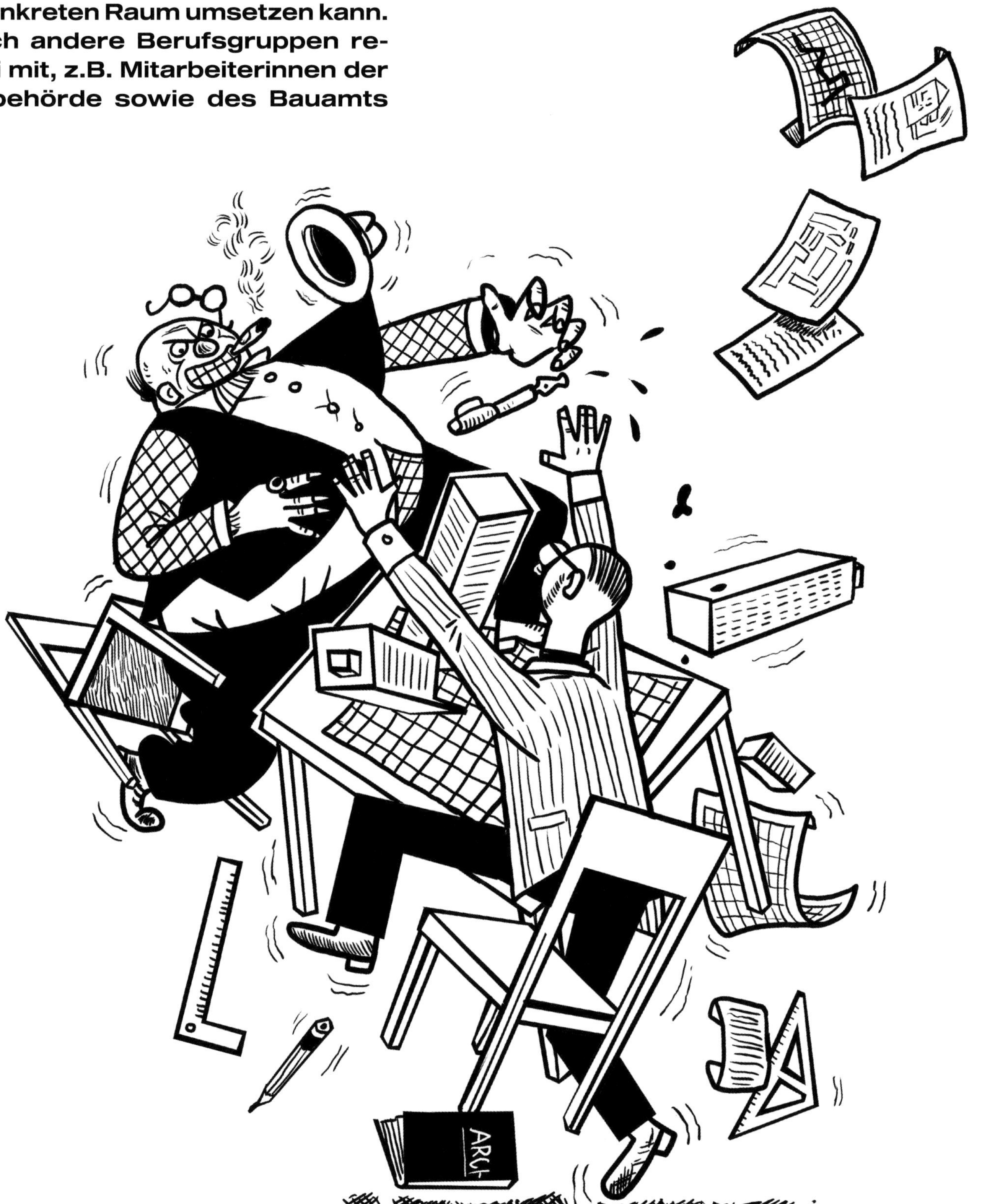

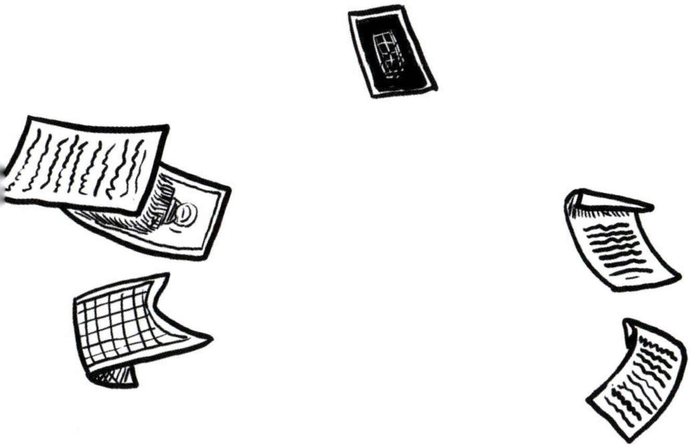

und anderer Bereiche der staatlichen Verwaltung, die Bescheid wissen über nicht eingezeichnete Zivilschutzbunker, unterirdische Krankenhäuser und andere strategische Bauwerke, von denen die breite Öffentlichkeit keine Kenntnis hat. Auch Politikerinnen und Politiker spielen eine wichtige Rolle, denn viele der Entscheidungen sind rein politischer Natur. (Randbemerkung: Wenn bei Wahlen eher linke Parteien gewinnen, dann unterstützen sie in der Stadtplanung z.B. oft sozial gemischte Wohnformen. Rechte und konservative Parteien haben dagegen die Tendenz, sich für abgetrennte Viertel für Wohlhabende einzusetzen.)

Bei der Stadtplanung verbinden sich Prozesse von unten, also die Ideen und Forderungen der Bürger an die Stadtverwaltung, mit Prozessen von oben, von der kommunalen Verwaltung hinunter zu den Bewohnern, etwa zur Koordinierung. In einem Planungsprozess sollte man in einem guten Dialog stehen und nach Win-win-Lösungen (Lösungen zu beiderseitigem Vorteil) suchen.

WAS IST DAS BESONDERE AN HISTORISCHEN STÄDTEN?

Alte Städte wurden lange vor der Erfindung des Automobils als Haltestationen entlang von Handelsrouten gegründet. Diese traditionellen Wege waren gewunden, folgten den landschaftlichen Gegebenheiten, verliefen entlang Höhenlinien, durchquerten seichte Stellen in Flüssen. Wir sehen bis heute, wie Städte von den Handelsrouten geprägt wurden. So mancher lang gestreckte Marktplatz oder Einkaufsboulevard ist durch die Verbreiterung einer früheren Handelsstraße an dieser Stelle entstanden.

Die europäische Stadt hat viele Schichten. In ihrer Formation überlagern sich heute verschiedene Ansichten, wie eine Stadt aussehen sollte. Sie wuchsen organisch und fließend über Jahrhunderte hinweg ohne große Unterbrechungen, eine auf der anderen. So sieht man oft unvollendete Vorhaben, Fragmente oder Ergebnisse von radikalen historischen Umwälzungen. Manchmal geriet auch ein vorhandenes Konzept in Widerspruch zu einem neuen, oder eine gesellschaftliche oder technologische Revolution kam auf. Die Menschen begannen immer wieder etwas Neues.

Die historischen Zentren mittelalterlicher Städte sind oft eher klein. Die Einwohner hatten nur den begrenzten Raum innerhalb einer Befestigung zur Verfügung. Häufig wurde nur angebaut, oder die alten Häuser wurden überbaut. Daher kann ein Haus zum Beispiel einen romanischen Keller, ein gotisches Erdgeschoss, eine Renaissance- oder Barockfassade und eine klassizistische Innenausstattung haben. Jede Generation und jede Zeit brachte eine neue Schicht in die Stadt hinein. Erst Ende des 19. Jahrhunderts, mit der schnellen industriellen Entwicklung und dem beginnenden Wohlstand von breiten Einwohnerschichten, wurden im Interesse der Gesundheit (der sogenannten Entseuchung) ganze Stadtviertel abgerissen und moderne, breite Boulevards gebaut. In den 1920er-Jahren kam der Funktionalismus, und mit ihm begann eine neue Ära der Stadtplanung der Moderne. Für den Funktionalismus galt die Geschichte als unnützer Ballast, man wollte sich von der organisch gewachsenen Stadt lösen. Die Logik des solitären Bauens und das Planen von monofunktionalen Stadtgebieten setzte sich durch. Lasst uns nun aber im Einzelnen und etwas ausführlicher auf einige Fragen eingehen, die für unsere Städte heute besonders wichtig sind.

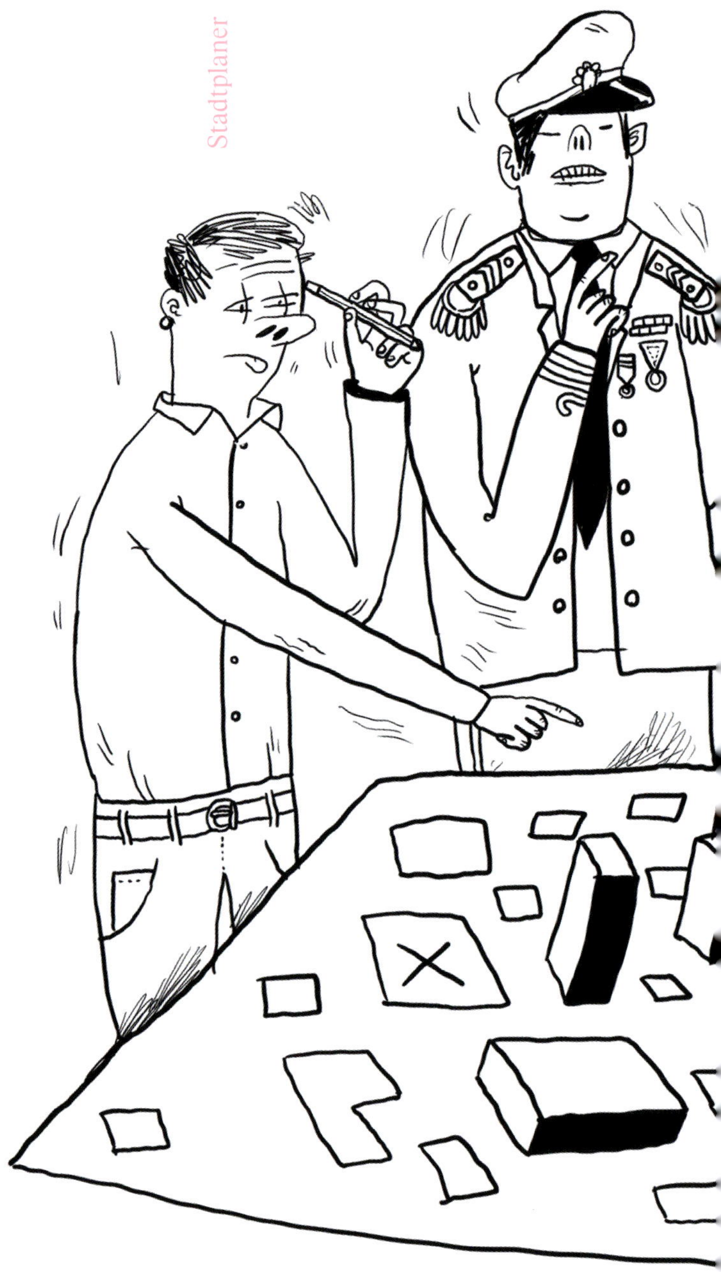

In den deutschen städtischen Bauverwaltungen werden Hunderte von Mitarbeitern beschäftigt.

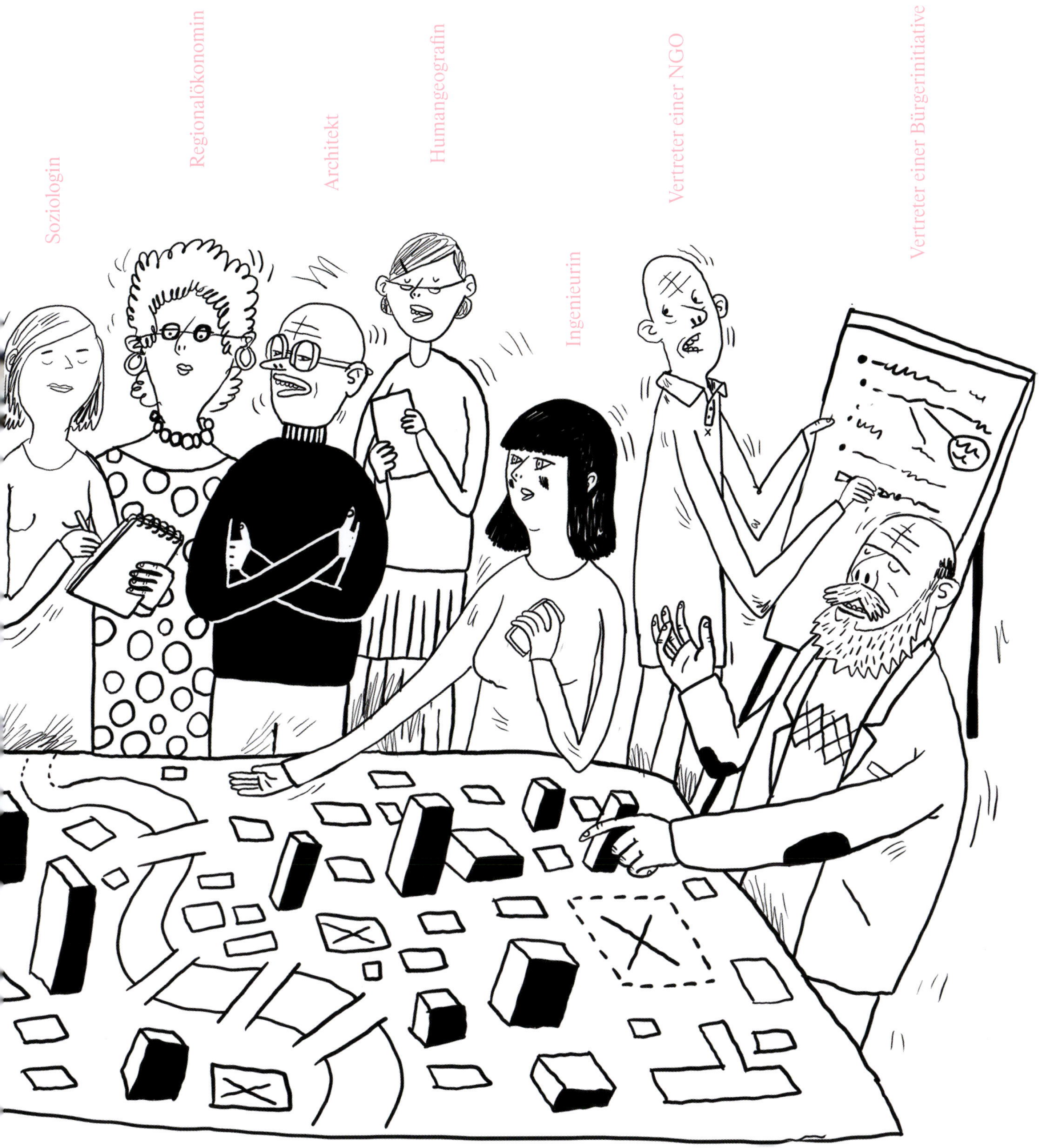
Soziologin
Regionalökonomin
Architekt
Humangeografin
Ingenieurin
Vertreter einer NGO
Vertreter einer Bürgerinitiative

MO
FUNKT
STAD
GEBI

ONO
IONALE
OT-
ETE

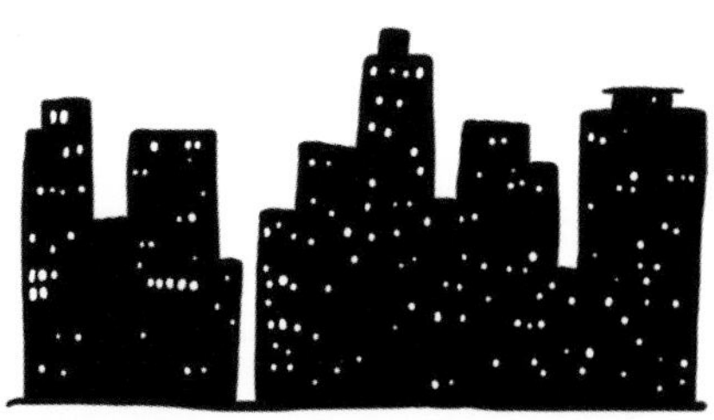

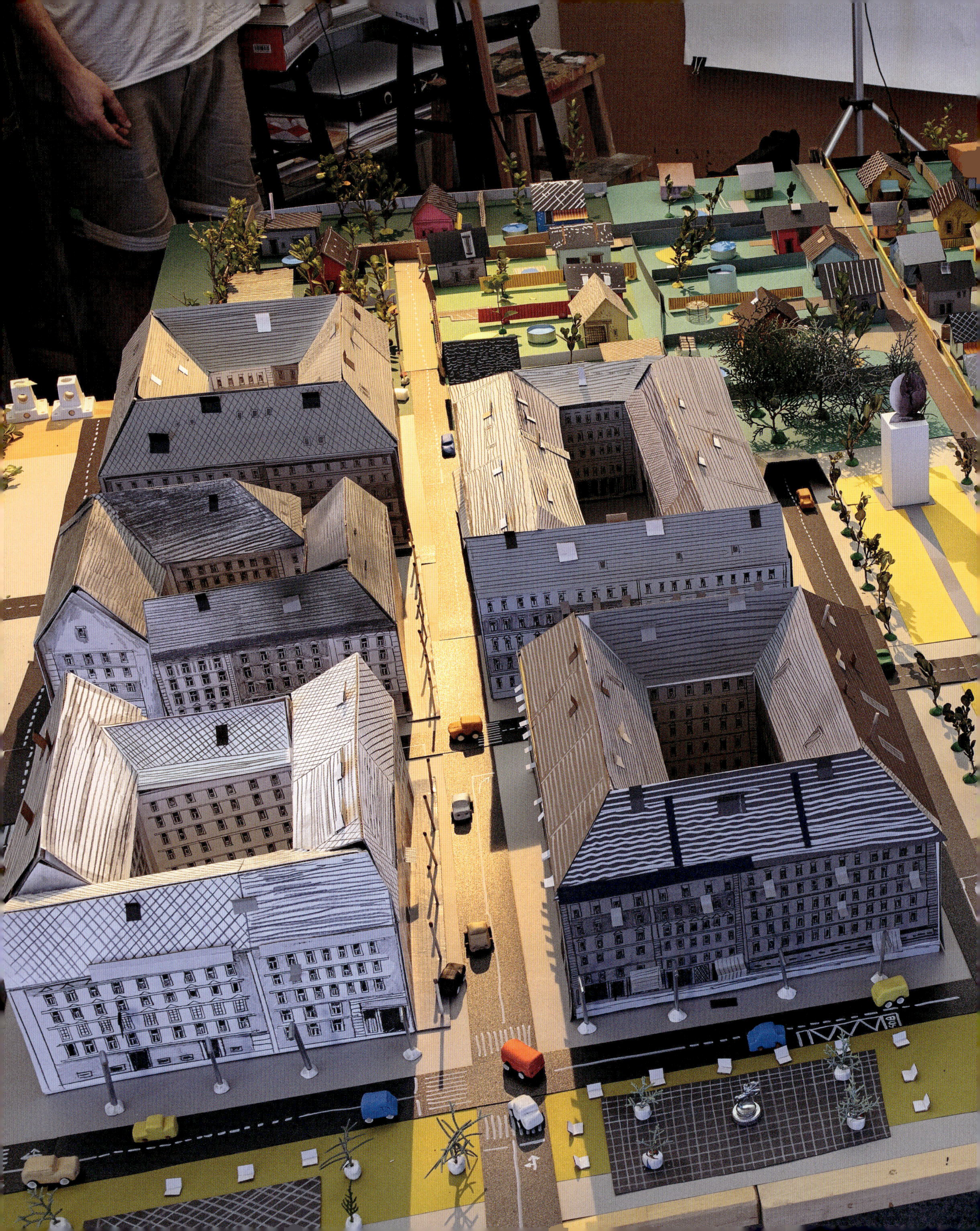

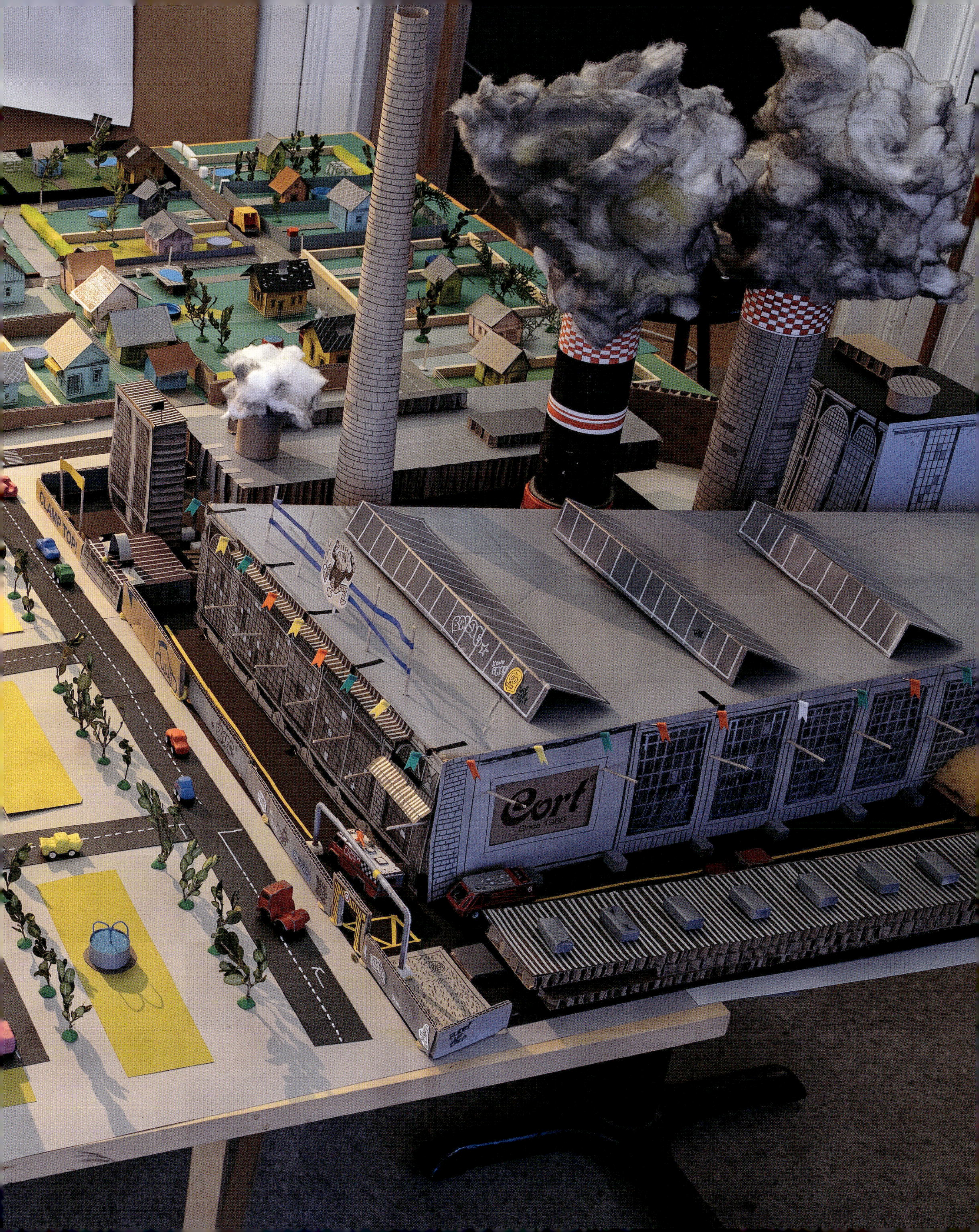
CLAMP TOR
Cort
Since 1960

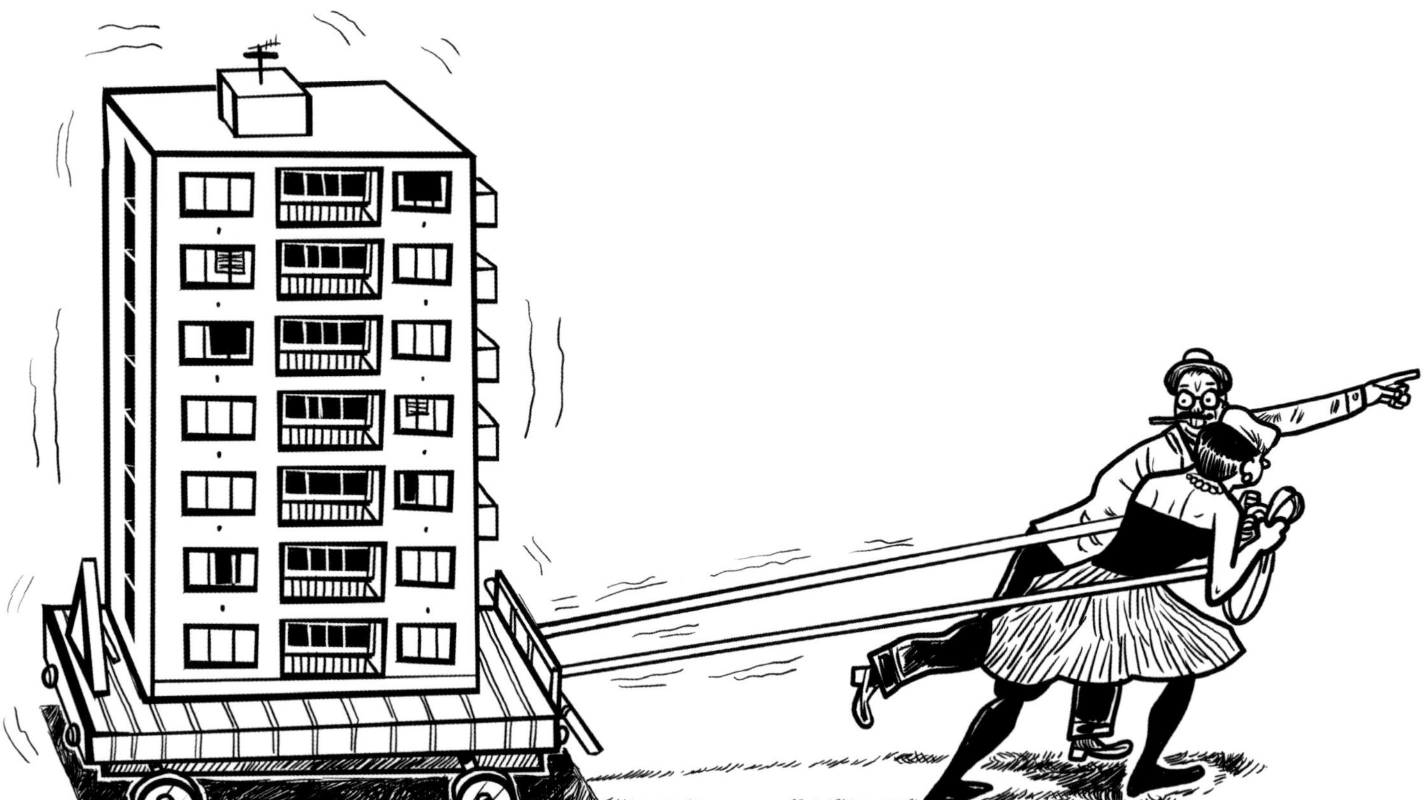

Monofunktionale Stadtgebiete sind Überreste der industriellen Revolution und der Stadtplanung der Moderne. Während des 19. Jahrhunderts waren rauchende Kamine ein Symbol für den Fortschritt. Aber die wachsende Industrie belastete die Städte auch, sie war schmutzig und stank. Die Städtebauer der Moderne hatten eine revolutionäre Idee – die schmutzigen Industriegebiete sollten aus der Stadt ausgelagert werden, damit sie die Wohnqualität nicht mehr beeinträchtigten. Also unterteilten sie die Stadt in relativ große Gebiete, die jeweils immer nur eine Funktion erfüllten.
So entstanden die Wohn-, Industrie- und Erholungsgebiete. Die Wohngebiete sollten schön sauber sein, voller Parks, Sonne und frischer Luft. Mit der Zeit aber wurde klar, dass diese Art, eine Stadt zu bauen, für die Verkehrsplanung und die Infrastruktur ganz schön aufwendig und unwirtschaftlich ist und dass sie den Menschen nicht entspricht.

Kern einer Stadtplanung sind immer die Verkehrsmöglichkeiten, damit die Menschen zusammen arbeiten und sich treffen können. Der Verkehr hat großen Einfluss darauf, wie eine Stadt funktioniert und wie sie aussieht. Lange Zeit war es gar nicht so einfach, große Menschenmengen über weite Entfernungen hinweg zu transportieren. Mit der Erfindung des Verbrennungsmotors änderte sich das. Mit seiner Hilfe wurde die Idee von den monofunktionalen Stadtgebieten in die Praxis umgesetzt.

Im späten 19. Jahrhundert bauten wohlhabende Einwohner in Chicago Villen und Häuser neben den ersten Bahngleisen und schufen so attraktive Wohnviertel und Vororte (z. B. Oak Park) weit weg von den rauchenden Schornsteinen und der Hektik der modernen Stadt. Die Menschen pendelten jeden Tag mit dem Zug in die Stadt. Die Erfindung und Verbreitung des Automobils veränderte die Stadt noch einmal grundlegend. Nun begannen die Menschen, sich an entlegeneren Orten niederzulassen, auch an Hängen und Hügeln, die zuvor nur schwer erreichbar gewesen waren.

Zu Beginn des 20. Jahrhunderts galten monofunktionale Stadtgebiete als Fortschritt. Wir dürfen nicht vergessen, dass ärmere Leute, die im 19. Jahrhundert massenhaft in die Städte zogen, um Arbeit zu finden, oft ein einziges Zimmer mit allen Kindern und Großeltern teilen mussten. Die Arbeiter, die in den Fabriken Schichtarbeit machten, hatten ein Bett, in dem sie sich beim Schlafen abwechselten. Die Bewohner teilten sich ein Klo auf dem Hausflur und bekamen Wasser aus einer Pumpe oder einem Hahn auf dem Hof, das Essen wärmten sie auf dem Kohleofen, für den man Kohlen aus dem Keller holen musste. Weil Kanalisation und Trinkwasserleitungen noch nicht voneinander abgetrennt waren, verbreiteten sich oft Krankheitserreger, auch Epidemien brachen aus. So gesehen waren die modernen, neu geplanten Wohnviertel ein großer zivilisatorischer Fortschritt. Ihre negativen Folgen zeigten

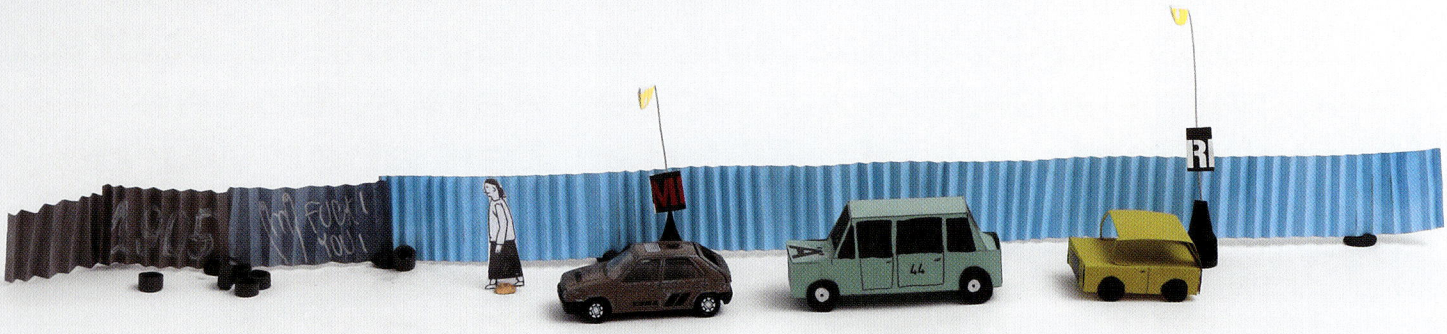

Das ehrgeizigste öffentliche Wohnungsbauprogramm seiner Zeit gab es zwischen 1965 und 1974 in Schweden.
Es hieß »Millionenprogramm« und umfasste den Bau von 1.006.000 neuen städtischen Wohnungen. Dabei muss man wissen, dass Schweden damals nur 8 Millionen Einwohner hatte.

sich erst später. Außerdem waren die Städtebauer überzeugt, dass die alten Stadtzentren keine Zukunft mehr hätten, und verbanden ihr Erneuerungsprogramm mit guten Absichten. Neue Häuser, ausgefeilte „Wohnfabriken", sollten nach und nach die alten Zentren ersetzen, die aus sozialer und hygienischer Sicht problematisch waren. Nicht zuletzt war es teuer, sie instand zu halten.

Die nächste Etappe zentralisierter Planung hatte in der Zeit nach dem Zweiten Weltkrieg zum Ziel, gute und gesunde Wohnbedingungen für alle zu schaffen. Man wollte wissenschaftlich fundierte Entscheidungen treffen zum Wohle der Gemeinschaft. Auf der anderen Seite konnte man mit dieser Methode keine Häuser bauen, die an die individuellen Bedürfnisse ihrer Bewohner angepasst waren. In der Wirtschaft wurde die Massenproduktion eingeführt, um die Häuser schneller und billiger bauen zu können. So entstanden die Standardisierung und die externe Vorproduktion von häufig verwendeten Bauelementen. Die zentral geplante Stadt endete irgendwann leider als gleichmacherische Parodie ihrer selbst.

Was im Sinne der architektonischen Moderne einen Fortschritt bringen sollte, erwies sich als das Gegenteil. Aus der eigentlichen Idee wurde mancherorts bei der Umsetzung ein monotoner, grauer Wohnblock in schlechtem baulichem Zustand und mit niedriger Wohnqualität. Dabei waren die ersten Wohnsiedlungen der 1930er-Jahre und einige Projekte aus den 60er- und 70er-Jahren von hoher Qualität. Später fehlten Zeit, Geld, Materialien, der Wille und gute Architektinnen und Architekten. Die guten Absichten der modernen Planung gingen verloren. Ihr technokratischer Ansatz führte zu aufgereihten, mehrstöckigen, parallel stehenden Blöcken, die so aufgebaut wurden, dass sich die Baukräne darin möglichst ungehindert bewegen konnten, nicht nach den Bedürfnissen der Menschen. So entstanden Städte ohne Marktplätze, Straßen und Hinterhöfe und ohne die wichtige Unterscheidung von privatem, halbprivatem, halböffentlichem und öffentlichem Raum. In extremen Fällen – wie Vele di Scampia (Neapel, Italien) und Pruitt-Igoe (St. Louis, USA)– mussten Siedlungen abgerissen werden, nachdem ihre Probleme unlösbar geworden waren. Wer es irgendwie schaffte, zog in einen anderen Stadtteil. Die Siedlungen wurden zu von Banden kontrollierten Slums. Die Kriminalitätsrate war so hoch, dass die Polizei Angst hatte, sich dort blicken zu lassen. Da die Behörden nicht eingreifen konnten, verfielen die Gebäude. Am Ende war ihr Abriss die einzige Lösung.

Viele moderne Siedlungen sind aber auch gut erhalten, von verschiedenen gesellschaftlichen Gruppen bewohnt, durch den Nahverkehr eng an das Stadtzentrum angebunden und gut mit Läden und Geschäften ausgestattet. Dank der Naturnähe, der Sicherheit und der bezahlbaren Mieten sind sie auch bei jungen Familien beliebt. Größere Probleme entstehen meist nur in den Gebieten, die von der Stadt abgeschnitten sind und in denen eine hohe Arbeitslosigkeit herrscht.

BRA

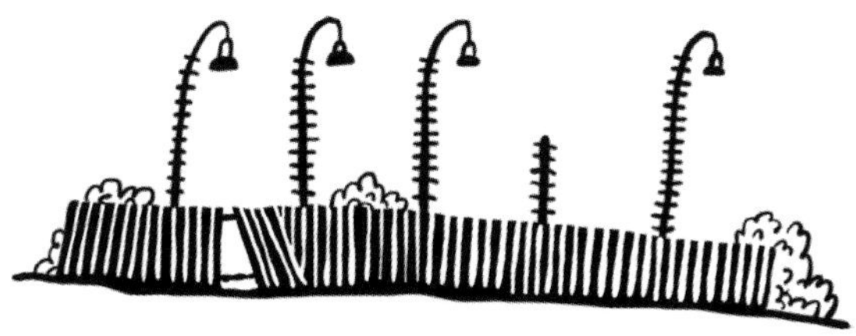

CHEN

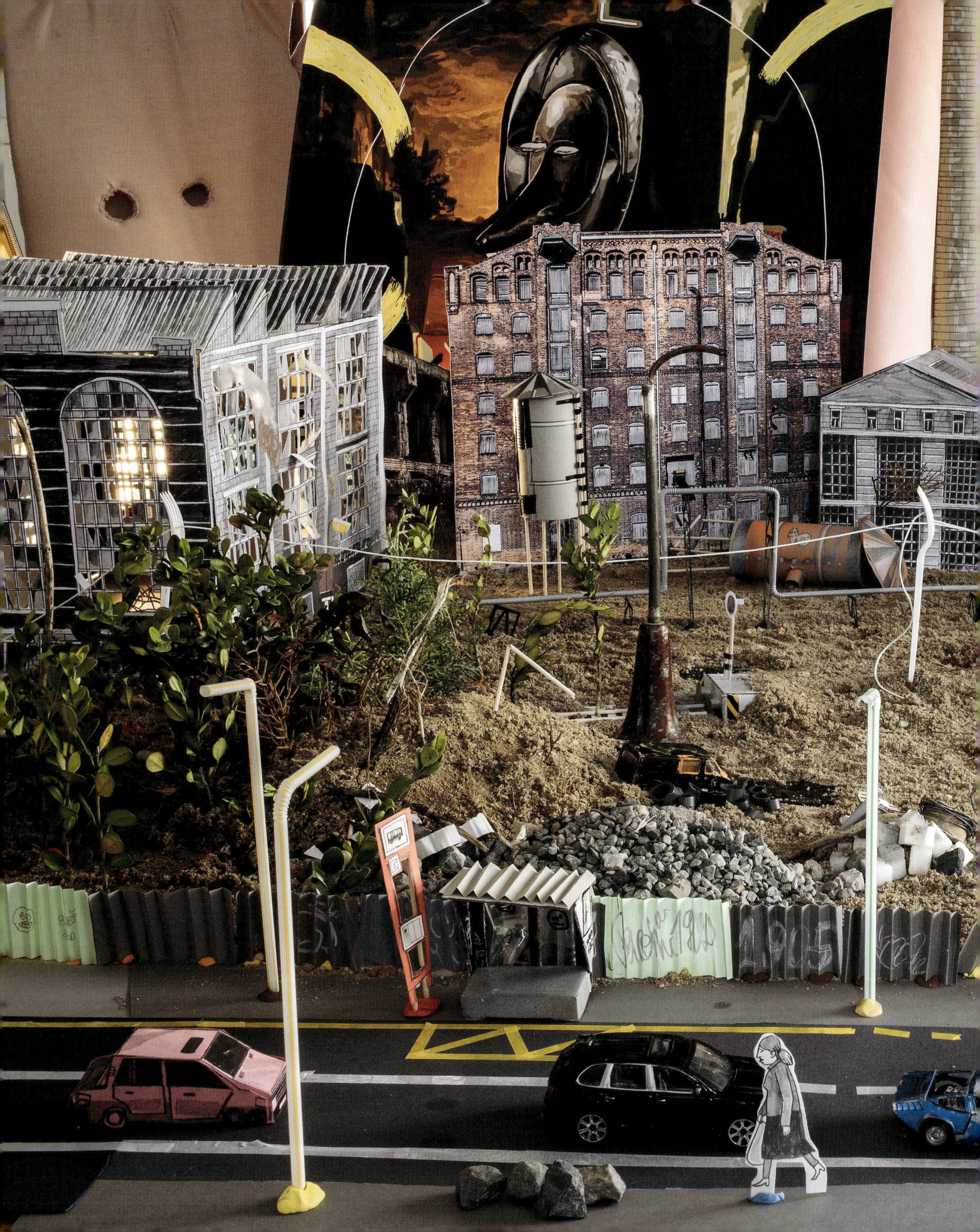

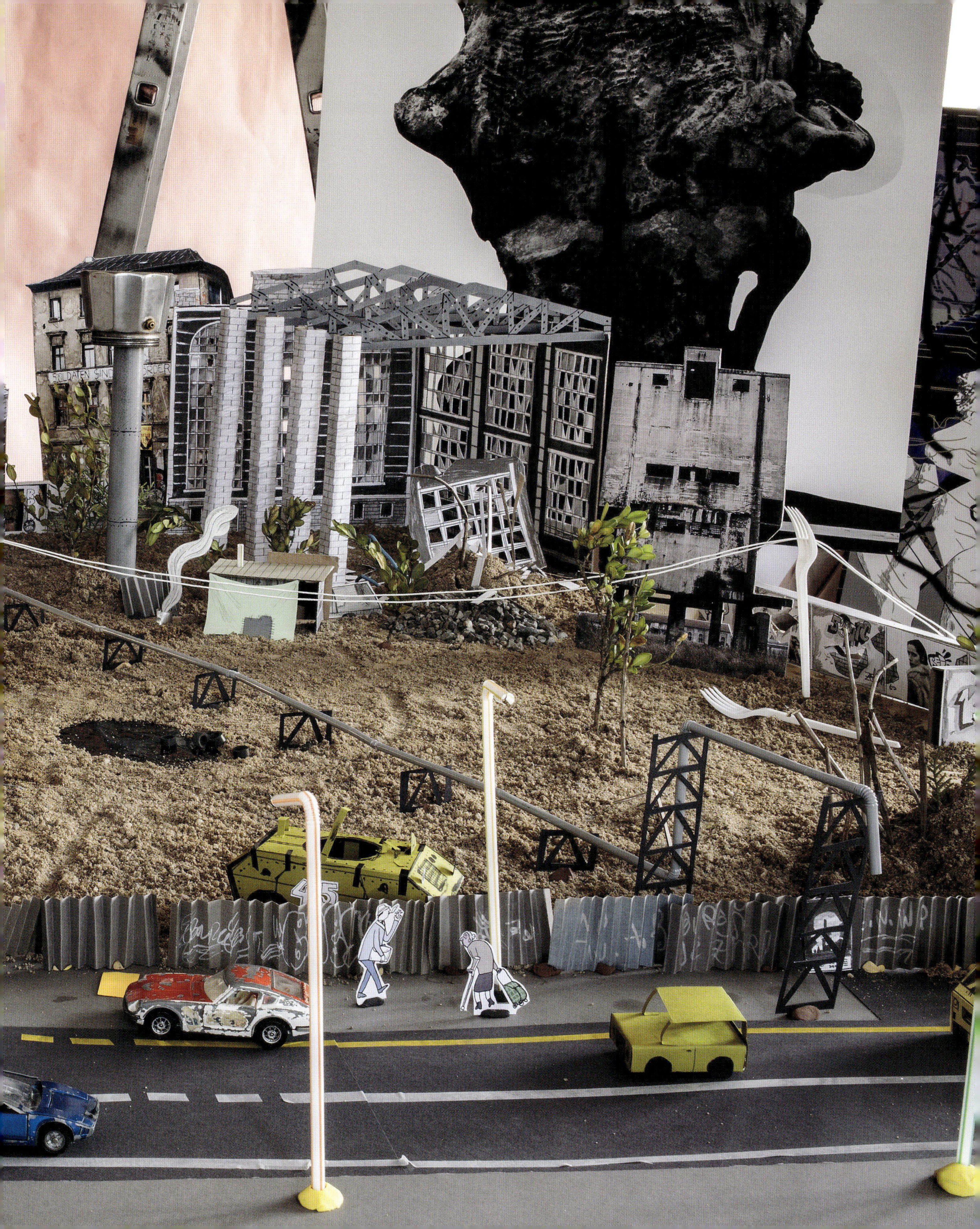

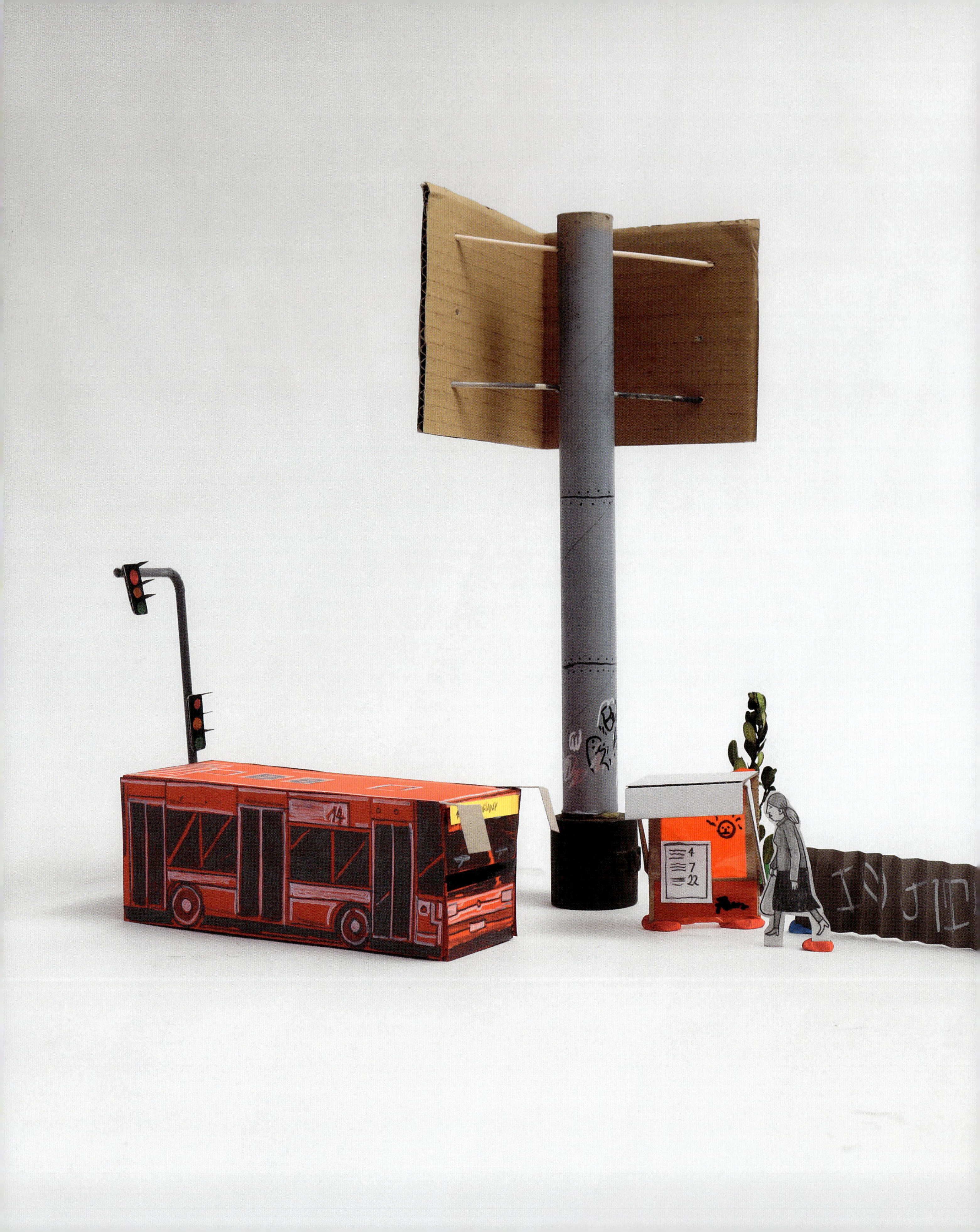
14
4
7
22

Eine Brachfläche ist ein Gebiet, das seine ursprünglich geplante Funktion und Nutzung schon hinter sich hat. Brachen sind verlassene und verwahrloste Flächen mitten in unseren Städten. Die Grundstücke waren für Tätigkeiten da, die inzwischen – durch Umgestaltung der Industrie, technologischen Fortschritt oder veränderter Nachfrage – nicht mehr benötigt werden. Ein anderer Begriff für eine Industriebrache ist *Brownfield*. Oft entdeckt man auf Brachflächen eine Bodenverschmutzung, dann müssen sie saniert werden. Dabei muss man gegebenenfalls alte Gebäude entfernen.

Dieser Erneuerungsprozess ist aufwendig und kann rechtlich schwierig sein, etwa durch die Änderung der Nutzung, oder wenn es Streit um die Eigentumsverhältnisse gibt, was Investoren abschrecken kann. In der Stadtentwicklung ist das aber ein normaler und gar nicht seltener Vorgang.

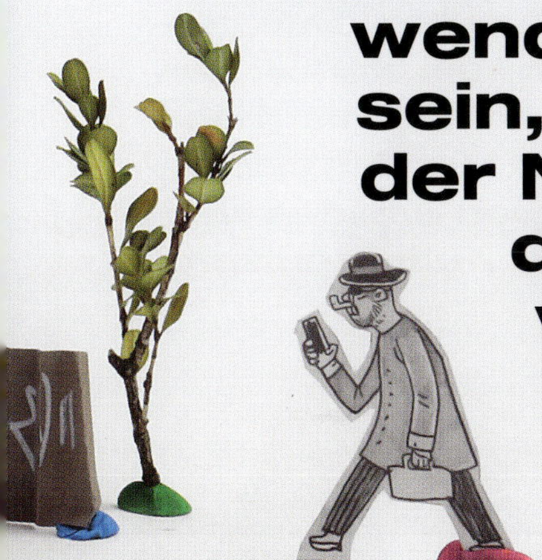

Die Grundstücke, die nach dem Abriss der Stadtmauern frei wurden, sind die Brachflächen des 19. Jahrhunderts. In Paris zum Beispiel verlaufen dort, wo einmal die Befestigungsmauern standen, die *Grand Boulevards*. Als die Stadtmauern strategisch überflüssig wurden, wurden sie entfernt und die nun freien Flächen bebaut. Auch ein Teil der berühmten Wiener Ringstraße verläuft entlang der ehemaligen Stadtmauer. Die Stadt bekam durch den Abriss plötzlich ein einzigartiges, großes und wertvolles Grundstück in unmittelbarer Nähe zum historischen Zentrum. Noch früher, im 18. Jahrhundert, waren Friedhöfe wichtige Brachflächen. Viele wurden aus hygienischen Gründen hinter die Stadtgrenzen verlegt, dadurch wurde der Platz um die Kirchen herum frei. Manche Städte nutzten ihn für neue Parks, woanders wurde er bebaut oder als neues Bauland weiterverkauft.

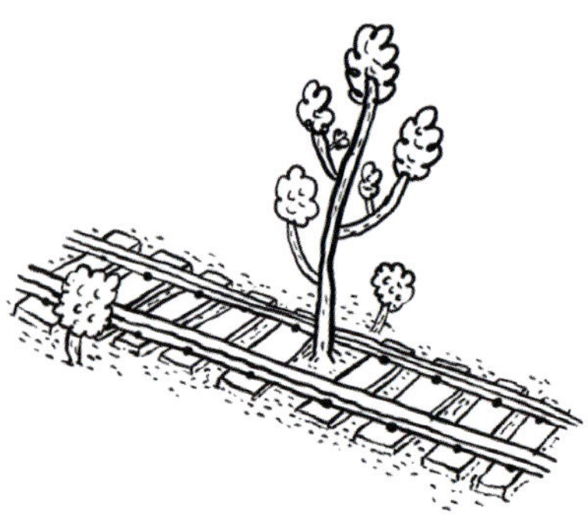

Heute gibt es in den Städten vor allem Industrie-, Eisenbahn- und Militärbrachen. Im Falle der Eisenbahn liegt das daran, dass Verkehrsmittel inzwischen anders genutzt und anders organisiert werden. Die riesigen Bahnhöfe im Stadtzentrum sind überflüssig geworden. Die Zugverbindungen sind besser, der Verkehr ist flexibler und vielfältiger. Inzwischen wissen wir, dass nicht jede Bahnlinie einen eigenen Bahnsteig braucht, an dem sie stehen und warten kann. Dank moderner Informationstechnologie und barrierefreier Züge mit automatischen Türen fahren heute Dutzende Bahnen an ein und demselben Bahnsteig ab, und zwar im Abstand von wenigen Minuten.

Je weiter die Verdichtung in der Stadt fortgeschritten ist, desto sorgfältiger werden die bereits bestehenden Bauten erneuert. Man muss nicht immer alles abreißen, oft ist es besser, ein Gebäude für einen neuen Zweck umzuwandeln. So kann aus einem ehemaligen Eisenbahndepot ein spannendes städtisches Element werden. Das verlassene Depot ist dann kein physisches und psychologisches Hindernis mehr. Es kann mit seiner speziellen Atmosphäre sogar Kern einer neuen Bauidee werden, zum Beispiel als Kulturzentrum.

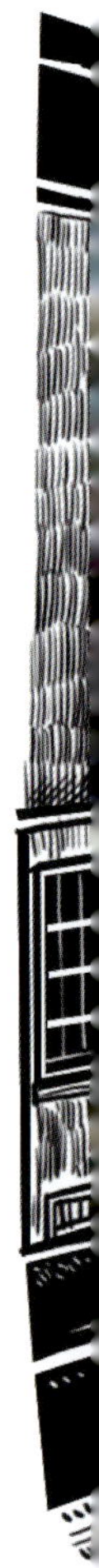

Berühmte Beispiele für Umwandlungen und Stadterneuerung sind: das Guggenheim Museum in Bilbao, die Docklands und das Olympia-Stadion in London, die HafenCity in Hamburg.

Heute verabschiedet man sich nicht nur von den monofunktionalen Gebieten, sondern auch vom monofunktionalen Gebrauch von Plattenbauten oder Gebäuden der technischen Infrastruktur. Zum Beispiel ein Eisenbahnviadukt mit seinen typischen Rundbögen kann nicht nur als Verkehrsweg dienen, sondern auch ein Ort für Verwaltung, Geschäfte und Kultur sein. Solche multifunktionalen Orte entstanden bereits in Wien, Berlin und New York. Jede Brachfläche bietet neue Möglichkeiten für die Stadt. Sie ist eine versteckte Reserve, mit der man nicht gerechnet hat. Als würdest du plötzlich mitten in der Stadt einen Schatz entdecken.

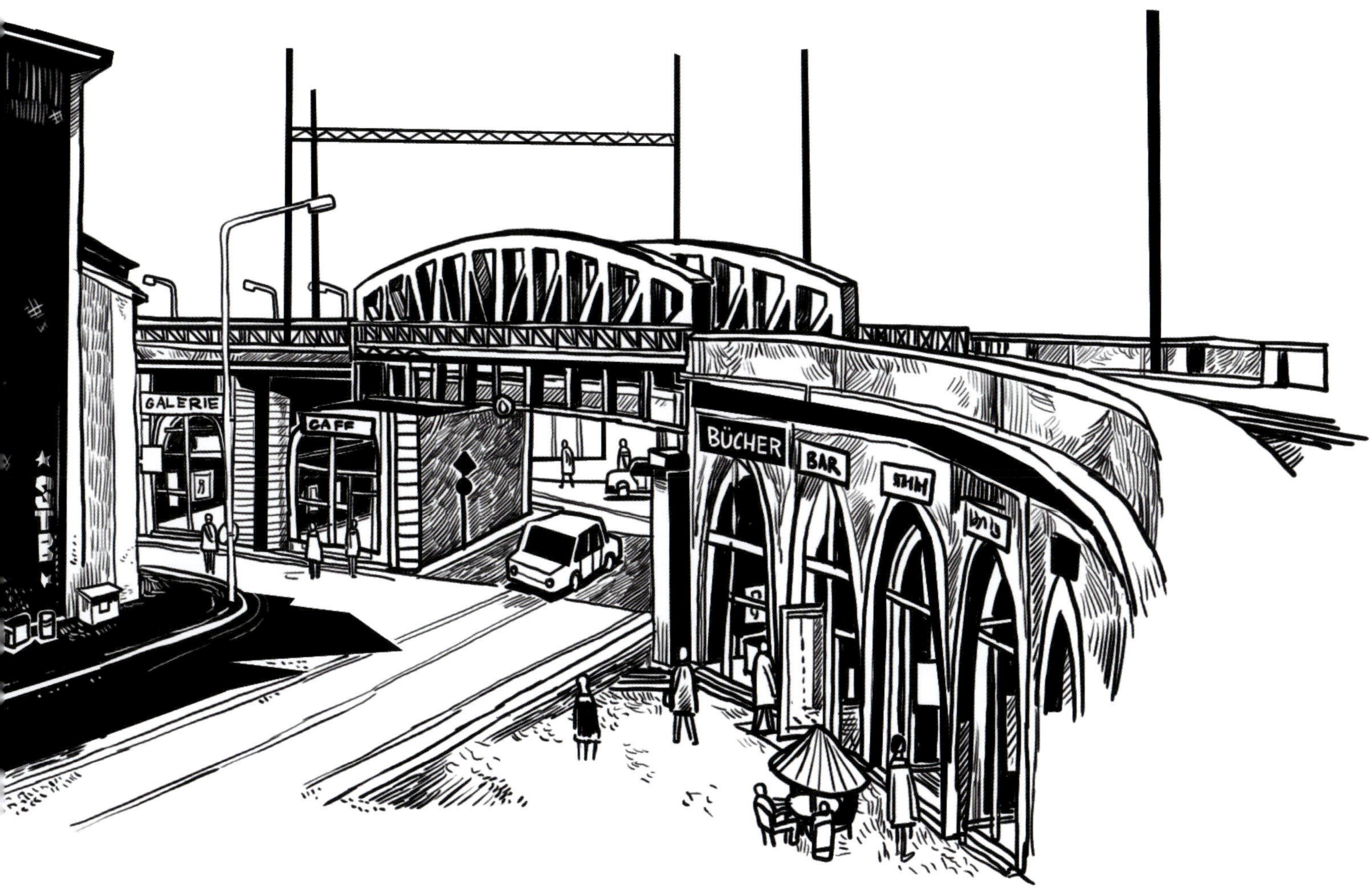

SU

URBANIS

B

SIERUNG

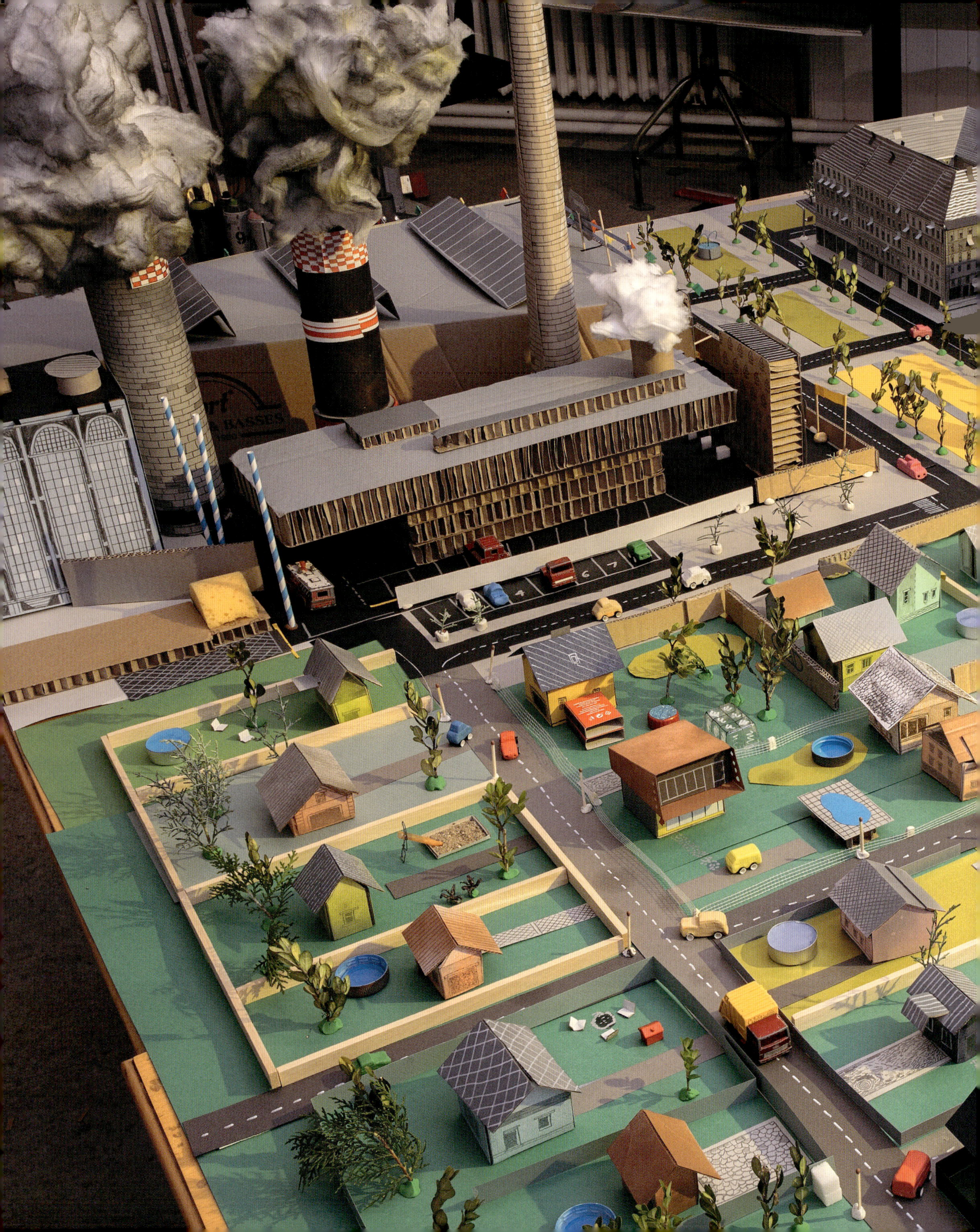

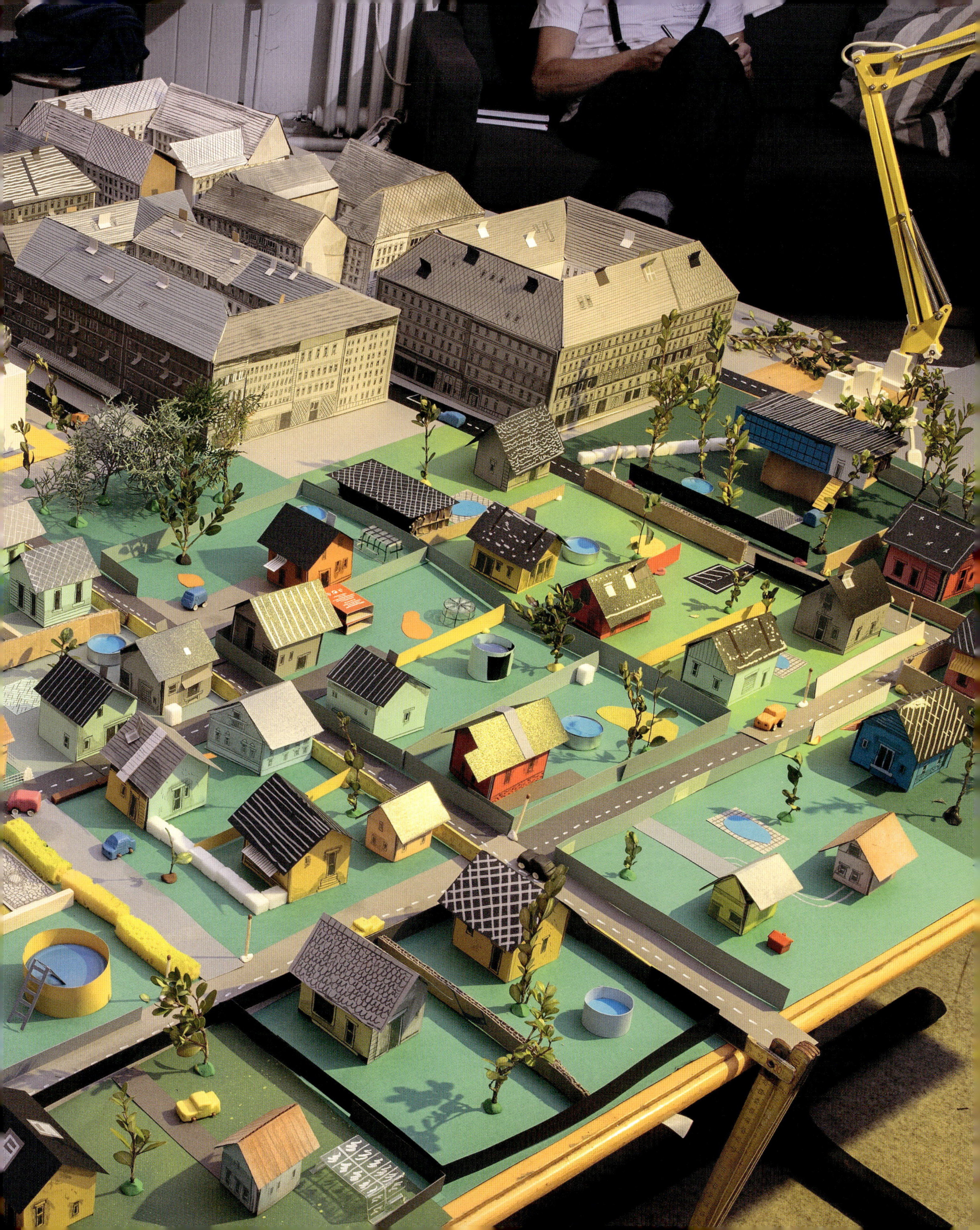

Im Trend zur Suburbanisierung – das ist die Flucht der Mittelschichten in Einfamilienhausgebiete am Stadtrand – verbindet sich eine Enttäuschung über die schlecht funktionierende Stadt mit einer Sehnsucht nach einem höheren Lebensstandard, einer stillschweigenden Unterstützung des Autoverkehrs und einem geschickten Marketing von Developern und Hypothekenbanken. Dieser Prozess ist nämlich in sich nicht logisch, sondern widerspricht dem, was eine Stadt ausmacht. Er spielt mit den Träumen der Menschen, indem er ihnen eine bessere gesellschaftliche Stellung und einen höheren Lebensstandard verspricht. In der Werbung sieht das dann immer schön und attraktiv aus, aber von der Suburbanisierung profitieren vor allem Banken und Immobilienunternehmen. Die Banken kümmern sich selbst um die Inserate und Reklamen für das Wohnen in der Vorstadt und finanzieren Zeitungsbeilagen zu diesem Thema, auch online. Die Menschen aber träumen einen Traum, der meist anders ist als der Alltag in der Vorstadt, weshalb es unter US-amerikanischen Teenagern den

vielsagenden Begriff von der „suburban hell“ gibt, der Vorstadthölle. In ehemals sozialistischen Ländern mag hier eine extreme (wenn auch inzwischen nachlassende) Reaktion auf das wirtschaftliche System der Vergangenheit eine Rolle spielen, als die Menschen in vorproduzierten Häusern eng aneinander wohnten, oft mit zu wenig Privatsphäre. Als dann die Wende kam, erwachte der Traum vom bunten, privaten Paradies, in dem alles möglich sein sollte.

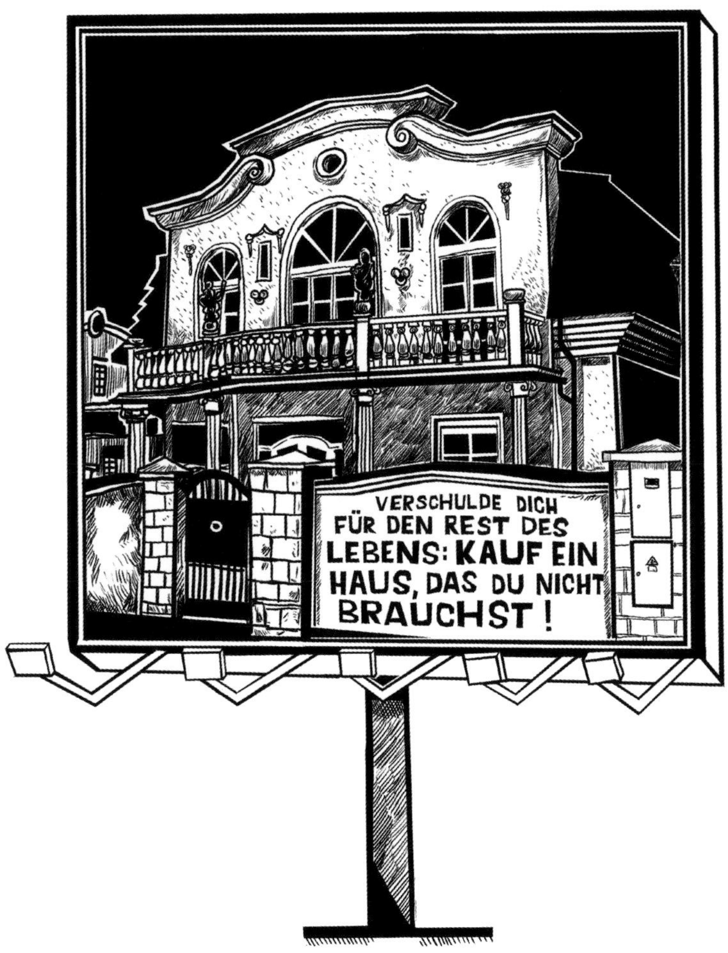

Die Flucht in die Vorstädte ist häufig eine Flucht vor einem niedrigen Lebensstandard in den historischen Zentren. Die Ursache liegt also oft im Zustand der Städte begründet. Den Menschen fehlt hier etwas, vielleicht Privatsphäre, Natur, manchmal Sicherheit, manchmal Privateigentum oder auch Mietwohnungen zu bezahlbaren Preisen. Oder noch etwas anderes? Wenn die Innenstädte voller Autos, Lärm und Staub sind, wenn es keinen Platz gibt, wo Kinder am Nachmittag zusammen spielen können, dann stimmt doch was nicht.

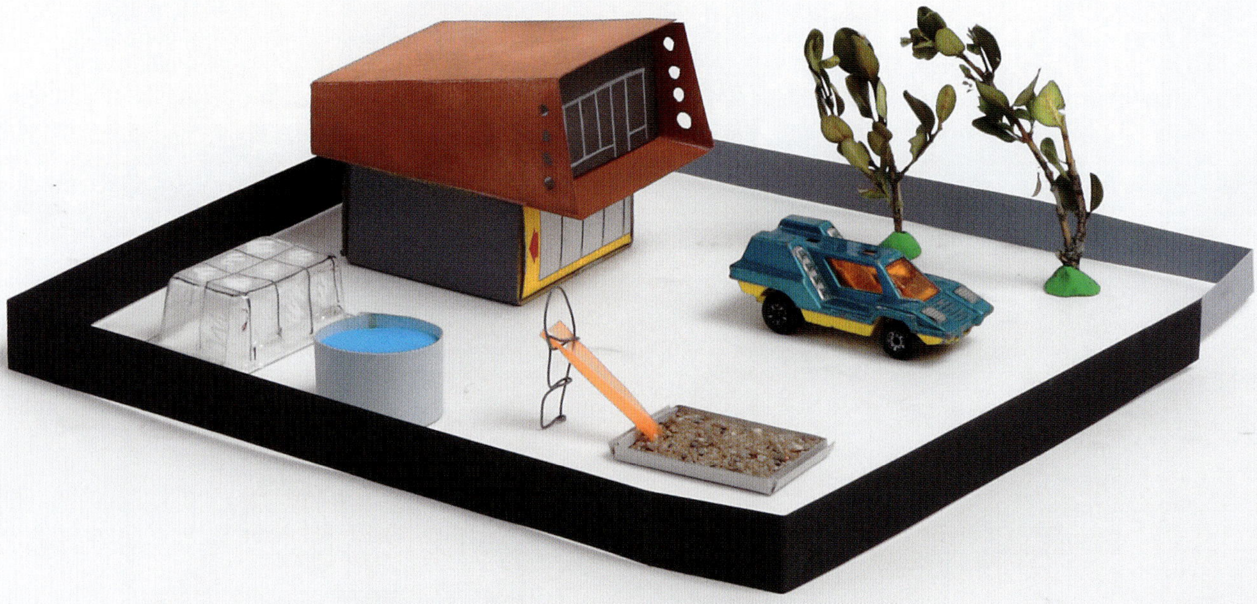

Der Weg zur Arbeit dauert im globalen Durchschnitt 41 Minuten.
Finnen und Schweden fahren 21 Minuten zur Arbeit.
Obwohl der durchschnittliche Arbeitsweg in Peking 52 Minuten dauert, sind in der chinesischen Hauptstadt täglich Hunderttausende Angestellte bis zu drei Stunden zur Arbeit unterwegs.

Der Bau von Einfamilienhäusern in den Vorstädten, der in der Regel vom Staat nicht finanziell unterstützt wird, hat stark zugenommen. Bedauerlicherweise ist die rasche Ausbreitung in der Landschaft in mancher Hinsicht unkoordiniert. Während die europäischen „Gartenstädte" der Vorkriegszeit durch Zug- und Straßenbahnlinien gut an das Zentrum angebunden waren, werden solche Lösungen bei der heutigen Suburbanisierung oft vernachlässigt. Das ist unwirtschaftlich, da dadurch der Energieverbrauch und der Kraftstoffbedarf steigen. Das Ergebnis sind monofunktionale, sich horizontal ausbreitende Wohnsiedlungen, denen es an öffentlichen Einrichtungen mangelt, sodass sie vom Autoverkehr in die Stadt und aus der Stadt heraus abhängig sind. Diese Vororte sind oft zu dünn besiedelt, als dass eine Anbindung an den öffentlichen Verkehr gerechtfertigt wäre. Darüber hinaus nimmt die relativ dünne Besiedlung auch Flächen in Anspruch, die besser für landwirtschaftliche Zwecke und zur Erholung genutzt werden könnten.

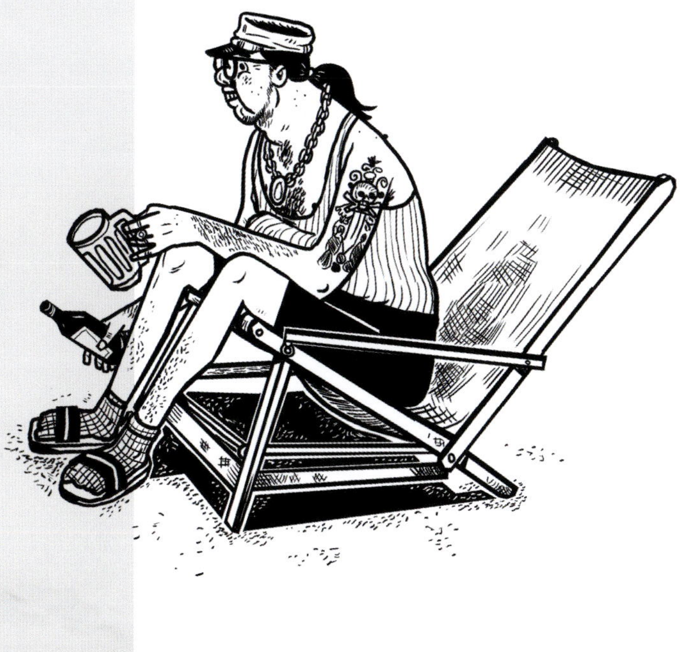

Ein gutes Wohnumfeld bietet Arbeitsmöglichkeiten, stärkt die sozialen Beziehungen, ermöglicht einen hohen Grad an Mobilität und umfasst ein gutes und vielfältiges Angebot an Dienstleistungen. In den Einfamilienhaussiedlungen gibt es das nicht immer. Viele Bewohnerinnen und Bewohner (Kinder, Rentner, alte und in der Mobilität eingeschränkte Menschen sowie die sogenannten grünen Witwen) befinden sich hier in sozialer Isolation, die zu Vereinsamung und Depression führen kann. Wer hier wohnt, kann nicht so leicht mal eben um die Ecke Brötchen kaufen oder zu Fuß zur Schule gehen. Meistens gibt es kaum Infrastruktur und wenige Angebote. Alles ist weit weg.

Die dünne Bebauung horizontal angelegter Wohngebiete macht die Versorgung teuer, etwa die Kommunikationsnetze oder die Müllabfuhr. Einzeln stehende Häuser haben einen bis zu 80 Prozent höheren Wärmeverlust als eine vergleichbar große Wohnung in einem Mehrfamilienhaus. Mit dem höheren Aufwand für Heizung und Kühlung wird auch der CO_2-Fußabdruck größer. So hat das Wohnen in der angeblich „gesunden" Vorstadt schwerwiegendere ökologische Folgen als eine Wohnung in einem Haus in der Innenstadt. Und dabei sind die endlosen Autokolonnen auf den Verbindungsstraßen zwischen Stadt und Vorstadt im Berufsverkehr noch gar nicht eingerechnet.

IN DUS PA

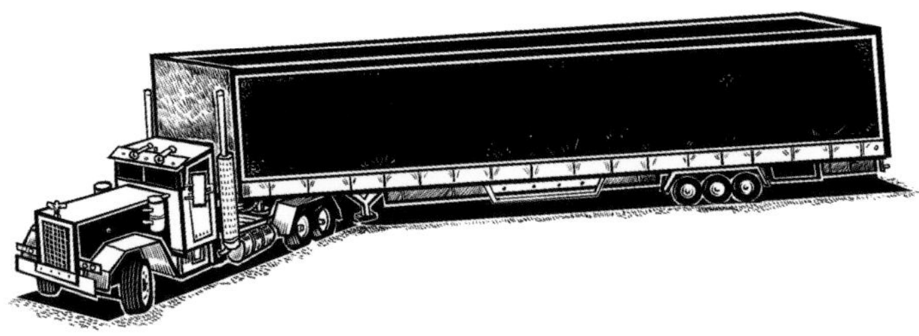

TRIE
KS

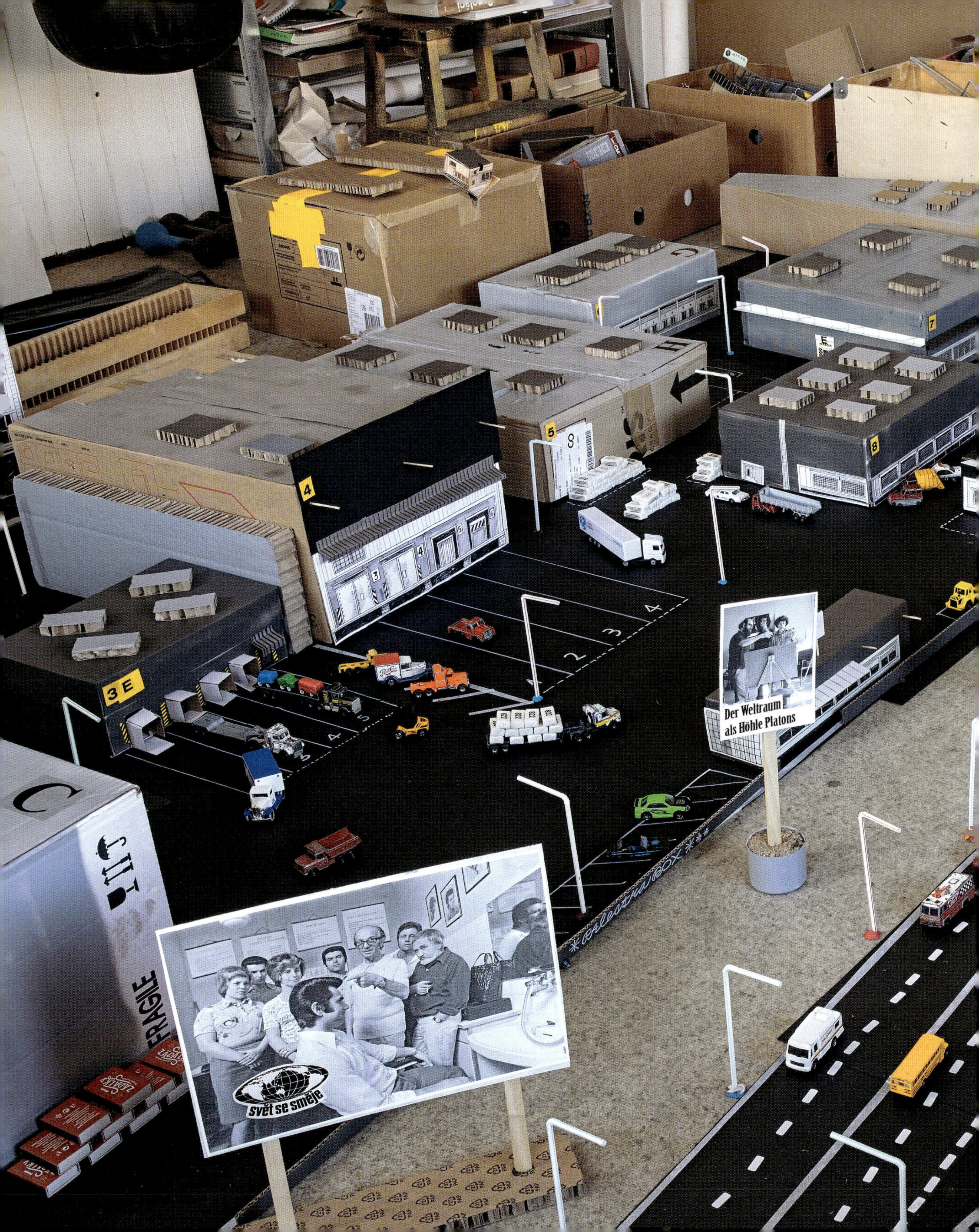
Der Weltraum
als Höhle Platons
svět se směje
FRAGILE

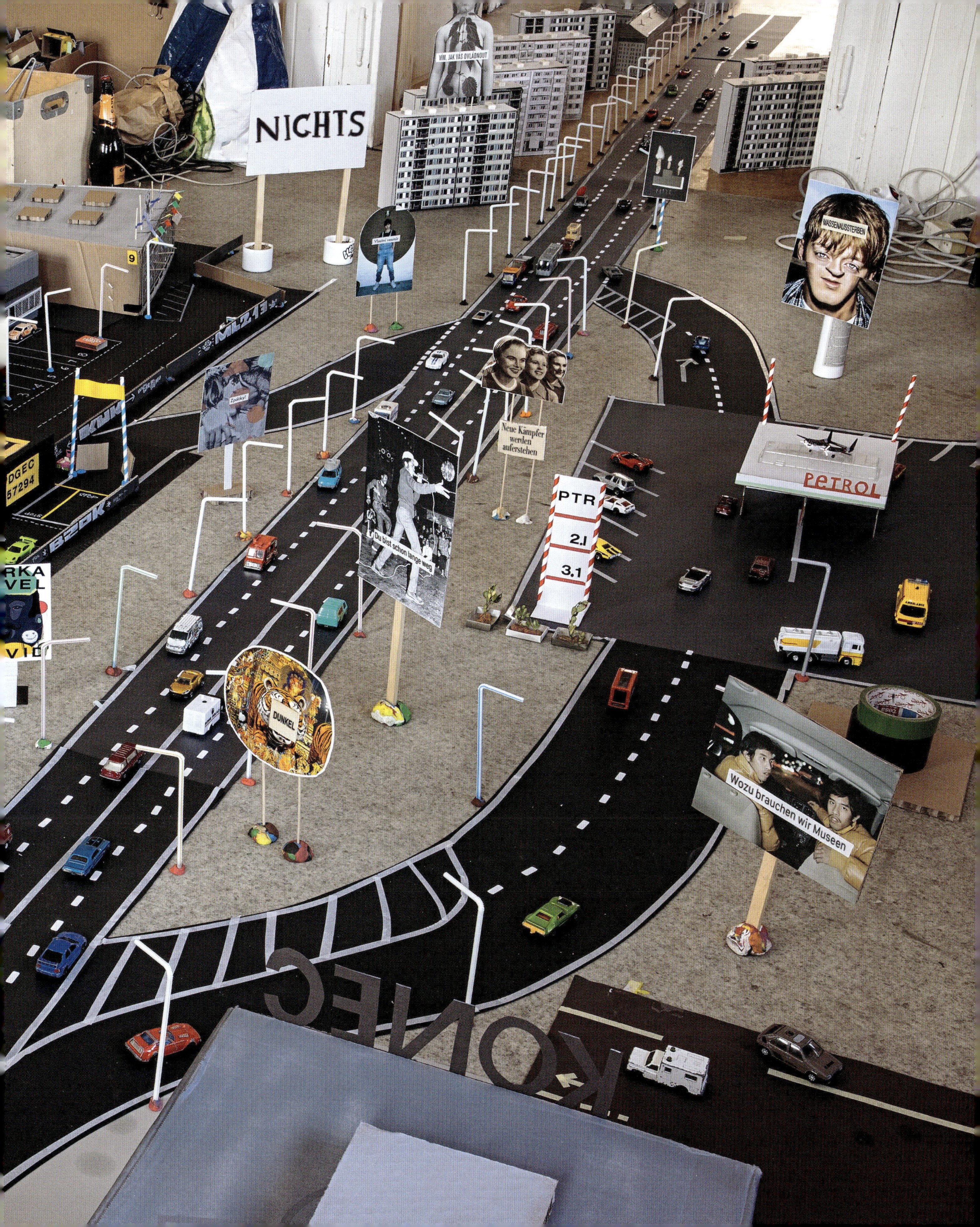
NICHTS
MASSENAUSSTERBEN
Neue Kämpfer werden auferstehen
PETROL
PTR
2.1
3.1
DGEC
57294
DUNKEL
Wozu brauchen wir Museen

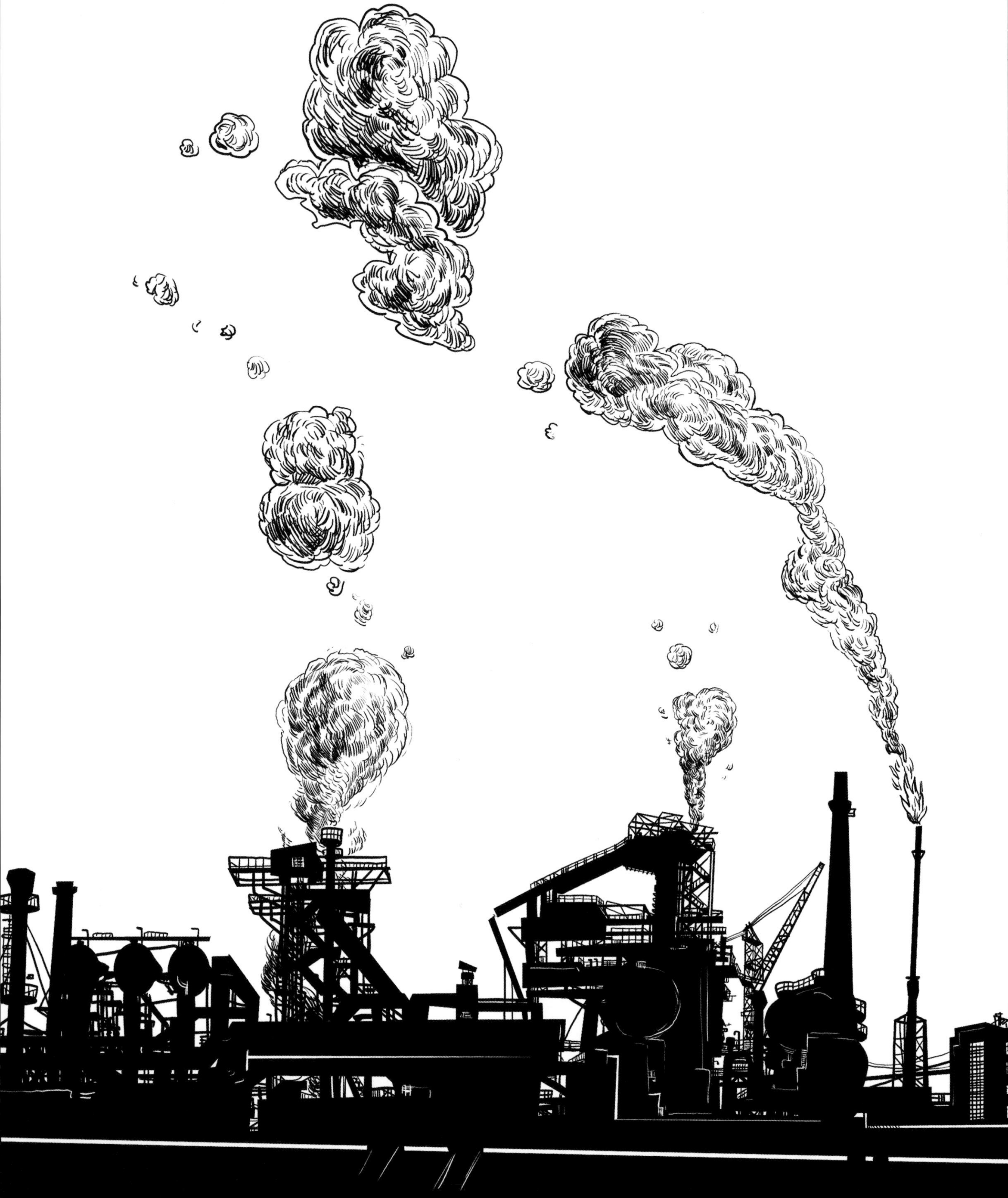

Bis vor Kurzem waren Großstädte von Industriebetrieben, von rauchenden Kaminen und Schmutz geprägt, was alles nicht mit der Idee vom guten Leben vereinbar war. Durch politische Veränderungen und technologischen Fortschritt haben wir uns aber nun in eine postindustrielle Gesellschaft der Informationen, Dienstleistungen und sauberen Energie verwandelt. Dieser Wandel ermöglicht es den Menschen in der Stadt, in unmittelbarer Nähe zum Arbeitsplatz zu wohnen. Es ist nicht ungewöhnlich, dass sich neben einem Wohnhaus ein Bankgebäude, eine Versicherung oder eine Softwarefirma befindet.

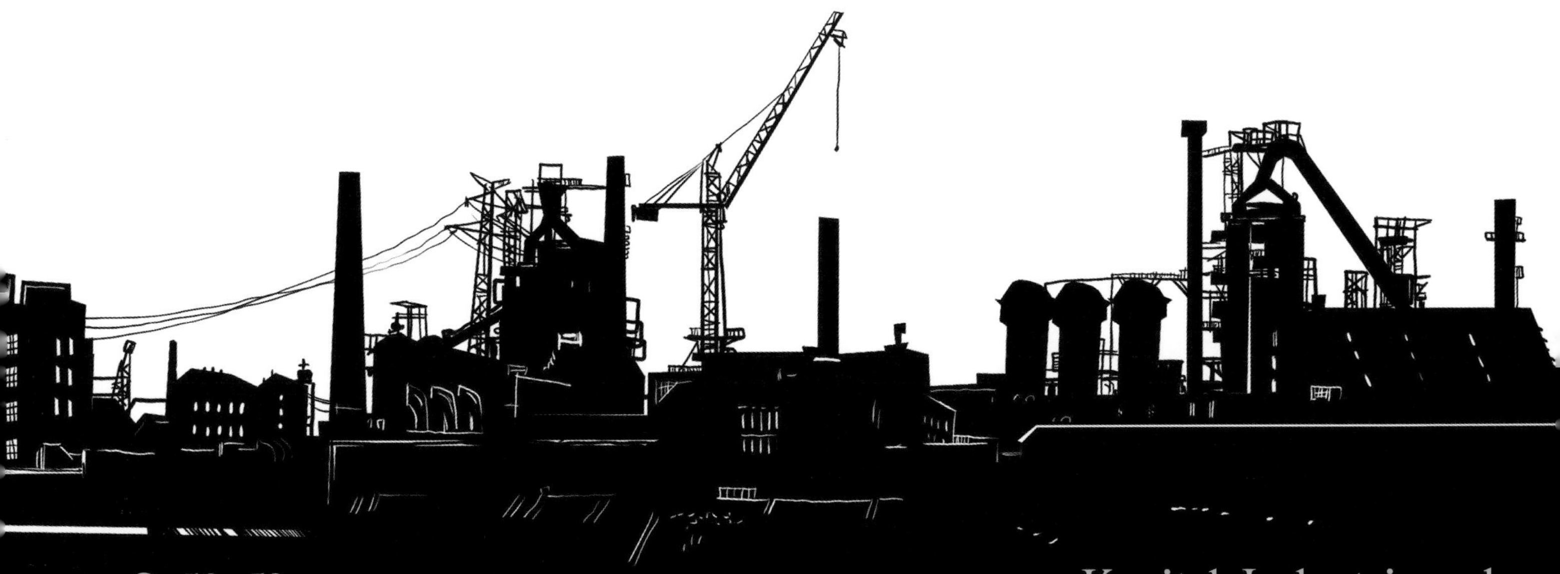

S. 58–59 Kapitel: Industrieparks

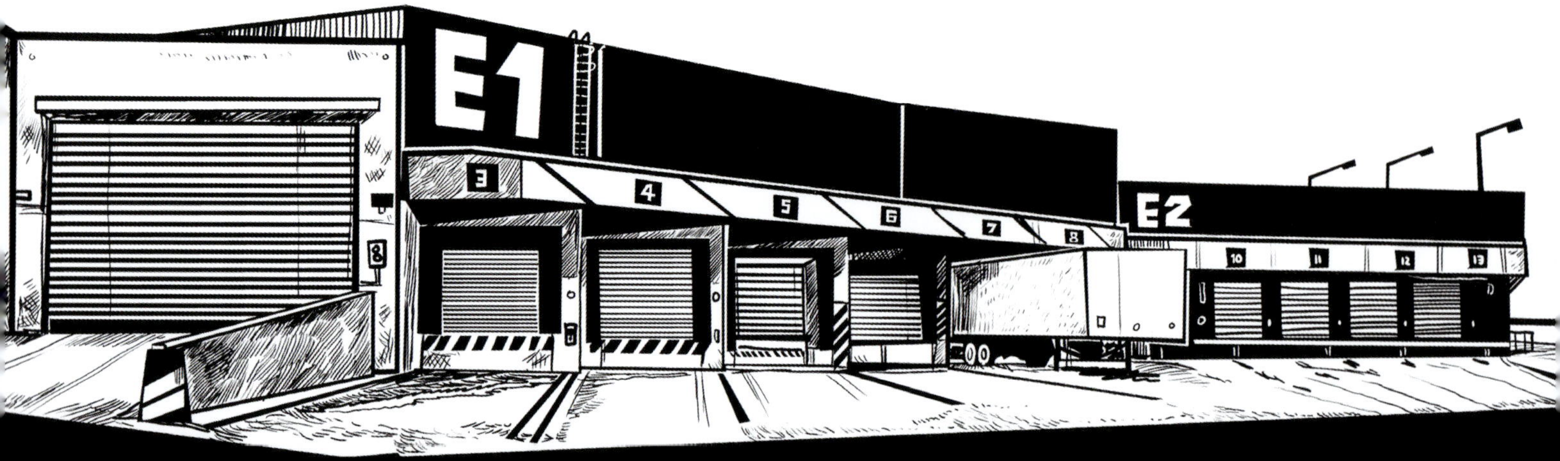

Da ein Großteil der Bevölkerung im Dienstleistungssektor arbeitet, müssen in den modernen Städten keine riesigen Industriegebiete mehr gebaut werden. Die „schmutzige" Schwerindustrie wird aus den Städten hinaus oder sogar in andere Länder verlagert, in denen es billigere Arbeitskräfte und weniger strenge ökologische Auflagen und Sicherheitsvorschriften gibt. Landwirtschaftliche Flächen in Vororten werden häufig für Umschlagplätze, Logistikzentren und Industrieparks umgewidmet. Riesige Lagerhallen befinden sich nicht unbedingt in den Städten oder in ihrer direkten Nachbarschaft. Der Betrieb solcher Anlagen ist hochgradig automatisiert, man braucht also nur wenige Angestellte. Sie befinden sich in der Regel an Hauptverkehrsstraßen, wo Staus und andere Einschränkungen, die für den Verkehr in dicht besiedelten städtischen Gebieten gelten, minimal sind.

Die Covid-Pandemie hat unsere Einkaufsgewohnheiten verändert. Die Umsätze der Lagerhallen von Online-Handelsriesen übertreffen inzwischen jene klassischer Einkaufszentren und damit auch deren Wert. Entsprechend sind die Preise für Lagerhallen gestiegen, was Ökonomen als einen Wendpunkt auf dem Immobilienmarkt betrachten.

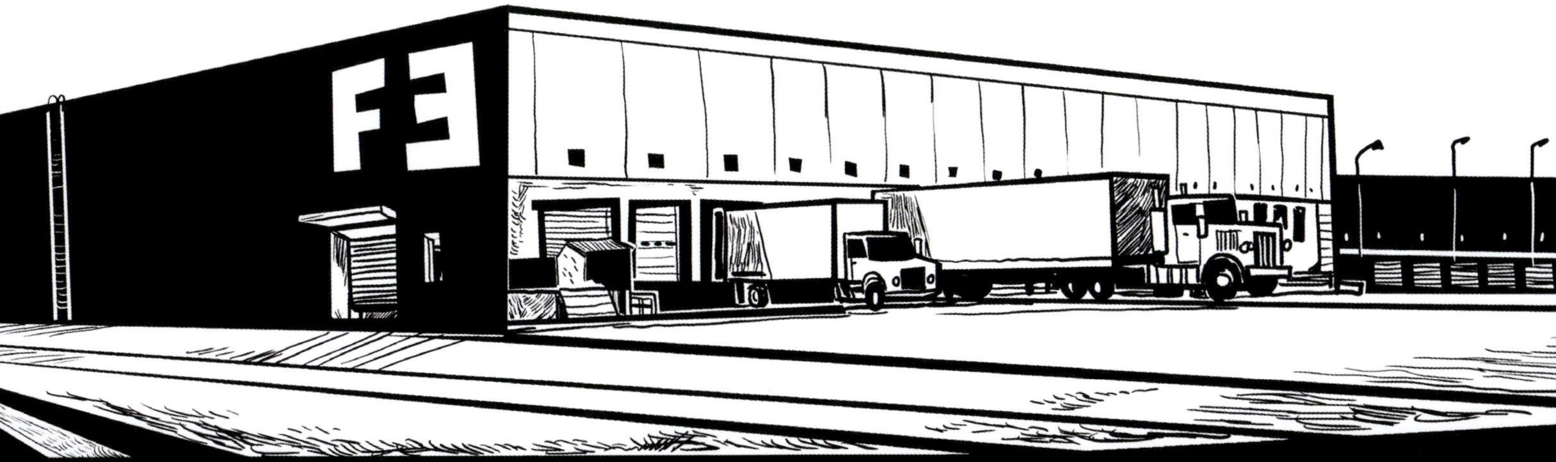

Gerade Regionen, die zwischen großen Städten liegen, eignen sich für Logistikzentren und sind strategisch günstig für die Warenauslieferung. Die Grundstückspreise sind hier niedriger, und Landwirtschaftsflächen haben oft weniger rechtlichen Schutz, etwa was die Einschränkung des Verkehrs betrifft. In der Europäischen Union ist es vorgeschrieben, dass LKW-Fahrer höchstens neun Stunden pro Tag am Steuer sitzen dürfen. Der Blick auf die Karte zeigt, dass Länder, die in der Mitte Europas liegen, große Vorteile bieten, da man von hier aus in kurzer Zeit einen großen Teil des Kontinents abdecken kann. Auch deshalb werden diese Länder zu den logistischen Zentren unserer Zeit.

Die Landschaften zwischen den Städten werden in Zukunft noch stärker von Anlagen geprägt sein, in denen auf immer größerem Raum immer weniger Menschen arbeiten. Sie werden bestimmt sein von automatisierten Logistikzentren, Anlagen zur Energiegewinnung (z. B. Windräder, Sonnenkollektoren), Serverfarmen und den Maschinen einer robotisierten Landwirtschaft.

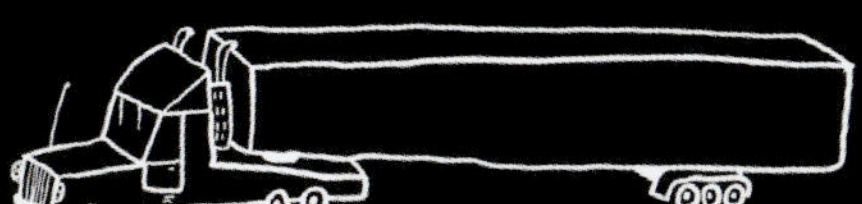

DÜN N

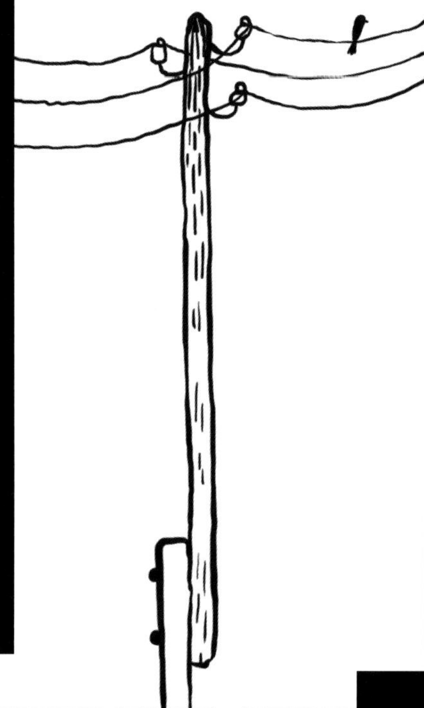

STÄ

BESIE
DELTE
DTE

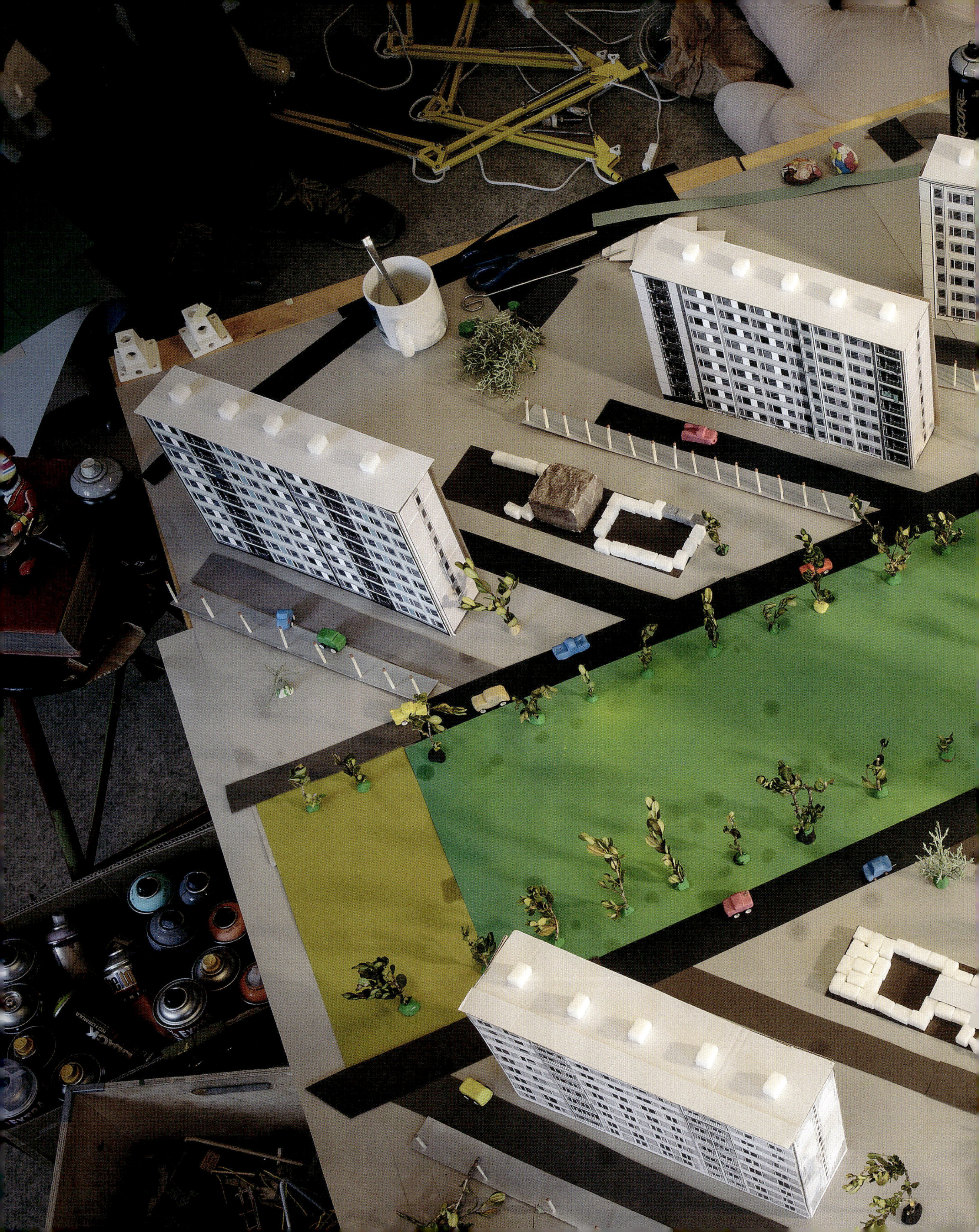

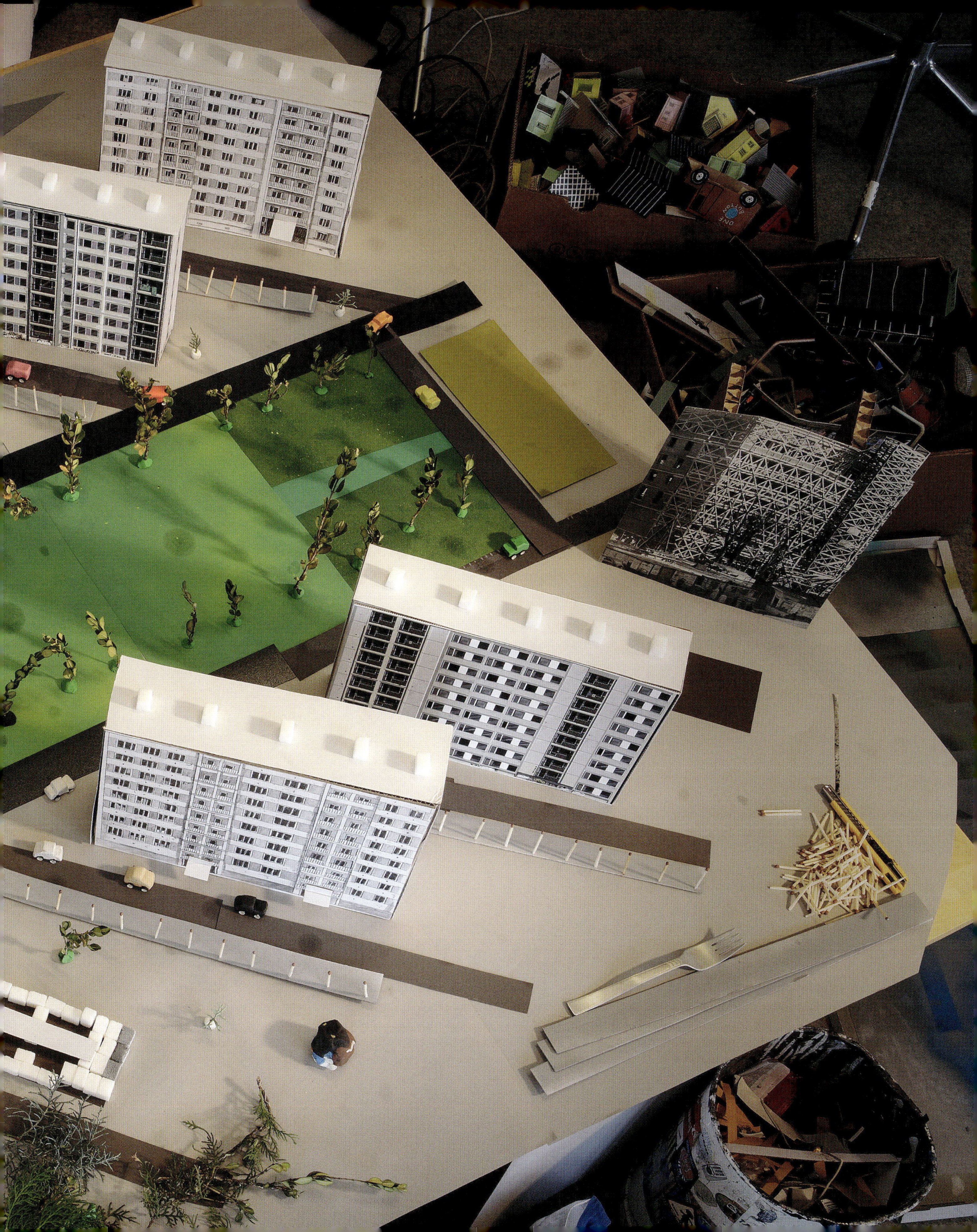

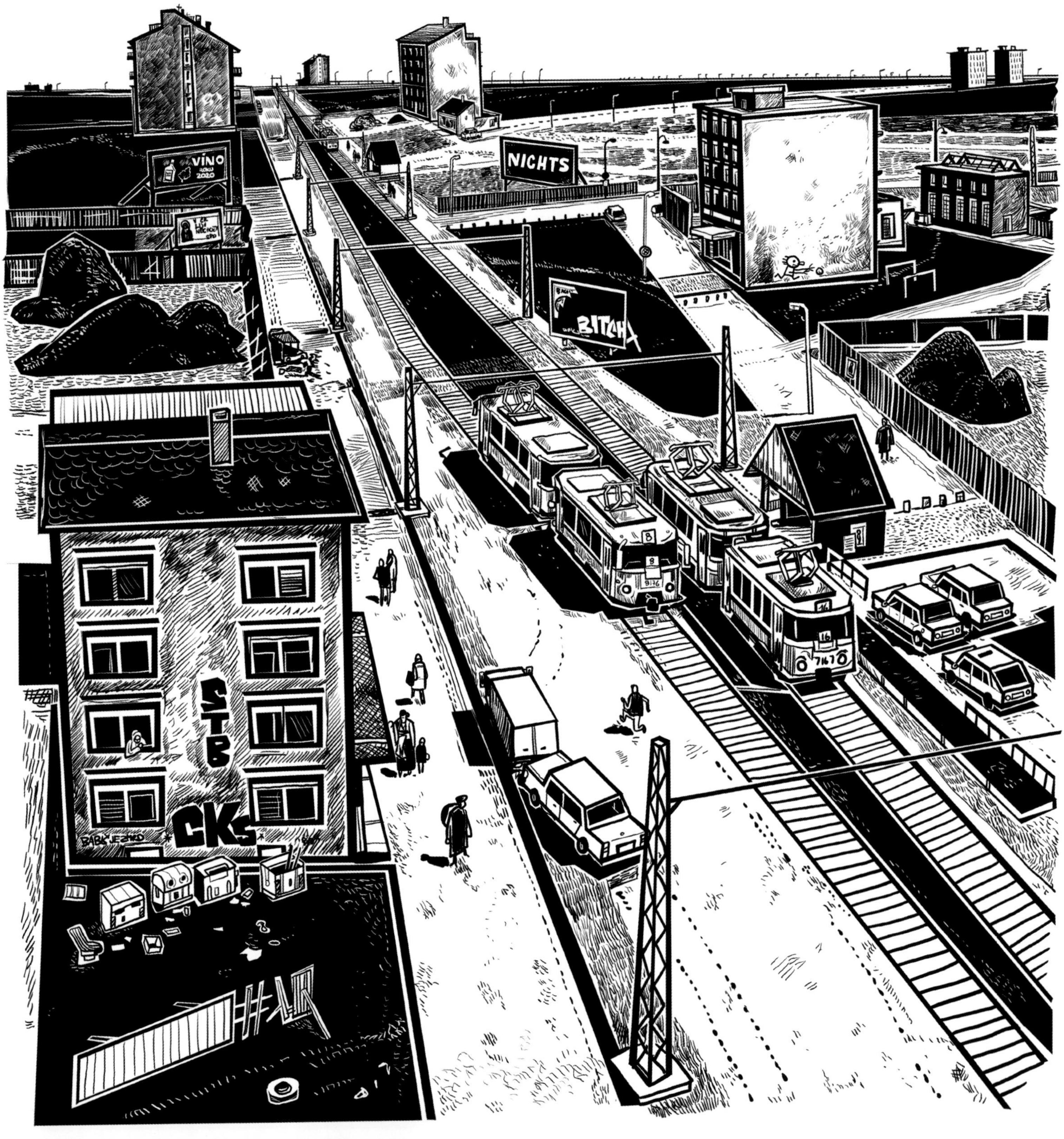
VINO
NIGHTS
BITCH
STB
CKS

Wenn eine Stadt dünn besiedelt ist, spricht man auch von einer geringen Bevölkerungsdichte. Die Bevölkerungsdichte beeinflusst, wie effizient eine Stadt sein kann. Lücken und Leerstellen im Stadtplan machen die Verwaltung einer Stadt teurer. Die Instandhaltung der Infrastruktur ist dann kostspielig. Wo die finanziellen Mittel knapp sind, besteht die Gefahr des Zusammenbruchs.

Eine dünne Bebauung ist für eine Stadt unwirtschaftlich. Ein Wohnblock mit drei Gebäuden erfordert ebenso die Installation und Wartung von Abwasserkanälen und anderen Versorgungseinrichtungen wie ein Wohnblock mit fünfzig Gebäuden. Der entscheidende Unterschied ist, dass ähnlich hohe Kosten auf weniger Leute verteilt werden. Je dünner die Stadt besiedelt ist, desto teurer wird ihr Betrieb pro Kopf. Es ist schwierig, eine dünn besiedelte Stadt mit einem effizienten öffentlichen Nahverkehr auszustatten: Wenn das Gebiet zu wenige Einwohner hat, um ihn finanziell tragfähig zu machen, müssen die Stadt oder die Bürger ihn subventionieren.

Im letzten Jahrhundert war die Baugesetzgebung für die Nutzung städtischer Landschaft darauf ausgerichtet, im Gegensatz zum klassischen städtischen Straßenplan aus Blöcken eher die in der Moderne entwickelten Forderungen nach Freiflächen zwischen den Gebäuden und viel Sonneneinstrahlung zu erfüllen. Das führte in manchen Fällen zur Entstehung von schlecht gepflegten und dünn besiedelten Städten. So kann freier Raum in einer Stadt paradoxerweise auch zum Hindernis werden, denn es entstehen kaum genutzte Räume, denen es an Gliederung fehlt (im Gegensatz zu traditionellen Straßen und Plätzen). Europäische Großstädte wie Berlin, München, Wien, Zürich, Prag, Amsterdam oder Kopenhagen unterliegen bei der Bebauungsdichte anderen Bauvorschriften als der Rest ihres Landes. Diese Verordnungen legen Details fest, die für die Stadtentwicklung wichtig sind, wie z. B. die Ausweisung von Straßenräumen, Baulinien und Höhenbegrenzungen.

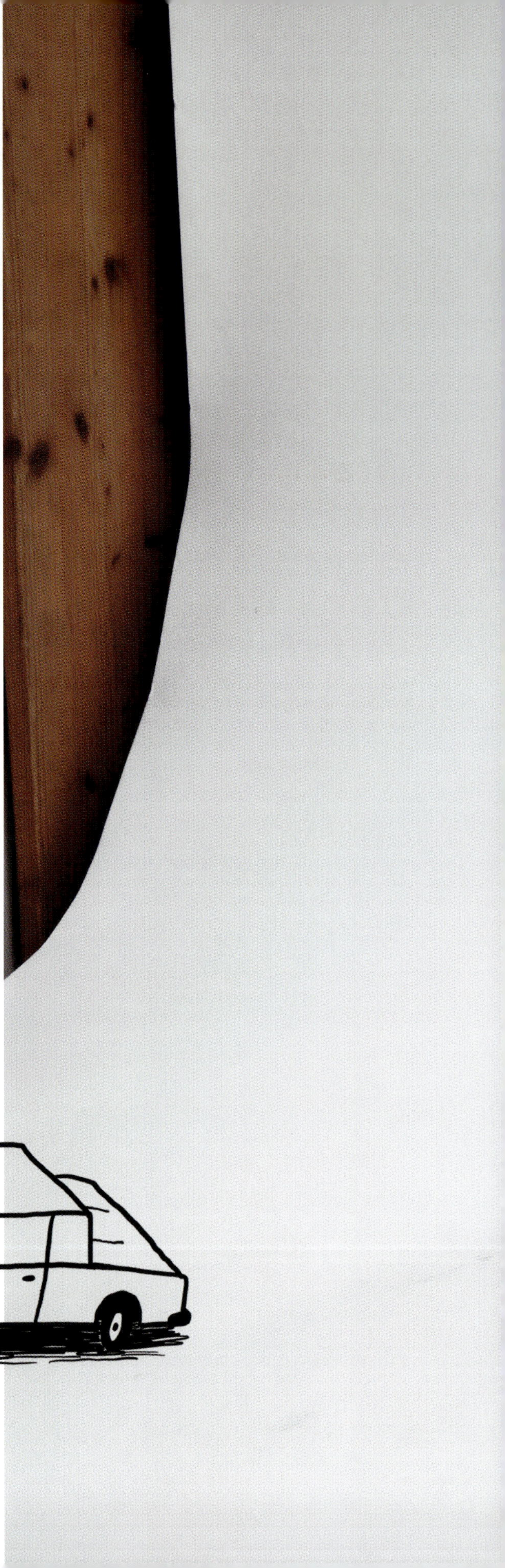

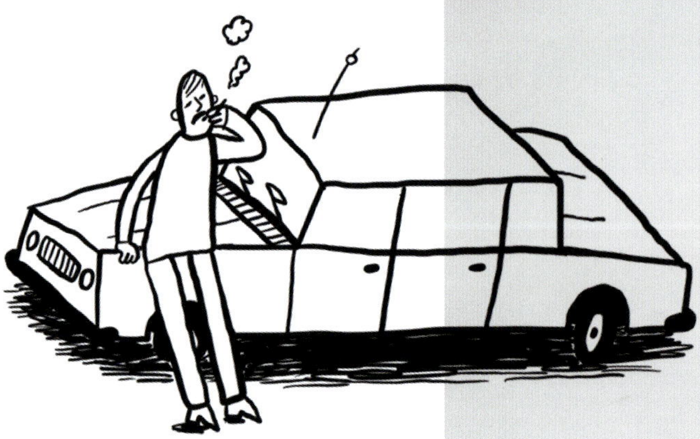

Was können Vorschriften zur Bebauungsdichte in einer Stadt bewirken? Mit einer Bevölkerungsdichte von 33 bzw. 39 Personen pro Hektar sind Warschau und Berlin dünn besiedelt. (In Wien liegt die Bevölkerungsdichte bei 41 und in Mailand bei 73 Einwohnern. 100 Einwohner pro Hektar gelten als optimale Dichte.) Die begehrten Zentren von Barcelona und Paris haben eine Bevölkerungsdichte von 163 bzw. 212 Einwohnern pro Hektar; Prags Viertel mit traditionellen Wohnblocks sind ähnlich dicht besiedelt. In den Vereinigten Staaten hat nur Manhattan in New York eine vergleichbare Bevölkerungsdichte. In den Satellitenstädten am Stadtrand (die aus Einfamilienhäusern mit Gärten bestehen) liegt die Bevölkerungsdichte bei nur 10 Personen pro Hektar.

Die öffentlichen Ausgaben pro Hektar städtischer Infrastruktur (pro Person und Jahr gerechnet) sind in einem dünn besiedelten Stadtviertel bis zu fünfmal höher als in einem sehr dicht besiedelten. Dünn besiedelte Städte sind teurer. In wirtschaftlich schwierigen Zeiten können sie schnell pleitegehen, so wie es in Detroit in den USA passiert ist.

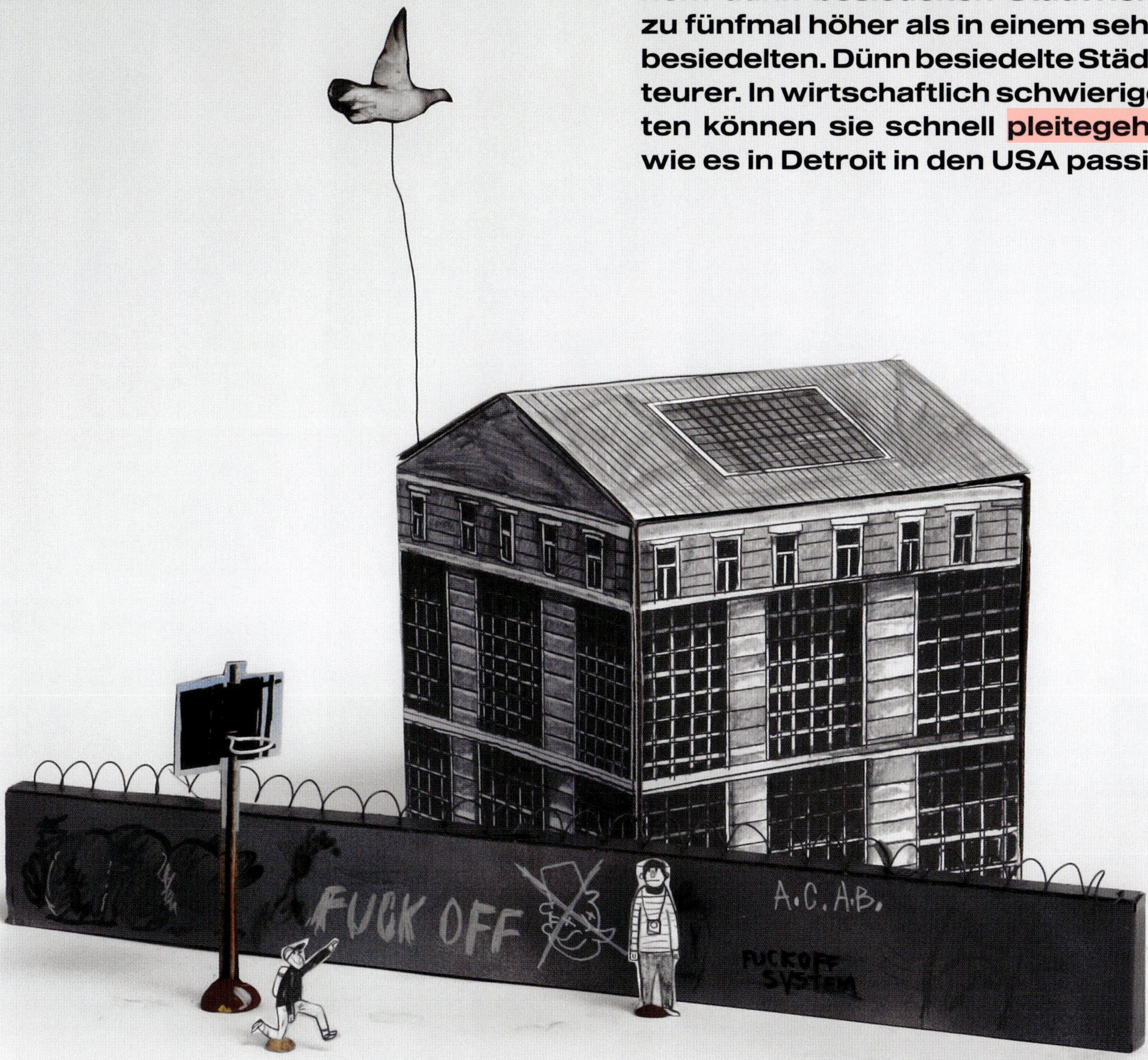

SCHRUN

STÄ

MPFENDE

DTE

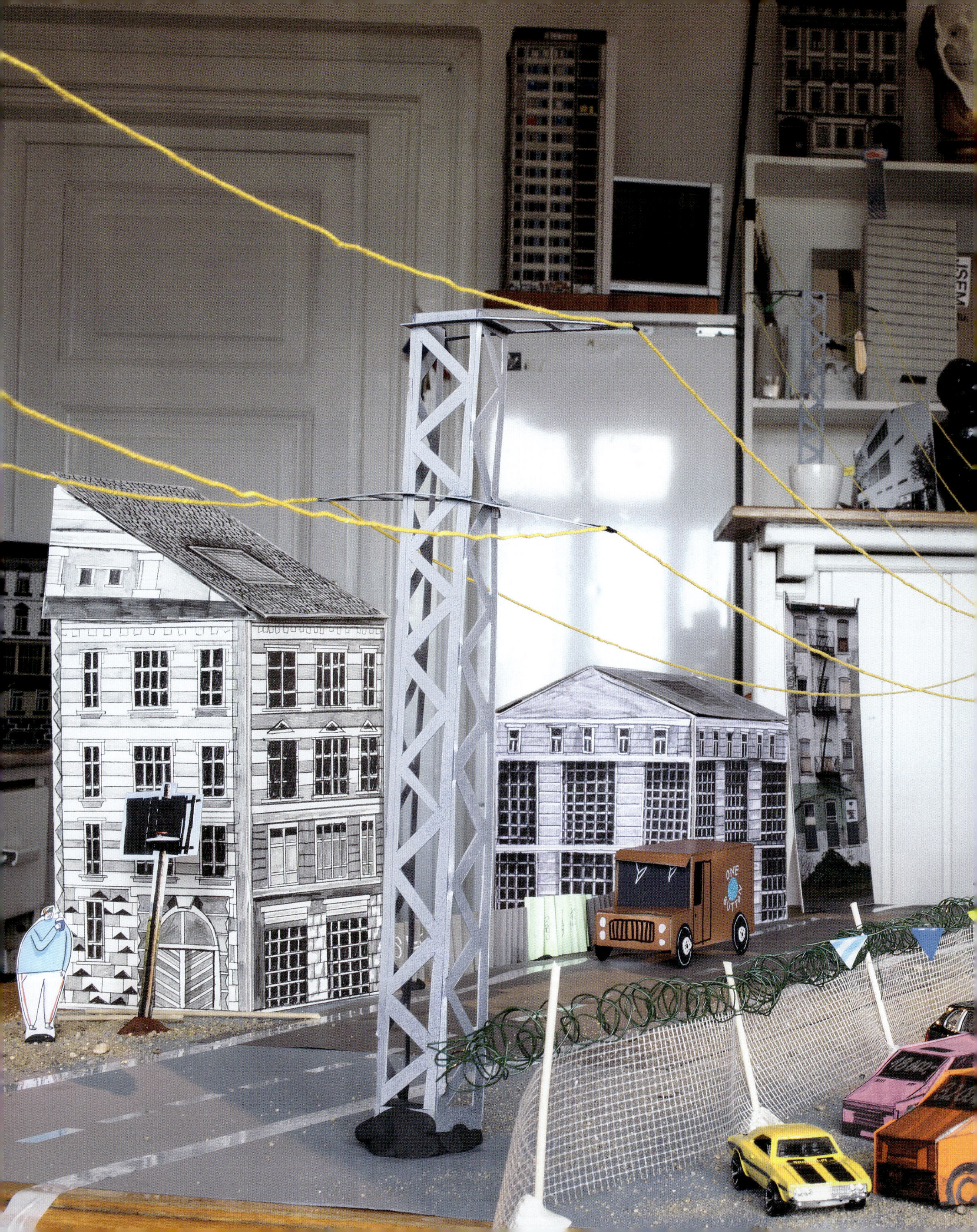

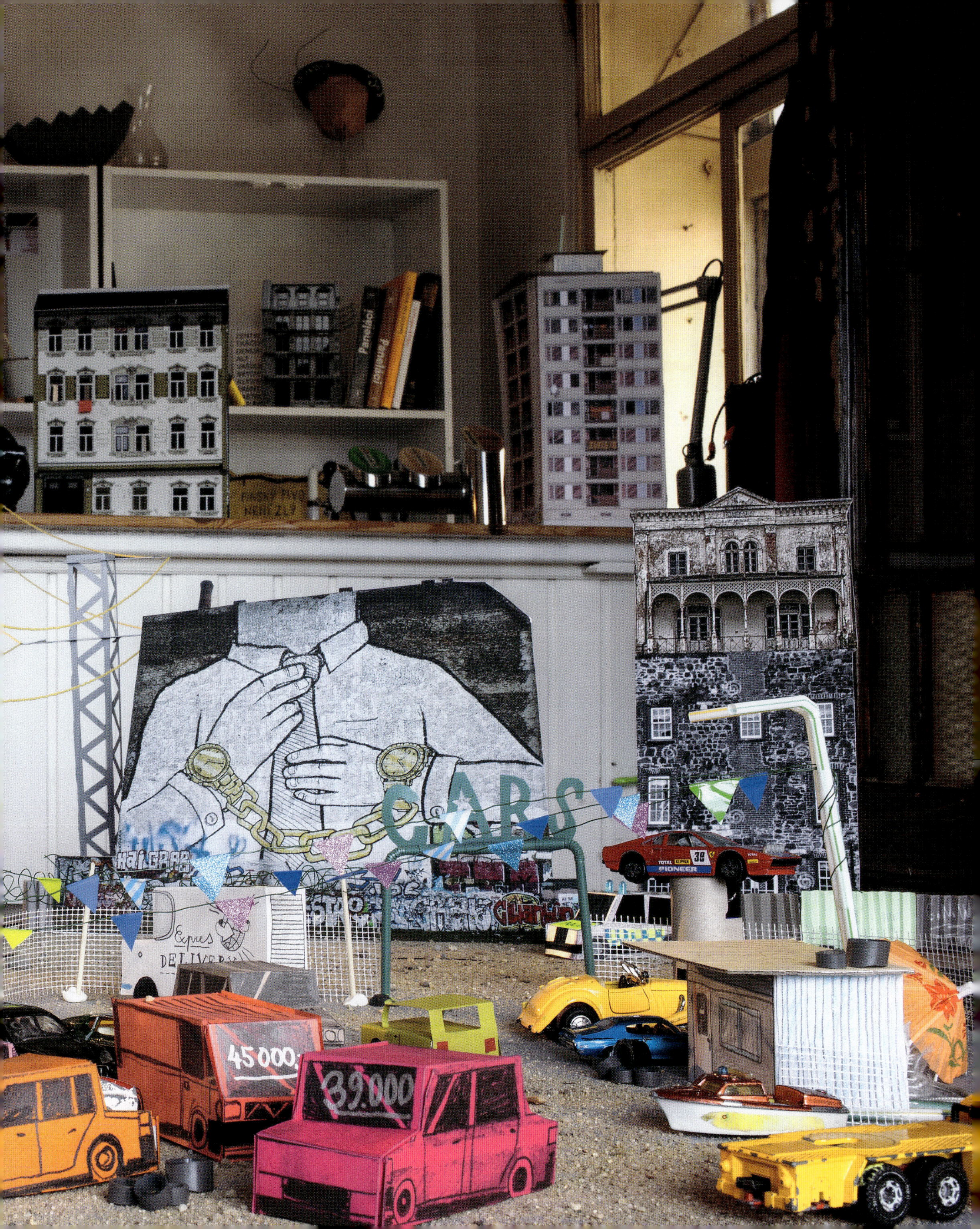
Panelaci
FINSKY PIVO
NENI ZLY
CARS
PIONEER
DELIVERY
45 000,-
39.000

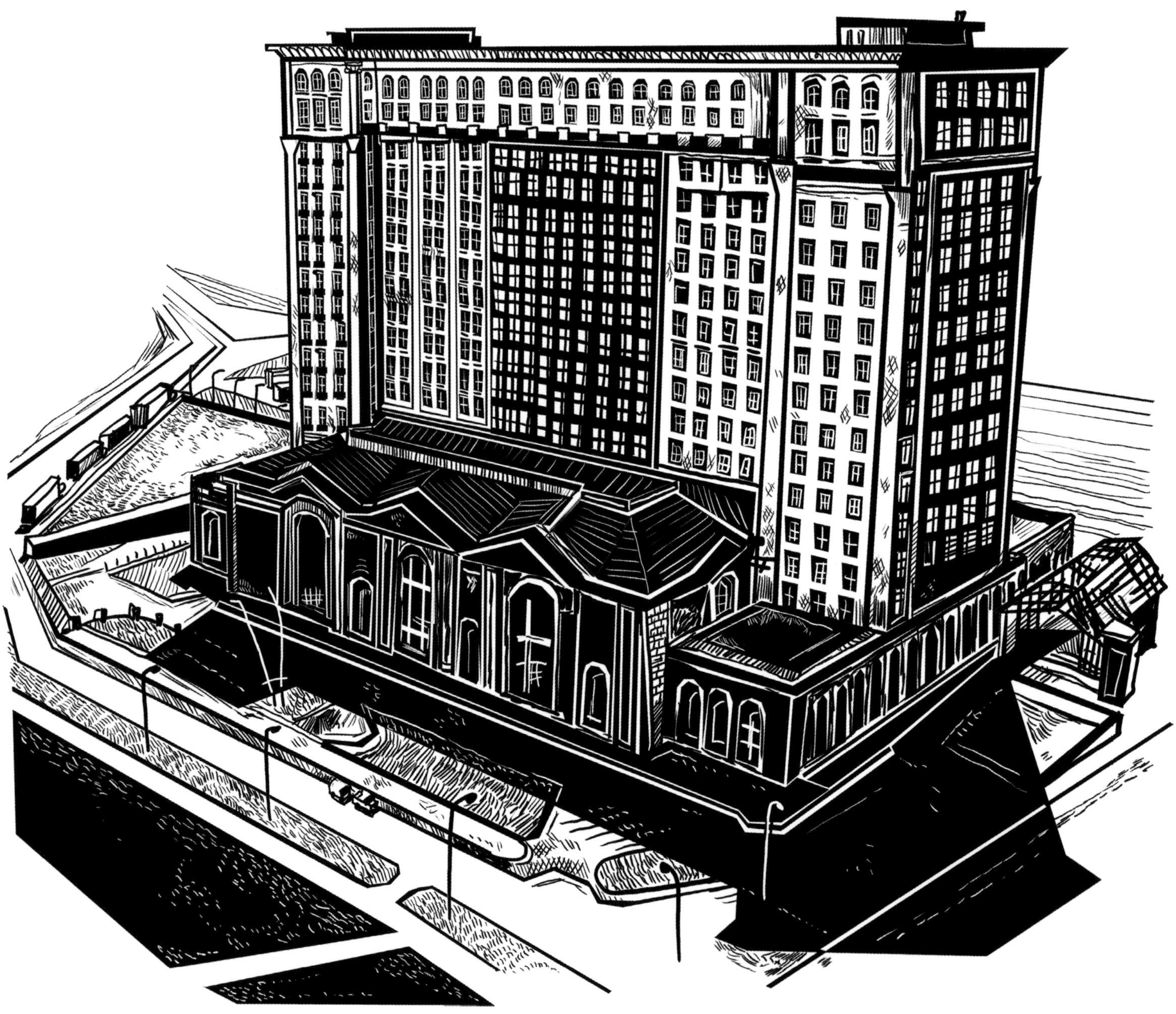

Schrumpfende Städte sind typisch für Industrieländer, in denen die Einwohnerzahl stagniert oder sinkt. Dann gibt es einerseits erfolgreiche Städte, wo die Leute hinziehen wollen, andererseits weniger erfolgreiche, aus denen die Leute wegziehen oder wo die Bevölkerung auf natürliche Weise schrumpft. In weniger erfolgreichen Städten schrumpft auch das Angebot an Ausbildungs- und Arbeitsmöglichkeiten. Niedrigere Einkommen und eine geringe Kaufkraft führen zu weniger Waren und Dienstleistungen. Dann stagnieren und sinken die Immobilienpreise, viele Häuser stehen leer, verfallen und müssen irgendwann abgerissen werden. Geschäftsräume finden oft keine Mieter mehr. Neubauten gibt es fast keine. Die öffentlichen Gelder werden weniger, zugleich steigen die Kosten für den Erhalt der Stadt immer mehr, je leerer sie wird.

Eine stagnierende Stadt muss ihre Zukunft gut planen, um nicht pleitezugehen. Sie muss bewusst kleiner werden und es so steuern, dass die Lebensqualität nicht sinkt. Das kann zum Beispiel heißen, dass es schnelle und häufige Verkehrsverbindungen zu den erfolgreicheren Regionen geben muss, damit die Menschen zur Arbeit oder zur Schule pendeln können und nicht wegziehen müssen.

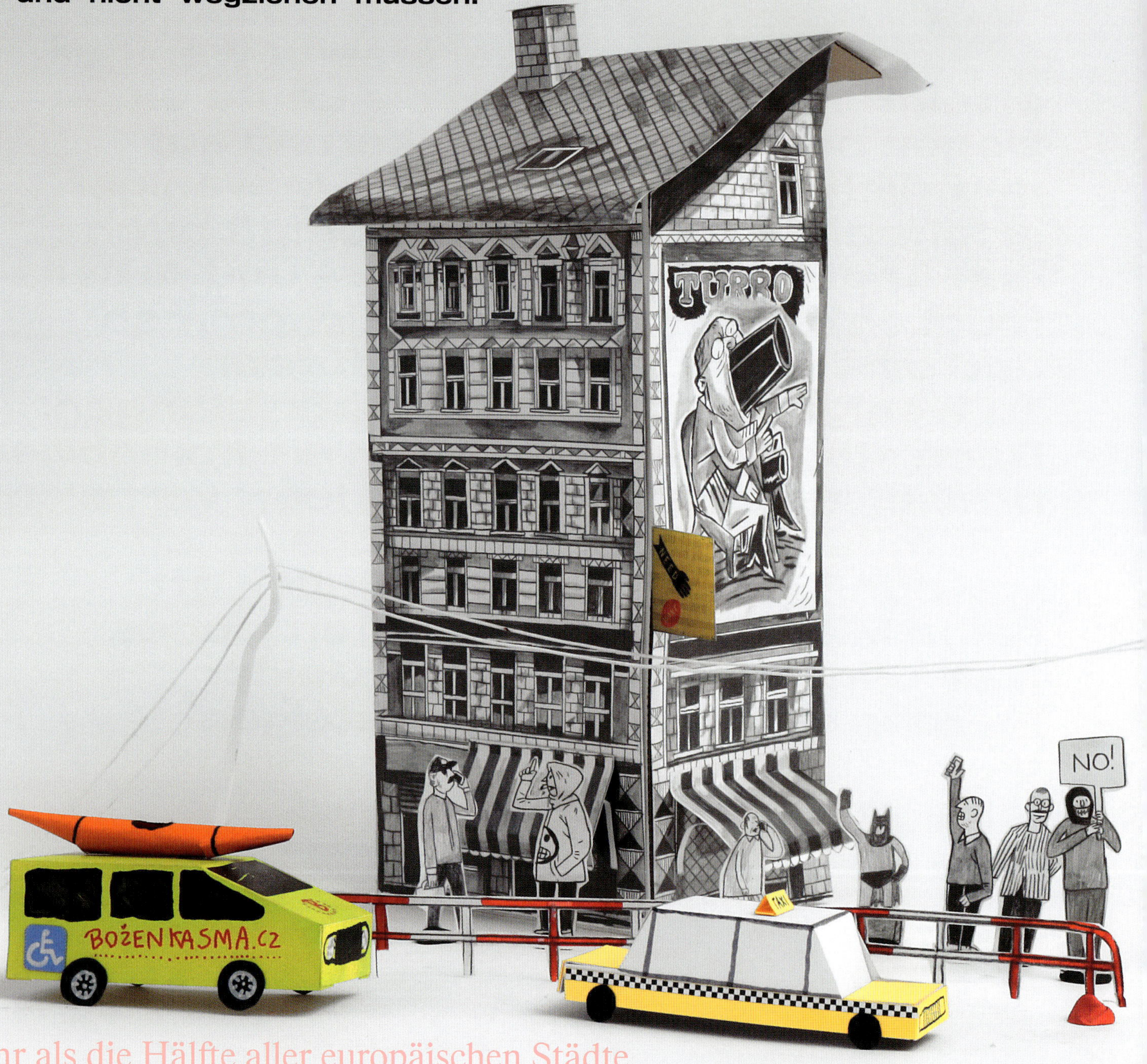

Mehr als die Hälfte aller europäischen Städte schrumpfen. Auch in der Ukraine, Russland, den USA, Japan und Australien gibt es dieses Phänomen.

Einige Teile der schrumpfenden Stadt werden der Natur zurückgegeben, frei gewordene Flächen werden neu kultiviert und landwirtschaftlich genutzt. Die Stadt schrumpft auf eine kluge Art und konzentriert sich entlang der Achsen des Schienenverkehrs (S-Bahnen und Regionalbahnen). Der Ort wird kleiner, bewahrt sich aber städtische Qualitäten.

Eine andere Möglichkeit ist es, besonders ausgedünnte Gegenden teilweise von der gemeinsamen Infrastruktur abzutrennen. Das würde bedeuten, dass man dort private Brunnen bohren, Regenwasser nutzen und Dächer mit Sonnenkollektoren ausstatten muss, die Haushalte würden ihre Bioabfälle selbst kompostieren, die Stadt würde Kleingartenanlagen, lokale Lebensmittelproduktion und das Arbeiten von zu Hause unterstützen. Der Aufwand und die Sorge um den Alltagsbetrieb wird dann überwiegend auf die Einwohnerinnen und Einwohner übertragen. Das kann für die Einzelnen anstrengender sein und birgt das Risiko, dass man Schwierigkeiten schwerer ausgleicht, aber es kann dennoch das stabilere und beständigere Modell sein.

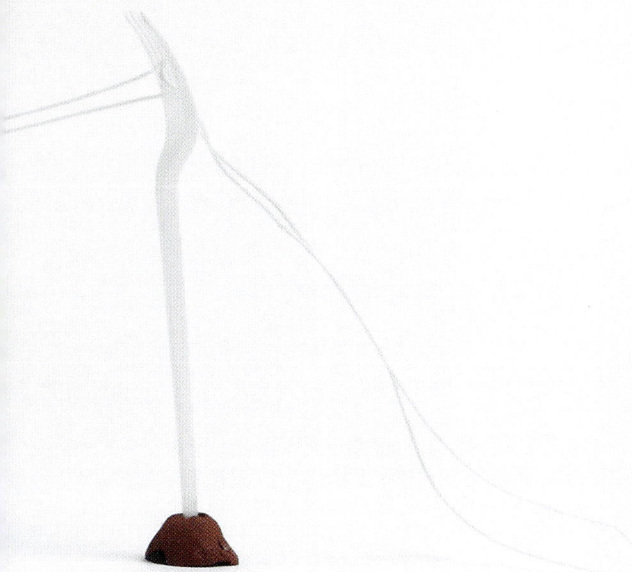

Wir stellen uns die Stadt oft als einen Fleck vor, der von der Landschaft darum herum, den Dörfern und der Region getrennt ist. Mit dem heutigen Verkehrsnetz erstreckt sich die Stadt jedoch bis zum Ende der S-Bahn-Linien in die Vororte hinein. So können Menschen auch aus großen Entfernungen noch bequem ins Stadtzentrum kommen. Mit der Einführung der S-Bahnen und ihren regelmäßigen Fahrplänen wurde der Personentransport einfacher und attraktiver.

Die Nahverkehrslinien von Basel (Schweiz) enden in Mulhouse (Frankreich) und Freiburg (Deutschland). Für Berlin wurde diskutiert, dass die Stadt in New York beginnt und in Istanbul endet. Da geht es um mehr als nur den Verkehr, es geht auch um kulturelle, persönliche und wirtschaftliche Verbindungen. In Berlin wohnen so viele Menschen aus den USA und aus der Türkei, dass man diese Verbindungen nicht übersehen kann. Man könnte auch sagen, dass London in Mumbai beginnt und in Lagos endet. London, New York, Toronto, Sydney, Singapur und São Paulo gehören zu den vielfältigsten Städten der Welt, hier sind über 200 Sprachen vertreten. Wenn wir lernen, in globalen Dimensionen zu denken, können wir den kulturellen Reichtum für die Entwicklung unserer Städte nutzen.

TRAN

UND VE

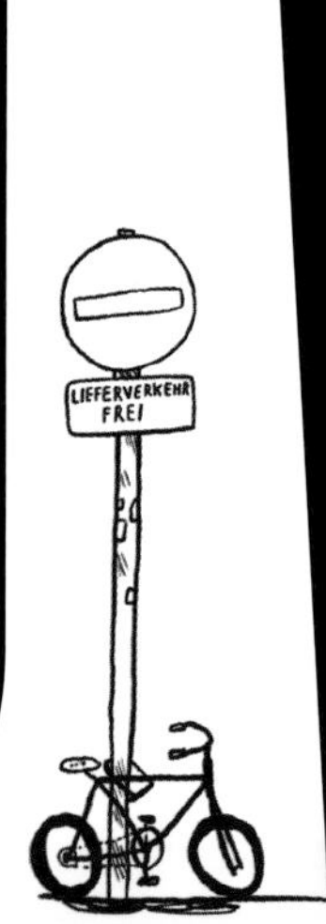

PORT

RKEHR

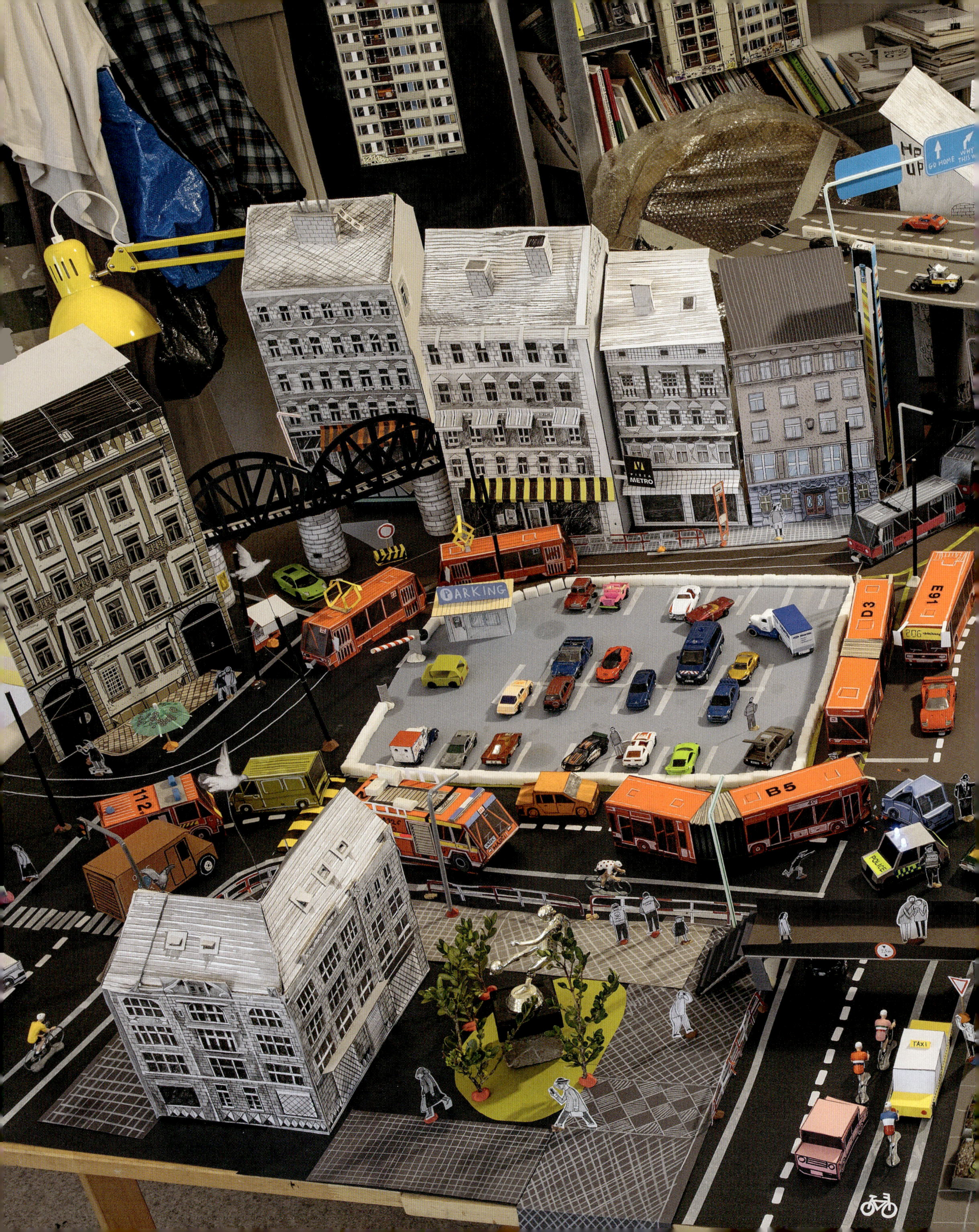
PARKING
METRO
D3
E31
B5
112
POLICE
TAXI

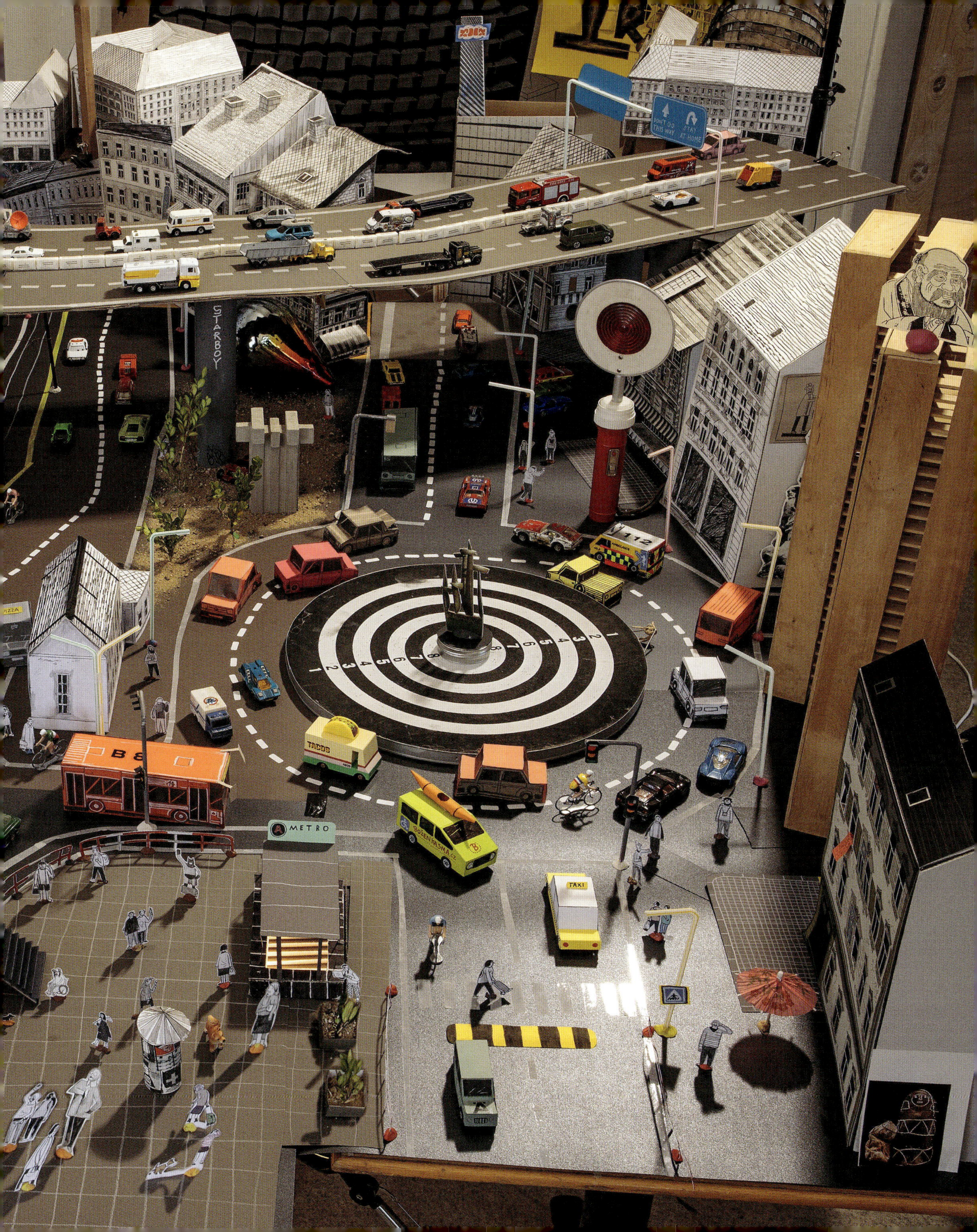
DON'T GO THIS WAY
STAY AT HOME
STARBOY
112
TACOS
B8
METRO
TAXI

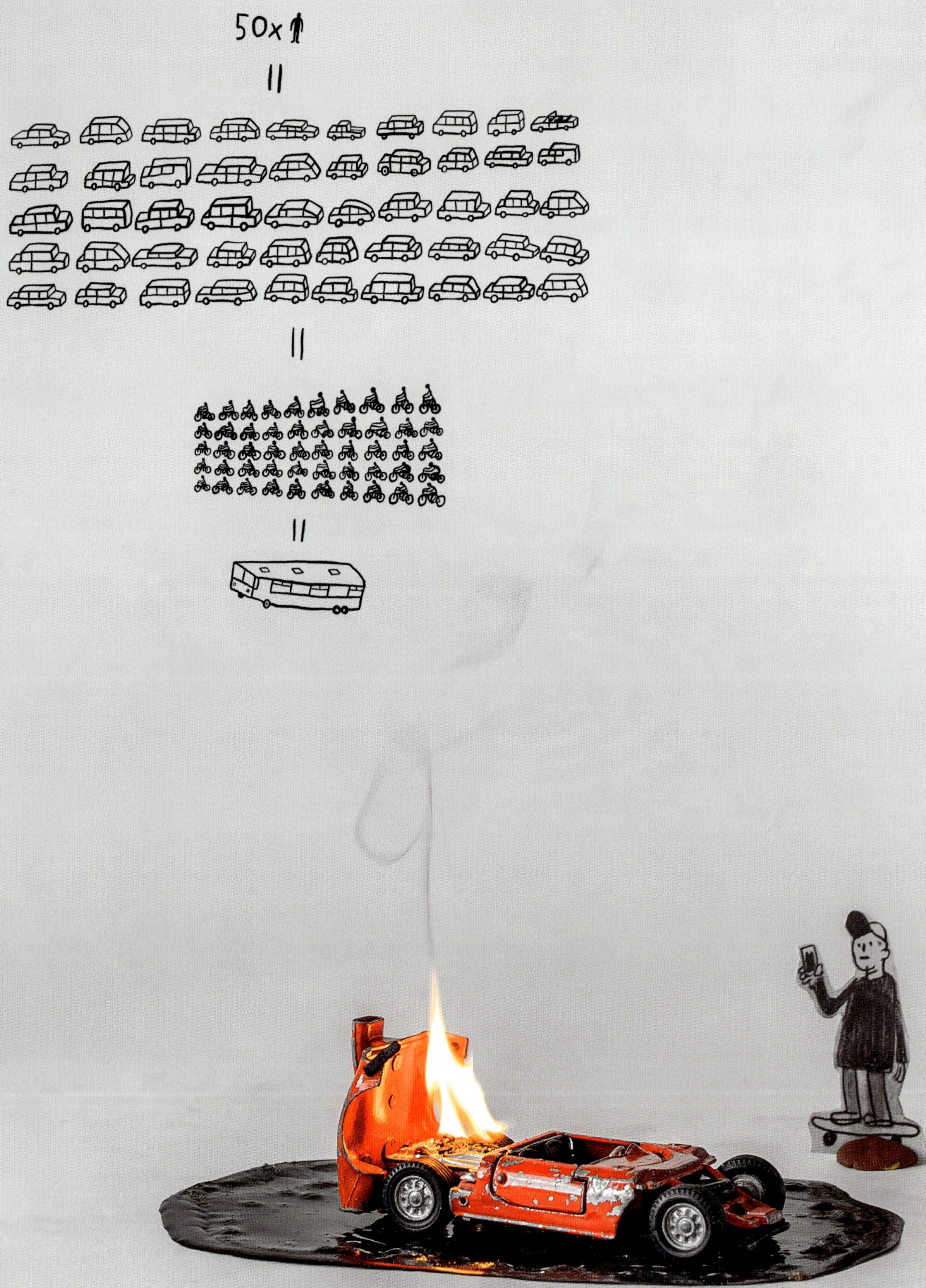
50x

Mobilität, also die Möglichkeit, sich in den Städten und zwischen den Städten schnell und günstig bewegen zu können, ist für den Wohlstand eines urbanen Zentrums unglaublich wichtig. Nicht nur Personen werden transportiert, sondern auch Waren, Energie und Informationen. Wie wir uns bewegen und welche Verkehrsmittel wir benutzen, das beeinflusst auch die Zukunft der Stadt. Die Wahl des Verkehrsmittels bestimmt unseren Lebensstil. Es formt unsere Wahrnehmung von Entfernungen und Beziehungen zwischen Räumen. Glaubt man der Werbung, dann müsste ein eigenes Auto gleichbedeutend mit persönlicher Freiheit und Ungebundenheit sein. In Wirklichkeit wird aber die Mobilität in den Städten durch Autos gar nicht verbessert, sondern im Gegenteil verschlechtert. Und hinzu kommen noch Lärm, Staub, schädliche Emissionen, ein negativer Einfluss auf die körperliche Kondition der Fahrer und andere Menschen sowie die Verkehrsunfälle. Aber lasst uns ganz vorne anfangen.

S. 82–83 Kapitel: Transport und Verkehr

FUSSGÄNGER

In der Regel haben wir als Kinder laufen gelernt. In unseren heutigen Städten müssen wir es aber wieder ganz neu lernen. Manche haben es überhaupt verlernt, zu Fuß irgendwohin zu gehen, andere würden gerne laufen, können es aber nicht. Eine Großstadt ist heute voller Barrieren, und viele Städte haben das menschliche Maß aus den Augen verloren. Breite Autostraßen, große Parkplätze, gefährlicher und lärmender Verkehr, große Entfernungen, Gehwege voller Hindernisse – so kommt man zu Fuß nur schwer ans Ziel.

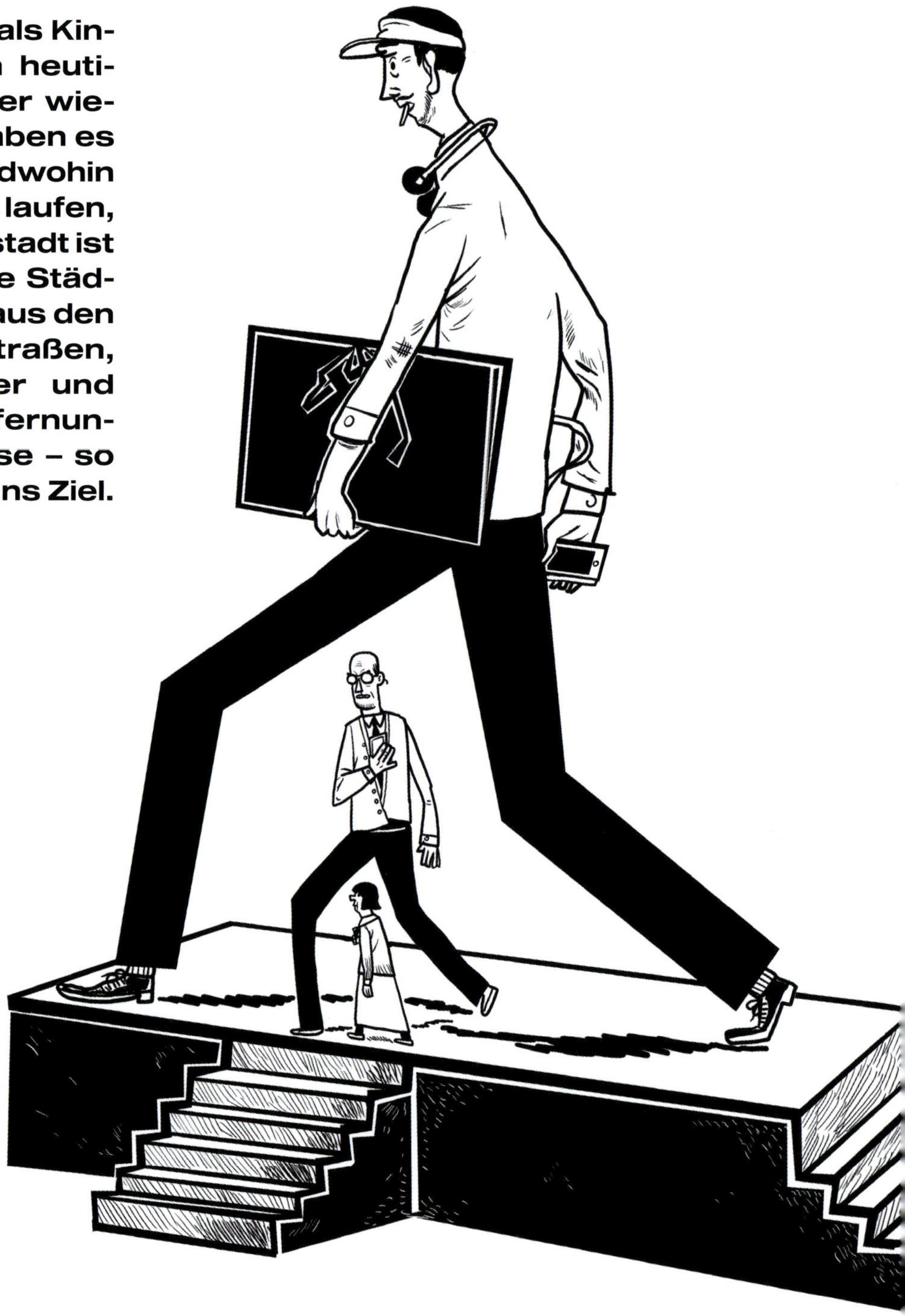

Ein Bewohner von Hongkong geht täglich durchschnittlich mehr als 5 km zu Fuß, Deutsche und Amerikaner 3,6 km und Indonesier nur 2,6 km. In Ländern, in denen viele kaum zu Fuß gehen (z.B. in den USA oder Saudi Arabien), gibt es die meisten übergewichtigen Menschen. In Städten, die an die Bedürfnisse von Fußgängern besser angepasst sind, legt man mehr Kilometer zu Fuß zurück.

In den 1960er- und 1970er-Jahren setzte sich unter dem Einfluss des Funktionalismus die Idee vom segregierten Verkehr durch, bei dem die verschiedenen Arten von Verkehr auf mehreren Ebenen stattfinden sollen. Die Hauptverkehrsstraßen und die Versorgung finden aus praktischen und technischen Gründen ebenerdig statt, wo es eher schmutzig ist. Fußgänger sollen sich eine Ebene höher bewegen, in erhöhten Fußgänger- und Einkaufszonen, an der frischen Luft und von der Sonne beschienen. In der Praxis zeigte sich, dass diese Aufteilung unüberwindbare Barrieren in der Stadt aufbaut und unschöne, problembehaftete Ecken mit sich bringt. Heute werden solche auf mehreren Etagen übereinander gestapelten Kreuzungen für viel Geld wieder abgerissen, weil unter ihnen und in der unmittelbaren Umgebung Orte entstanden, die unangenehm, gefährlich und für die Stadtentwicklung schädlich sind. Eine Stadt muss sich um eine gute Qualität aller ihrer Teile bemühen, denn was nützen ihr beeindruckende Wohnbezirke, wenn die Versorgungsebenen direkt nebenan hässlich und abstoßend sind?

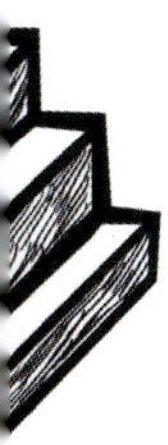

Bei der Straßenplanung sollten die Fußgänger und ihre barrierefreie Bewegung an erster Stelle stehen, an zweiter die Fahrradfahrer, an dritter der öffentliche Nahverkehr. Die Autos sollten Hindernisse und Schwellen überwinden müssen, nicht die Fußgänger. Sogenannte barrierefreie Wege entstanden lange Zeit, indem man die Bordsteinkante an der Ampel absenkte oder durch eine Rampe auf die Fahrbahn hinunterführte. Das stellt zwar einen barrierefreien Fußgängerübergang her, jedoch bleibt der Vorrang des Autoverkehrs bestehen, denn der Mensch muss auf die Ebene der Autos hinunter. Vor zwanzig Jahren wurde das als progressiv aufgefasst. Heute wissen wir, dass Fußgänger im Verkehr verletzlicher sind und nicht in ihrer Bewegung behindert werden sollten. Wenn Autos aus Seitenstraßen kommen, müssen sie deshalb über eine Schwelle auf die Ebene des Fußwegs fahren. Autofahrer sollten sich Fußgängern anpassen, nicht umgekehrt.

Wenn wir häufiger zu Fuß gehen, merken wir plötzlich wieder, dass wir in der Stadt mehr Bäume brauchen, denn ein Spaziergang über eine aufgeheizte Straße ist nicht besonders angenehm. Fußgänger brauchen keine Parkplätze. Früher pflanzte man oft Alleen entlang von Straßen – Fußgänger, Kutschenfahrer und Pferde bewegten sich so im Schatten. Autos haben heute Klimaanlagen, und Alleen gelten als Hindernis und Ursache für Unfälle. Autoverbände haben sich daher eine Zeit lang dafür eingesetzt, sie abzuholzen. Aber auch für eine Allee braucht man eine lange technische Planung und die richtige technische Umsetzung.

FAHRRADFAHRER

Das Fahrrad ist so wie jedes andere Verkehrsmittel ein Element der Stadtplanung. Ist diese auf ein bestimmtes Verkehrsmittel ausgerichtet, nimmt dass Einfluss auf das Aussehen der Stadt. Wollen wir eine Auto-, Fahrrad- oder Fußgängerstadt? Aber wir fahren mit dem Verkehrsmittel nicht nur durch die Stadt, wir erfahren sie auch damit. Das hat Einfluss darauf, wie wir die Stadt sehen und über sie denken, wie wir Räume und Entfernungen wahrnehmen. Sind wir eher zu Fuß oder mit dem Fahrrad unterwegs, dann suchen wir uns keine Arbeitsstelle, die am anderen Ende der Stadt liegt. Wir suchen uns eine Anstellung möglichst in der Nähe, wo wir zu Fuß hingelangen. Ganz anders denkt jemand darüber, für den es kein Problem ist, jeden Tag mit dem Auto 50 Kilometer zur Arbeit zu fahren (und viel Zeit am Steuer zu verbringen). Auch bei der Wohnungssuche wägen wir ab, ob es günstiger ist, im Zentrum eine teurere Wohnung zu mieten, aber dann nicht pendeln zu müssen, oder lieber billiger am Stadtrand zu wohnen, aber mit mehr Geld- und Zeitaufwand für die Fahrten.

Die Stadtplanung ist oft auch ein politischer und gesellschaftlicher Kampf um den Platz. Das Fahrradfahren lässt im Allgemeinen mehr Raum für die Stadtentwicklung, da es nicht so viel Platz beansprucht. Es ist falsch zu sagen, dass es in der Stadt keinen Platz für Fahrradwege gibt. Auch Autos waren für unsere Städte am Anfang neu, aber dann hat man ihnen alles andere untergeordnet. Aus welchem Grund sollte man also Fahrradwege bei der Stadtplanung nicht vorsehen? Im Unterschied zum öffentlichen Nahverkehr kommt man mit dem Fahrrad außerdem direkt von Tür zu Tür.

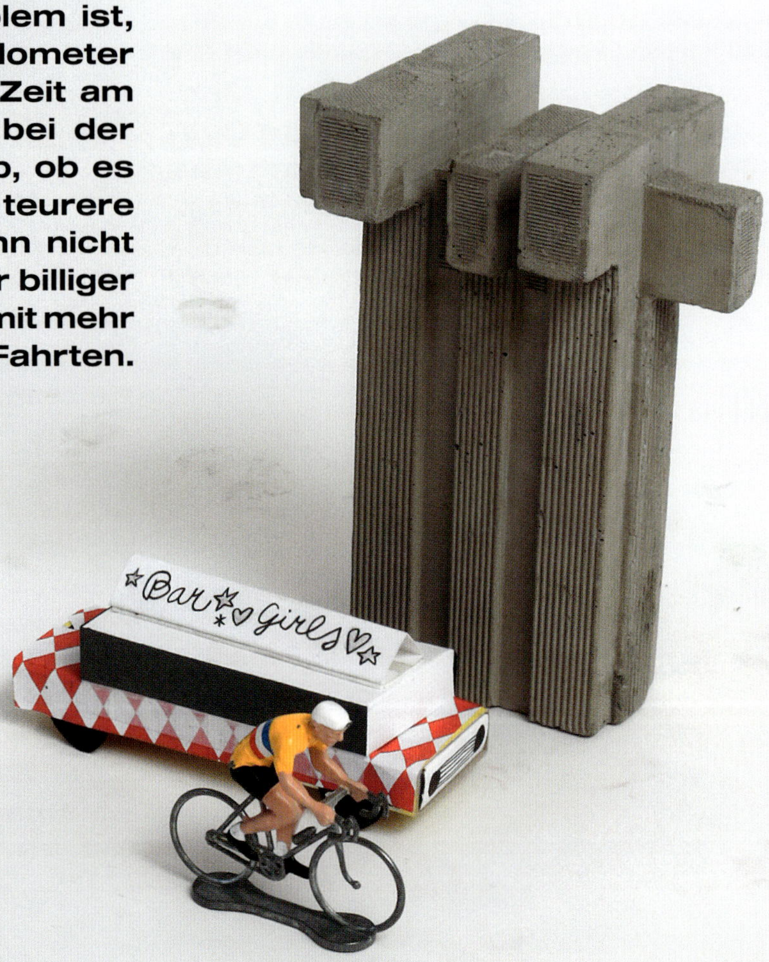

STÄDTISCHER NAHVERKEHR

Obwohl es in vielen Teilen der Welt gut ausgebaute und zuverlässige öffentliche Verkehrsmittel gibt, sind diese längst nicht ideal. Der städtische Nahverkehr hält leider viele Hindernisse bereit, die Menschen davon abhalten, ihn zu nutzen. Zum Beispiel gibt es meist nicht genug ebenerdige Wagen und barrierefreie Haltestellen, die es Fahrgästen mit eingeschränkter Mobilität ermöglichen, leichter und schneller ein- und auszusteigen. Das Problem sind manchmal eher die Haltestellen als die Fahrzeuge. Die Bordsteinkante sollte auf derselben Höhe sein wie der Einstieg in den Bus oder die Bahn. Wenn Fahrgäste vom Gehweg auf die Fahrbahn hinuntersteigen müssen und dann wieder hinauf in die Bahn, dann funktioniert das System nicht. Sie müssen dann gleich zwei möglicherweise gefährliche Hindernisse überwinden.

Schon Verzögerungen von wenigen Sekunden können den Fahrplan einer Bahn ins Wanken bringen und für die ganze Strecke eine Verspätung von mehreren Minuten bedeuten. Darum ist die Anzahl der Türen wichtig, durch die die Fahrgäste schnell ein- und aussteigen können. Die Planung einer Bahnlinie muss auch ausreichend Haltestellen vorsehen, um die Fahrgäste so nah wie möglich an ihr Ziel zu bringen, auch wenn das eine längere Fahrzeit für Reisende bedeutet, die zum Beispiel einen weiteren Weg haben. Deshalb halten unterschiedliche Verkehrsmittel auch unterschiedlich oft an.

Manche Verkehrsmittel sind sehr pünktlich, aber dafür nicht gerade komfortabel. Wenn es heiß ist, kann man Fahrzeuge ohne Klimaanlage kaum benutzen, wenn sie nicht unterirdisch fahren. Auch fahren sie meistens nicht häufig genug und haben zu wenige Sitzplätze. Wer hat Lust, eine längere Strecke zu fahren, wenn er weiß, dass er keinen Sitzplatz bekommt? Wenn alle für die Fahrkarte bezahlt haben, warum haben dann nicht alle einen Sitzplatz? Im Auto dagegen habe ich immer einen Sitzplatz und sogar eine Klimaanlage. Schnelligkeit, Pünktlichkeit, Komfort, Sitzplätze, freundliche Fahrerinnen und Fahrer, die auch mal mit einem Lächeln kurz auf uns warten – das alles müsste der städtische Nahverkehr bieten, um die Menschen aus den Autos in Busse und Bahnen zu locken.

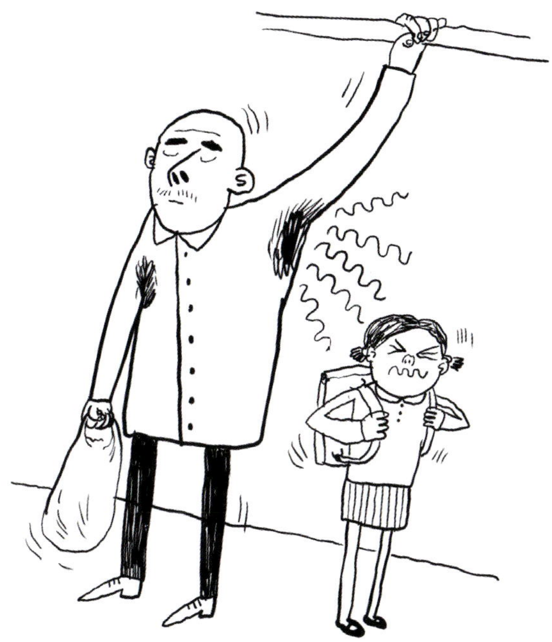

In Tokio fährt die meistbenutzte U-Bahn der Welt. Jeden Tag befördert sie unglaubliche 8,7 Millionen Reisende! Und das sind gleichzeitig nur 22 Prozent der 40 Millionen Reisenden, die den gesamten Schienenverkehr (U-Bahn, S-Bahn, Straßenbahn) täglich in der Megalopolis Tokio nutzen.

S. 86–87

AUTOFAHRER

Jedes Verkehrsmittel verändert die Stadt. Nach dem Abriss der Mauern wuchsen die Städte entlang von Bahnstrecken, und dann entlang von Straßenbahnschienen, die den Weg ins Stadtzentrum erleichterten. Bevor das erste Automobil gebaut wurde, wäre kaum jemand auf die Idee gekommen, ein Wohnhaus an einem Ort zu bauen, der weit weg vom nächsten Bahnhof liegt. Als das Auto dann zum Massenverkehrsmittel wurde, kaufte man auf einmal auch Grundstücke an weit entfernten und schwer zugänglichen Orten. Das Auto wurde dann selbst ein Bestandteil der Stadtplanung, und die Stadt wuchs immer weiter ins Umland hinein.

Das funktionierte gut, solange die Stadt räumlich noch nicht an ihre Grenzen kam, solange es wenige Staus und genug Platz zum Parken gab. Und hier kommt wieder die Stadtplanung ins Spiel. In den meisten Städten sieht man, dass die Zunahme an Autos kein Gewinn für den städtischen Verkehr ist, sondern im Gegenteil sein größtes Hindernis. Der städtische Raum wird unkontrolliert aufgebläht, die Autos schaden der Umwelt, sind laut und gefährlich. Aber das größte Problem ist, dass sie sehr viel Platz beanspruchen.

Ein Auto wird höchstens 10 Prozent der Zeit wirklich benutzt, 90 Prozent des Tages steht es irgendwo herum. Man muss für ein Auto gleich mehrere Parkplätze einplanen – einen am Wohnort, wo es über Nacht steht, einen an der Arbeitsstelle, einen am Einkaufszentrum, noch einen am Sportplatz usw. Die Autos wechseln sich zwar an den Parkplätzen manchmal ab, trotzdem müssen immer genug Plätze für alle da sein. Außerdem werden die Entfernungen in der Stadt durch die ganzen Stellflächen immer größer.

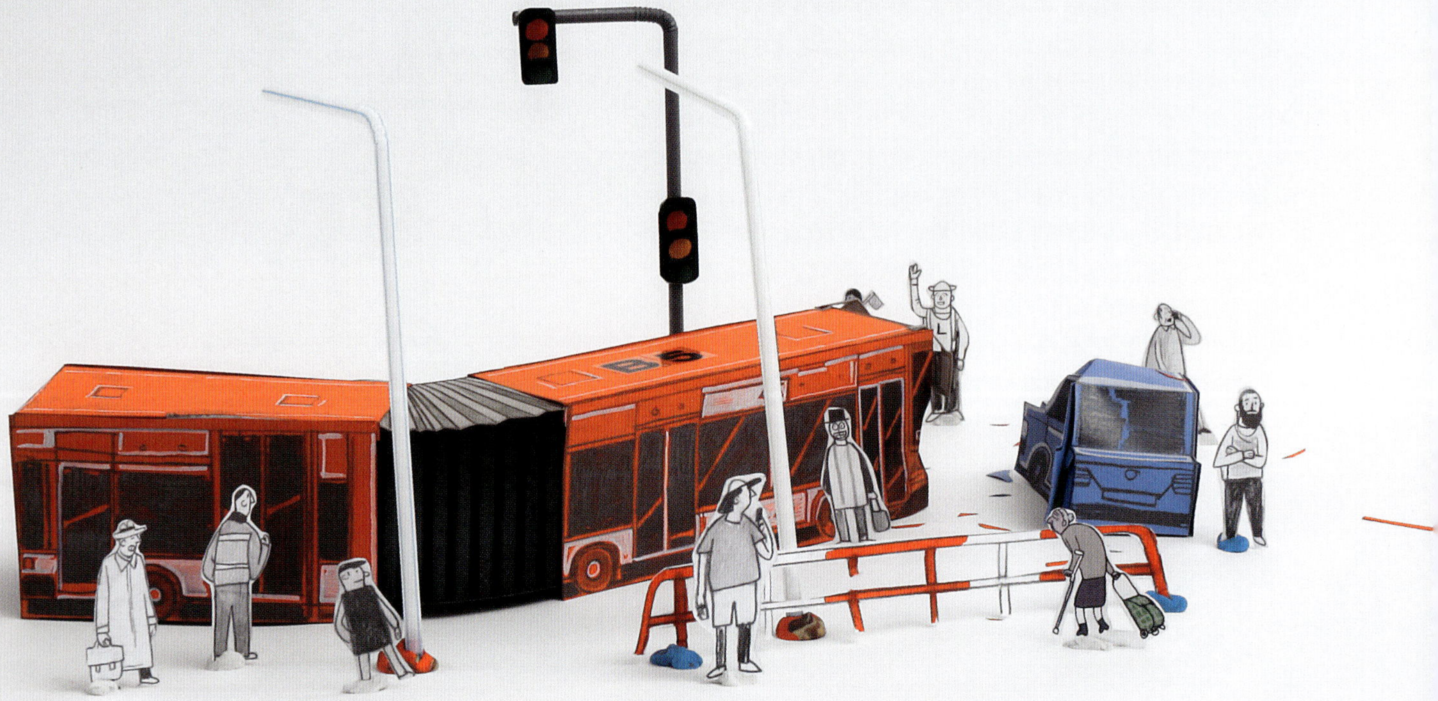

Und was bedeutet das? Damit alle Autos Platz finden, müssen immer breitere Straßen und noch größere Parkplätze geplant werden. Auf einmal kommen Menschen, die kein Auto haben, kaum noch von einem Ort zum anderen. Entfernungen sind so groß geworden, dass man sie zu Fuß nicht mehr schafft. Also müssen sich auch die, die gerne ohne Auto leben würden, eines besorgen. Der Straßenverkehr wird immer dichter und langsamer. Die Parkplätze werden voller, die Stadt wird aufgebläht. Und dann stellen Stadtplaner und Politiker fest, dass diese ganze Verkehrsinfrastruktur schrecklich teuer ist und dass die Stadt für ihren Erhalt nicht genug Geld hat, geschweige denn für andere Investitionen in die Lebensqualität.

Und das ist noch nicht alles. Die Menschen verbringen viel Zeit im Auto, ohne direkten physischen Kontakt mit der Stadt und ihren Mitmenschen. Ihr Leben wird ärmer, und auch die Stadt leidet darunter. Straßen, auf denen viele Autos fahren, sind nicht mehr einladend für Fußgänger; Geschäfte, die zur Straße hin ausgerichtet sind, schließen. Autos mit eigener Klimaanlage brauchen keine Bäume mehr und keinen Schatten. Eigentlich braucht man nur noch Platz für Autos, also fällen wir die Bäume. Für einen Fußgänger ist so eine aufgeheizte Straße im Sommer unerträglich! Außerdem können asphaltierte Flächen kein Wasser aufnehmen oder verdampfen lassen, bei starkem Regen kann das Wasser nicht versickern, der Kanalisation droht die Überlastung, Sturzbäche und Überschwemmungen können ganz plötzlich an Stellen entstehen, wo man sie nicht erwartet.

Die historischen Zentren der Städte, die vor der Erfindung des Automobils entstanden sind, sind auf diese Situation nicht vorbereitet. Gehwege, Gassen und Parkplätze sind für die neue Verkehrsdichte zu klein, und im historischen Stadtkern ist es oft technisch sehr schwierig, Tiefgaragen zu bauen. (Man muss unter den Grundmauern der historischen Gebäude hindurch graben, manchmal auch begrünte Höfe mit großen Bäumen opfern.) So tut man der Stadt gewissermaßen Gewalt an. Autos verbrauchen viel zu viel Platz. Ein Auto ist in den 90 Prozent der Zeit, in der es unbenutzt herumsteht, nur ein Hindernis.

Deshalb sind auch Elektroautos keine Lösung, zumindest keine für das Platzproblem in unseren Städten. Private Autos werden immer ein Hindernis für den öffentlichen Nahverkehr sein und dafür sorgen, dass dieser nicht gut funktioniert. Dazu kommen die Ausgaben für den Bau und den Erhalt der Infrastruktur für Autos. Der Stadt bleiben keine Orte und keine Mittel mehr für Fußwege, Fahrradstraßen oder eine höhere Qualität und Kapazität des städtischen Nahverkehrs.

In Neuseeland gibt es 934 Autos pro 1.000 Einwohner. Das sind mehr als in Deutschland (627) und Nordkorea (1,1).

S. 88–89

MULTIMODALER VERKEHR

Manche Städte verbieten Autos, weil es keine andere Lösung mehr gibt. Andere sind erfolgreich damit, den Einwohnern bessere Alternativen anzubieten. Im multimodalen Verkehr sind Autos nicht verboten, sondern es gibt eine Auswahl zwischen mehreren Möglichkeiten. Die Vorteile anderer Verkehrsmittel sollen uns davon überzeugen, das Auto stehen zu lassen. Je nach Situation oder Wetterlage können wir uns entscheiden: Es regnet – dann benutzen wir das Carsharing oder ein Taxi. Man steht vielleicht eine Weile im Stau, aber dafür wird das Abendkleid nicht nass. An einem anderen Tag wollen wir nicht im Verkehr stecken bleiben, also fahren wir Fahrrad, oder wir wollen Mails erledigen und nehmen die Straßenbahn. Alle Varianten sind gleichwertig. Jedes Verkehrsmittel verändert die Stadt, aber je mehr Auswahl wir haben, desto besser für alle.

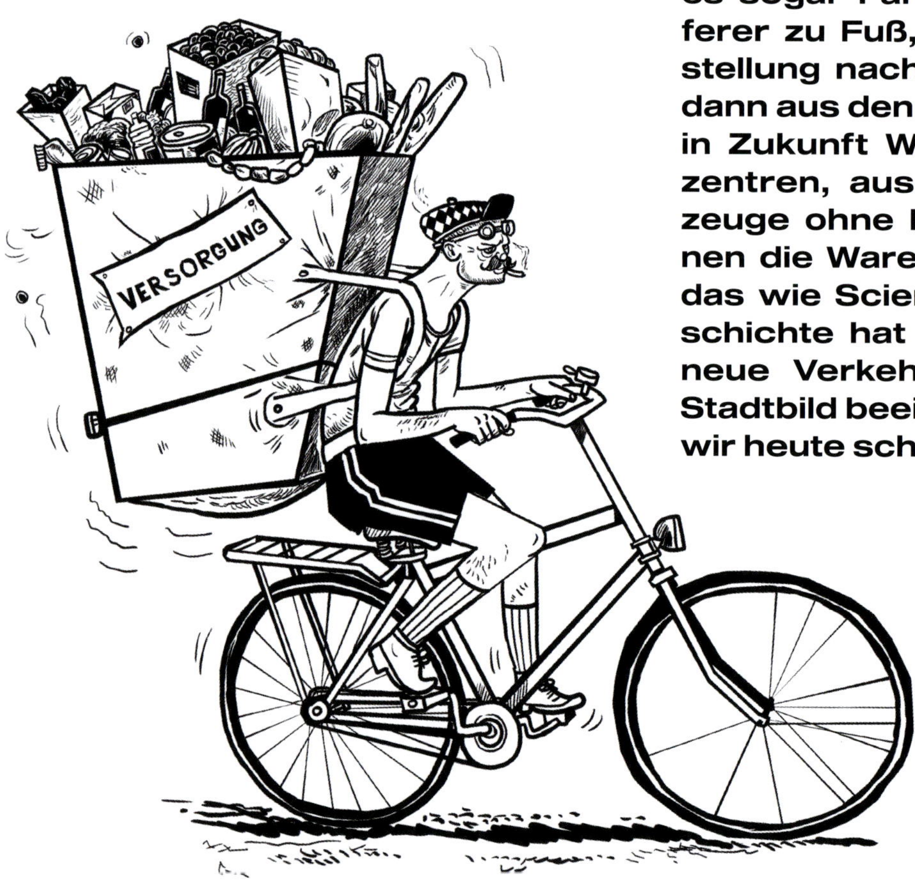

VERSORGUNG

Zur Verkehrsplanung gehört nicht nur der Transport von Personen. Wichtig ist auch die Versorgung der Stadt mit Waren und Lebensmitteln sowie der Transport und die Verwertung von Müll. Die Art und Weise, wie eine Stadt einkauft, bestimmt ihre Form und ihren Verkehr. Frische Brötchen vom Bäcker um die Ecke transportieren wir im Beutel nach Hause, aber den großen Einkauf einmal die Woche schaffen viele nicht zu Fuß. Zur Zeit ändern sich die Gewohnheiten, und es gibt neue Möglichkeiten – Online-Shopping, Lieferdienste, Abholstationen, Gemüsekisten usw. Die vorherige Bewegungsrichtung – die Leute fuhren vom Zentrum an den Stadtrand um in den Shoppingcentern einzukaufen – dreht sich um. Von den Lagerhallen, die außerhalb der städtischen Zentren liegen, fahren Kleinstfahrzeuge in die Städte hinein, von den Restaurants aus gibt es sogar Fahrradkuriere oder Auslieferer zu Fuß, die den Leuten ihre Bestellung nach Hause bringen. Werden dann aus den großen Shoppingcenter in Zukunft Warenhallen und Logistikzentren, aus denen autonome Fahrzeuge ohne Fahrer oder sogar Drohnen die Waren ausliefern? Noch wirkt das wie Science-Fiction, aber die Geschichte hat gezeigt, wie stark jedes neue Verkehrsmittel Städtebau und Stadtbild beeinflusst hat. Wie gestalten wir heute schon die Stadt der Zukunft?

FLUGZEUGE UND BAHNVERKEHR

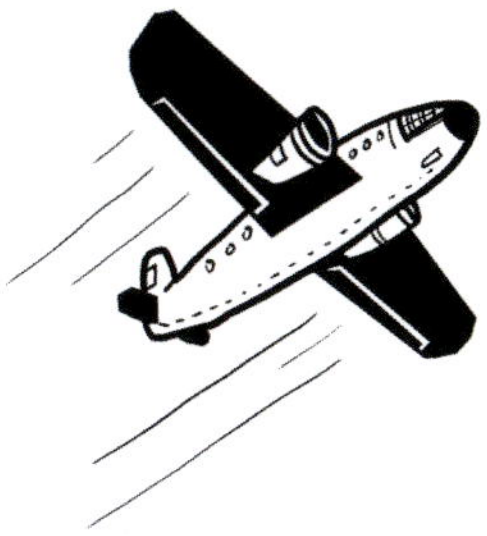

Immer mehr wird mit dem Flugzeug transportiert, vor allem frische Produkte. Flugverkehr verursacht in einer Stadt viel Lärm. Man baut Flughäfen inzwischen fern von Wohngebieten und verbindet sie durch komfortable Bahnen mit der Stadt.

Das Eisenbahnnetz ist das Verkehrsrückgrat unserer Städte. Oft sind die Bahnhöfe durch Einkaufsstraßen und Fußgängerzonen mit dem historischen Stadtkern verbunden. Eisenbahn und Bahnhöfe waren deshalb im frühen 20. Jahrhundert wichtige Orientierungspunkte der urbanen Entwicklung. Heute erlebt der Schienenverkehr eine Renaissance. Bahnhöfe werden zu multifunktionalen Verkehrs-Einkaufs-Verwaltungs-Terminals umgebaut und sind neue urbane Zentren. Sie profitieren von der günstigen Lage und von der großen Zahl an Reisenden, die jeden Tag hindurchströmen. Durch die Weiterentwicklung der Hochgeschwindigkeitszüge wird die Eisenbahn in Asien und Europa für mittlere Entfernungen eine Konkurrentin des Flugverkehrs.

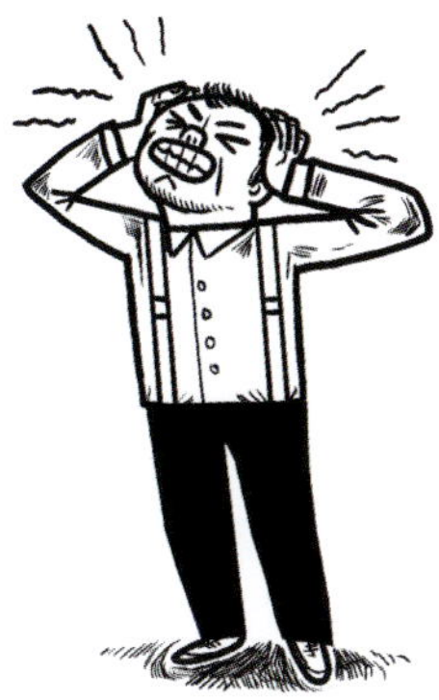

80 Prozent der transportierten Güter beginnen oder beenden ihre Reise in einer Stadt. Der Warentransport ist für 40 Prozent der im Verkehr verursachten Treibhausgase verantwortlich. Lastwagen machen 10 Prozent des Verkehrsaufkommens aus. Sie sind aber an einem Viertel aller tödlichen Unfälle beteiligt. Mit der wachsenden Beliebtheit des Online-Shoppings muss immer mehr zu uns nach Hause geliefert werden. Der Umfang der durch die Städte transportierten Waren dürfte sich bis 2050 verdreifachen.

S. 90–91

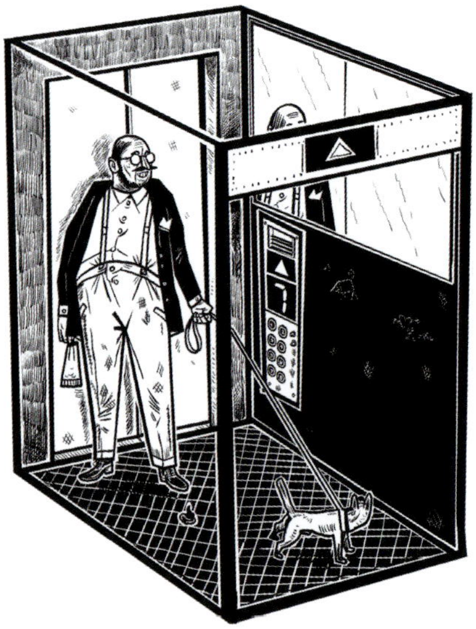

AUFZÜGE

Es mag überraschend klingen, aber die Erfindung des Aufzugs hatte einen großen Einfluss auf die Stadtentwicklung. Die meisten älteren Häuser haben fünf Stockwerke. So weit kann ein Mensch noch einigermaßen bequem Treppen hinaufsteigen. Die erste und zweite Etage waren immer die beliebtesten und edelsten. Das sieht man an den Fassaden von Palais und großen Häusern. Da gibt es Balkone und eine reiche Stuckverzierung oder sogar Skulpturen. Da die Wohnungen in den oberen Stockwerken schwerer zu erreichen waren, waren sie billiger. Das Erdgeschoss wurde für die Verwaltung genutzt, oft befanden sich hier Ladengeschäfte. Die Erfindung des Aufzugs stellte die Vorstellungen vom guten Wohnen auf den Kopf: Mit dem Aufzug kommt man leicht in die oberen Stockwerke – heute liegen die besseren und teureren Wohnungen weiter oben. Häuser und Städte wuchsen seit der Erfindung des Aufzugs weiter in die Höhe. Da ist die Aussicht besser und man ist weiter weg vom Straßenlärm.

DATENTRANSPORT UND TECHNISCHE INFRASTRUKTUR

Wir sind es gewöhnt, immer und überall online zu sein. Doch nicht an jeder Adresse ist die Verbindung gleich schnell. Firmen, für die die Qualität der Internetverbindung wichtig ist, schauen sich deshalb genau an, wo welche Datengeschwindigkeit verfügbar ist. Danach entscheidet eine Firma oft über ihren Standort. Idealerweise gibt es ein Glasfaserkabelnetz. Auch die zunächst unsichtbare Dateninfrastruktur und die Datenflüsse wirken sich auf das Aussehen der Stadt aus, so wie die Kapazität der Wasserleitungen, das Kanalisations- und Elektrizitätsnetz und der damit verbundene Verkehr. Drahtlose Verbindungen und Daten-Clouds, die von den Nutzern der Mobilfunknetze erzeugt werden, sind der Rohstoff der Zukunft. Smarte Apps zur Gewinnung, Bereitstellung und Analyse von Daten in Echtzeit werden zu einer effizienteren Nutzung der intelligenten Städte der Zukunft führen. Manche Initiativen kritisieren, dass Technik-Firmen sensible personenbezogene Daten für sich behalten und verarbeiten. Sie fordern, dass die Daten anonymisiert und einer breiten Öffentlichkeit zugänglich gemacht werden, in Form von offenen Daten (Open Data). Diese könnten dann theoretisch dazu beitragen, den Nahverkehr, die kommunale Versorgung und die Verkehrssicherheit zu verbessern.

Von den 50 Staaten mit der schnellsten Internetverbindung liegen 21 in Europa. Einen 5 Gigabyte großen Film herunterzuladen dauert in Kuba mehr als 5 Stunden, in Singapur nur 2,4 Minuten.

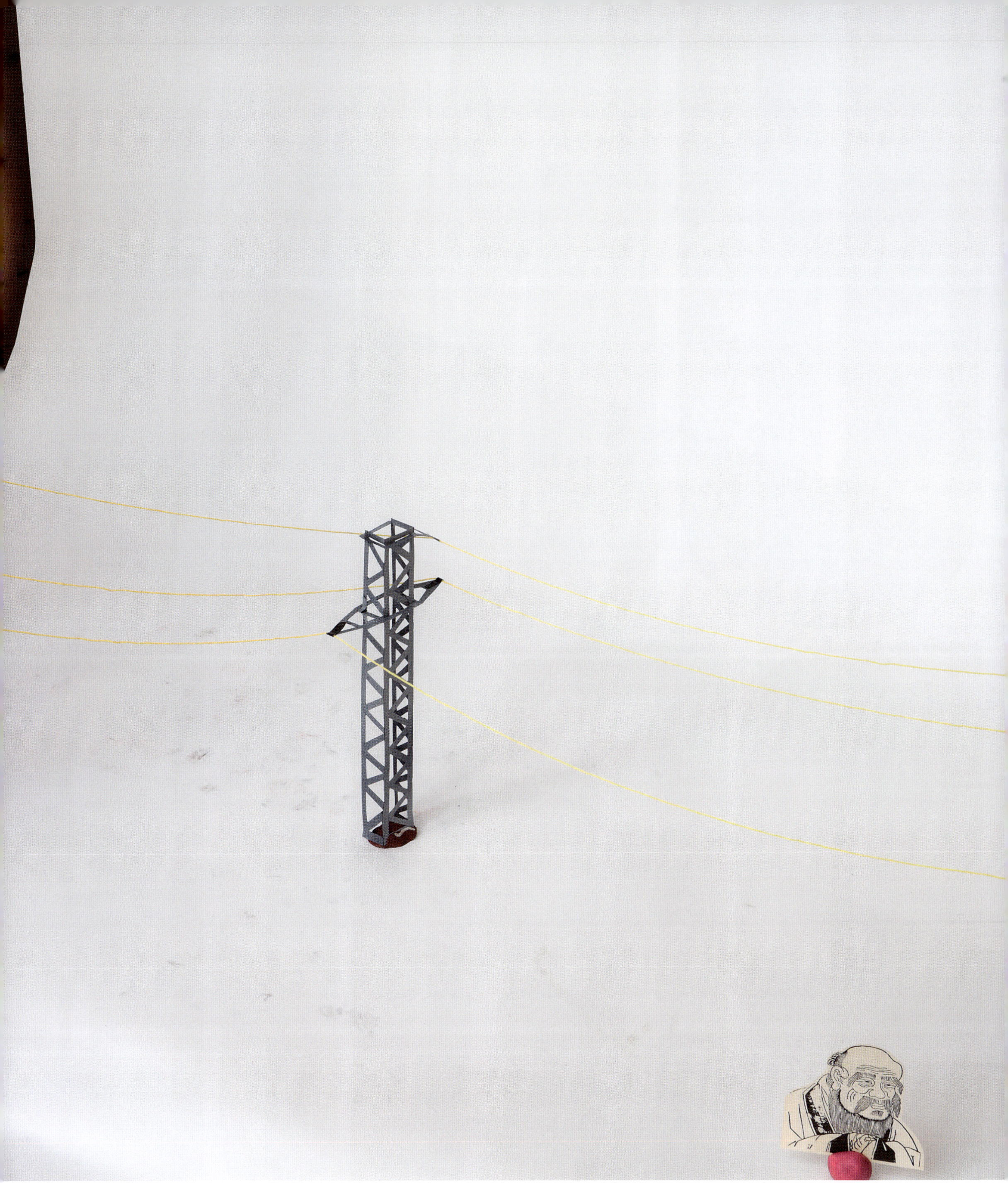

UMV
PROB

VELT
LEME

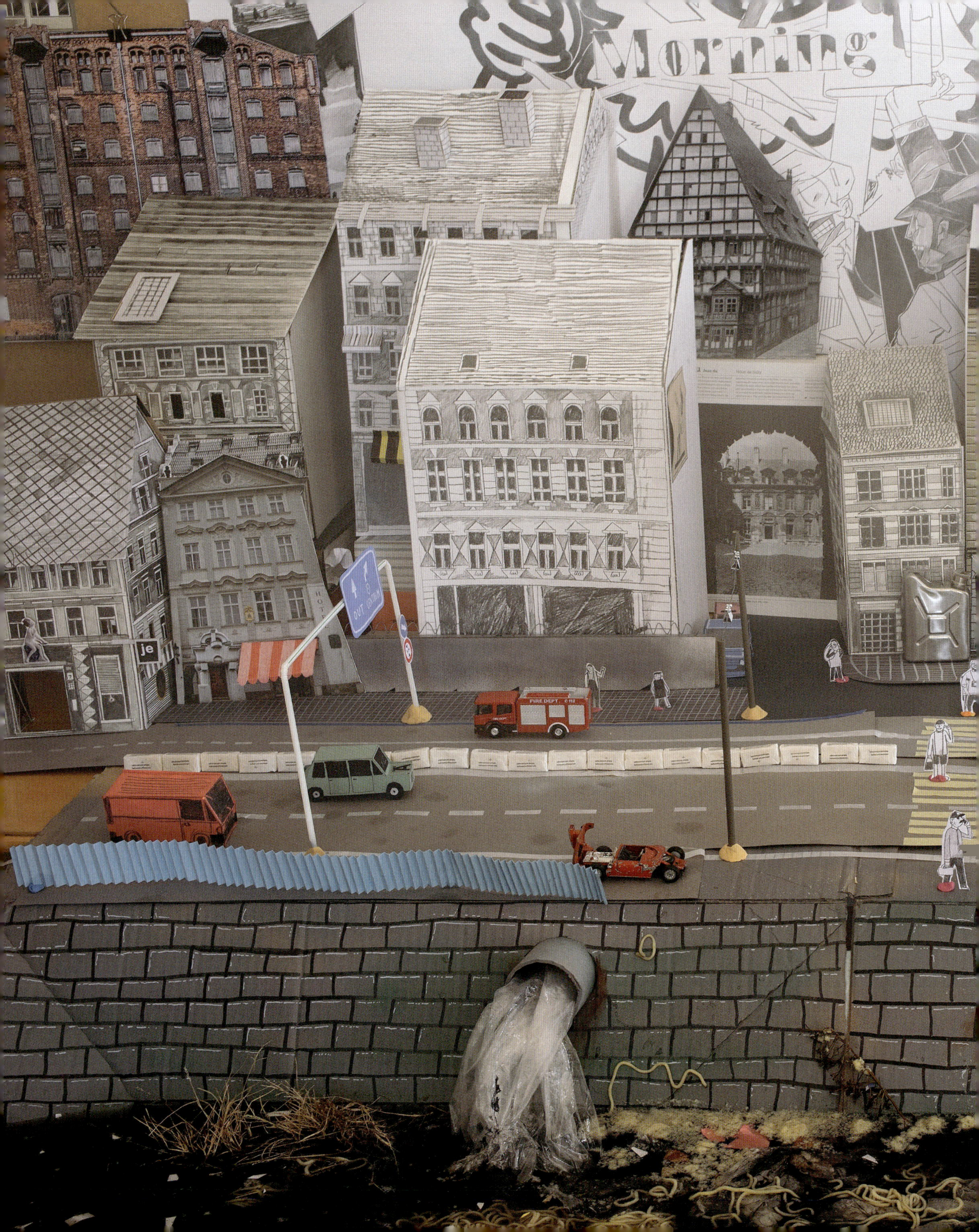
Morning
je
FIRE DEPT

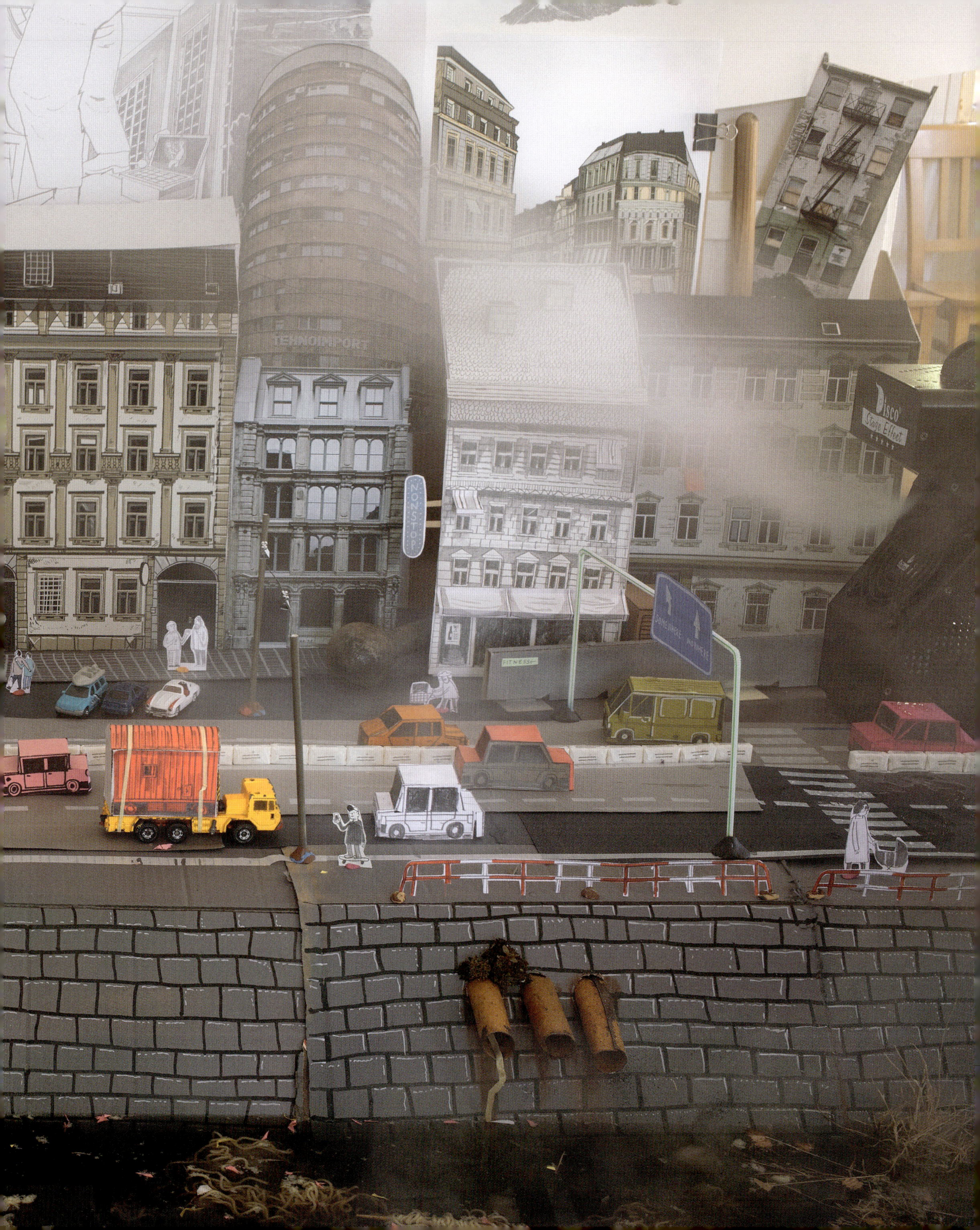
TEHNOIMPORT
NONSTOP
Disco
Stage Effect

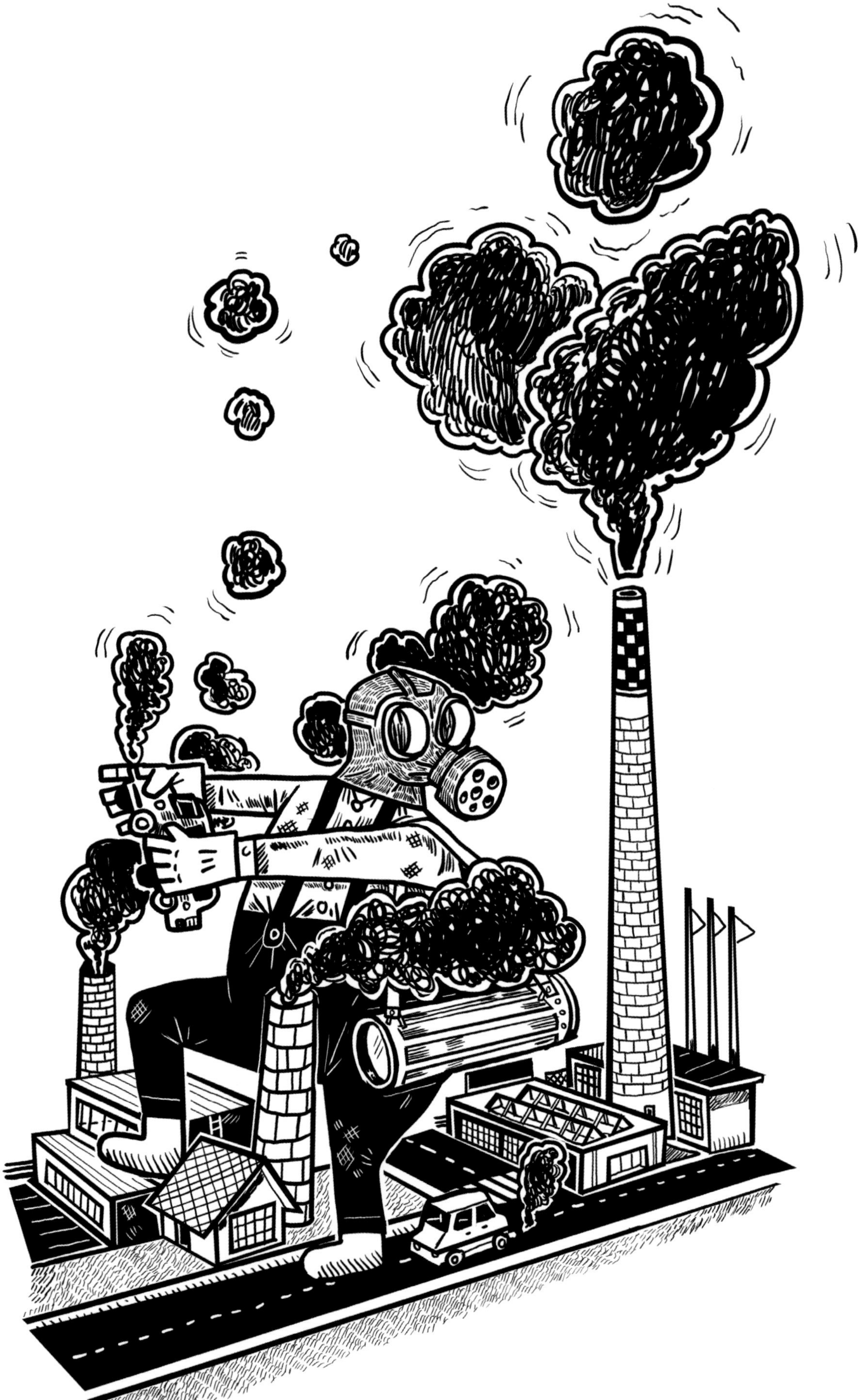

Zahlreiche Studien und der Wohnungsmarkt zeigen, dass wir gerne an Straßen mit Bäumen wohnen. Eine grüne Umgebung ist für uns angenehmer als öffentlicher Raum ohne Grün. Bäume machen einen Platz attraktiver, und die angrenzenden Häuser sind meist teurer. Auch geben wir an solchen Orten mehr Geld aus und stärken so die Wirtschaft. Eine Investition in Bäume zahlt sich für ein Stadtviertel also immer aus.

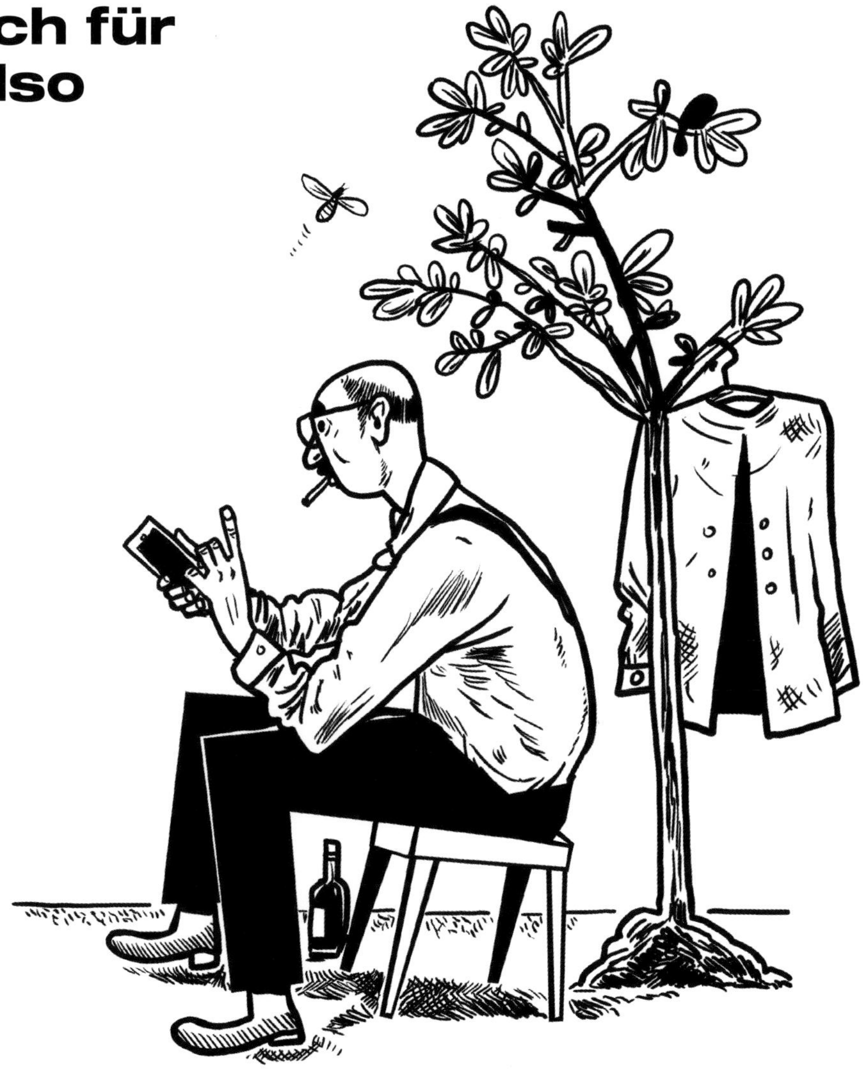

BEBAUTE FLÄCHEN, MIKROKLIMA UND GLOBALER KLIMAWANDEL

Bäume haben einen positiven Einfluss auf das Mikroklima – sie lassen Wasser verdunsten, senken die Temperatur und verbreiten Frische. Sie sind natürliche Klimaanlagen und hervorragende Schattenspender. Ideal sind Laubbäume – im Winter haben sie keine Blätter und lassen Sonne und Wärme in die Wohnungen hinein. Im Sommer dagegen spenden ihre Blätter der Straße und den Wohnungen Schatten. Das macht sie zu einfachen, aber genialen natürlichen Klimaanlagen. Vorteile können auch sogenannte Rigolensysteme unter extra angepflanzten Bäumen haben. Anders als auf Asphaltflächen kann das Regenwasser hier gut unter das Pflaster in kleine Becken einsickern. An trockenen Tagen kann der Baum sich aus diesen unterirdischen Vorräten ernähren. Gleichzeitig muss man das Wasser, das man in den Becken auffängt, auch nicht mehr über die Kanalisation abtransportieren, die bei starkem Regen überlastet werden kann. So sind sie auch eine gute Vorsorge gegen Überschwemmungen.

Wenn wir weder den Energieverbrauch in unseren Städten senken noch auf erneuerbare Energien umsteigen (Biomasse, Sonne, Wind und Erdwärme), werden uns auch die Bäume und die Veränderungen in unserer Straße oder im Stadtviertel nicht mehr vor extremen Wetter- und Klimabedingungen schützen. Die Städte verbrauchen 75 Prozent der Energie auf der Welt. Und sie stoßen auch 75 Prozent der Treibhausgase aus, die die globale Erhitzung verursachen. Um die Klimakatastrophe abzuwenden, müssen wir nicht nur den Energieverbrauch von Neubauten begrenzen, sondern ihn auch bei bestehenden Gebäuden erheblich reduzieren. Das betrifft das Heizen und Kühlen von Gebäuden (51 Prozent des Verbrauchs, nur ein Zehntel stammt aus erneuerbaren Quellen), bei Verkehr und Transport (32 Prozent, ein Dreißigstel aus erneuerbaren) und bei der Stromversorgung (17 Prozent, ein Viertel aus erneuerbaren). Aber wie bauen wir Städte, die weniger Energie verbrauchen und weniger Treibhausgase ausstoßen? Und wie erreichen wir ein intelligentes Wiederverwertungssystem?

Bäume senken die Lufttemperatur im Sommer um bis zu 5,5 °C. Ein Baum kann bis zu 100 Liter Wasser pro Tag verdunsten, das entspricht einer Kühlleistung von etwa 70 Kilowattstunden. Auf zehn Stunden eines Sommertags gerechnet entspricht das einer Hochleistungsklimaanlage in einer Dreizimmerwohnung.

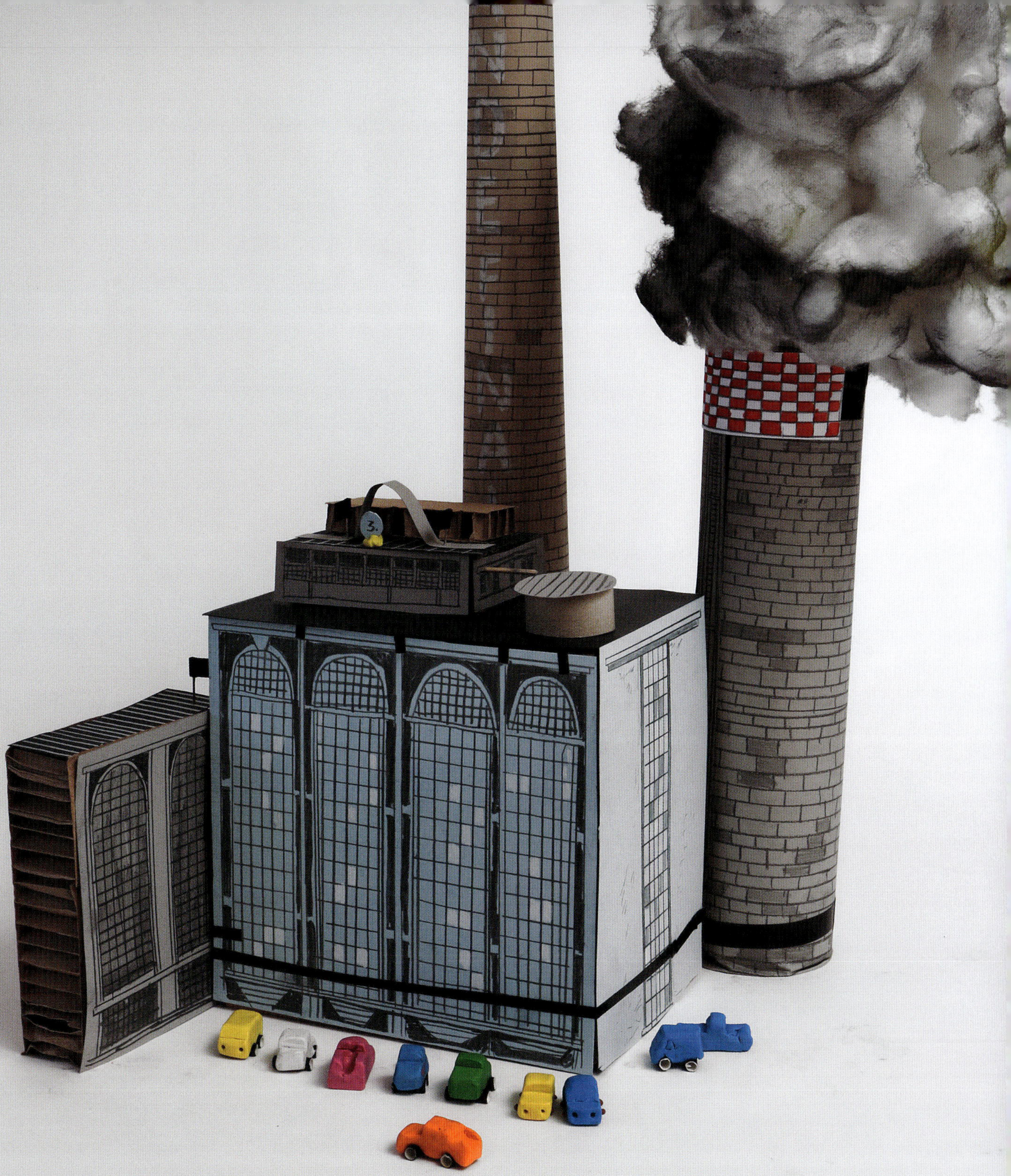

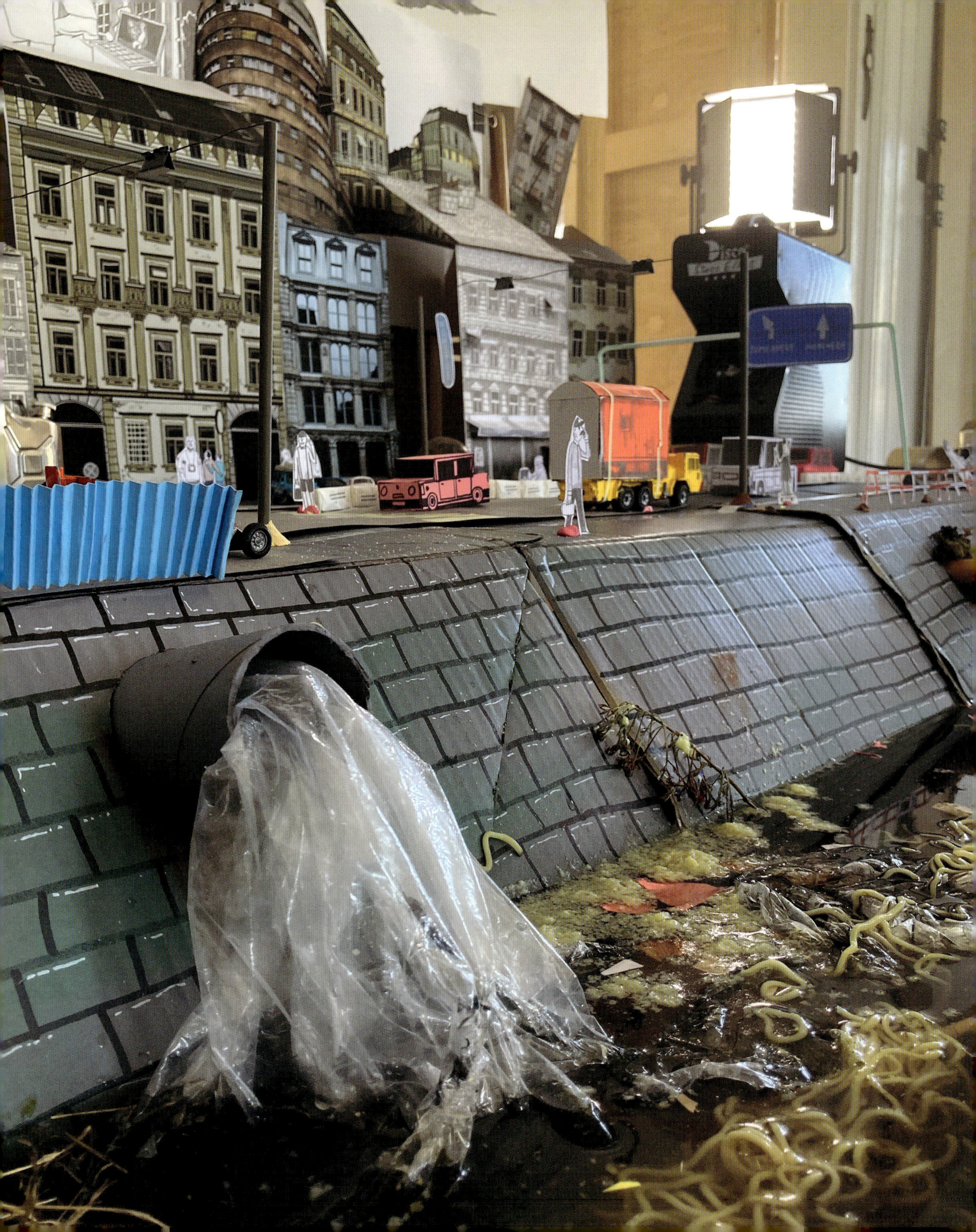

SCHUTZ VON FREIFLÄCHEN

In vielen Ländern gibt es Regeln, mit denen die Natur in der Stadt geschützt wird. Wenn man zum Beispiel ein Grundstück besitzt, darf man es nicht so zubauen, wie man will. Die sogenannte Grundflächenzahl bestimmt, wie viel Prozent der Fläche bebaut werden darf. In ruhigen Wohnvierteln dürfen zum Beispiel nur 30 Prozent eines Grundstücks bebaut werden. Aus der Sicht von Investoren wird die Bebauung von Innenhöfen in städtischen Wohnblocks immer attraktiver. Ein komplettes Zubauen kann jedoch die Lebensqualität in der Stadt verschlechtern. Es verändert das Klima und birgt Probleme für die Wasserversorgung.

In Städten, in denen auf dem Boden nicht mehr so viel Platz ist, kann man Dächer und Fassaden begrünen und damit eine Ergänzung zu den Parks schaffen. Es ist nämlich gar nicht so leicht, in einer Stadt genug Grundstücke für neue Parks zusammenzubekommen. Grüne Dächer auf Wohnhäusern können Wasser aufnehmen, haben eine kühlende Wirkung auf die Wohnungen unterm Dach und tragen zu einem besseren Mikroklima bei.

FLÜSSE ALS BIOKORRIDORE DER STADT

Flüsse sind ein gutes Beispiel dafür, wie Natur und Stadt miteinander verbunden sind. In einer Stadt leben ja auch Vögel, Insekten und kleine Säugetiere, und es gibt viele Pflanzen. Ein Fluss ist so etwas wie das Rückgrat des natürlichen Ökosystems einer Stadt, die Naturgebiete entlang seiner Ufer fügen sich organisch in sie ein. Werden sie architektonisch verändert wie die gepflasterten Ufer der Seine in Paris, bleibt nur wenig von der Natur übrig.

Ein Fluss kann sich selbst reinigen, braucht dafür aber Platz und sein natürliches Flussbett. Leider wurden Flussläufe oft verändert und durch Betonkorridore reguliert. Wenn man einen Fluss in ein enges, gerades Flussbett ohne natürliche Kurven und Schleifen zwängt, steigt aber das Risiko von Überschwemmungen, weil Auen und Schwemmflächen fehlen, die Hochwasser aufnehmen können. Deshalb werden manche Parks heute so geplant, dass sie Überflutungsflächen bieten, die in trockneren Zeiten zum Beispiel als Sportplätze genutzt werden können. In manchen Stadtparks, etwa dem Tåsinge-Platz in Kopenhagen, gibt es Wasserreservoirs, die das Regenwasser von den Hausdächern und Straßen in der Umgebung auffangen. Es kann hier einsickern, verdunsten oder langsam abfließen, die Folgen von schweren Regenfällen werden so abgemildert. Das Wasser-Management, also der Umgang mit dem Wasser, mit Wasserüberfluss, Wasserknappheit und Wasserverbrauch, ist ein lebenswichtiges Thema. Deswegen ist die Landschaftsarchitektur sehr eng mit der Stadtplanung verwoben.

VERNACH
ÖFFENTLIC

ÄSSIGTER

HER

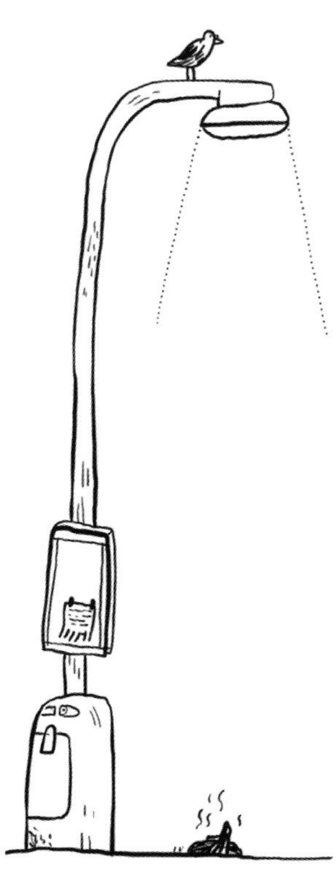

RAUM

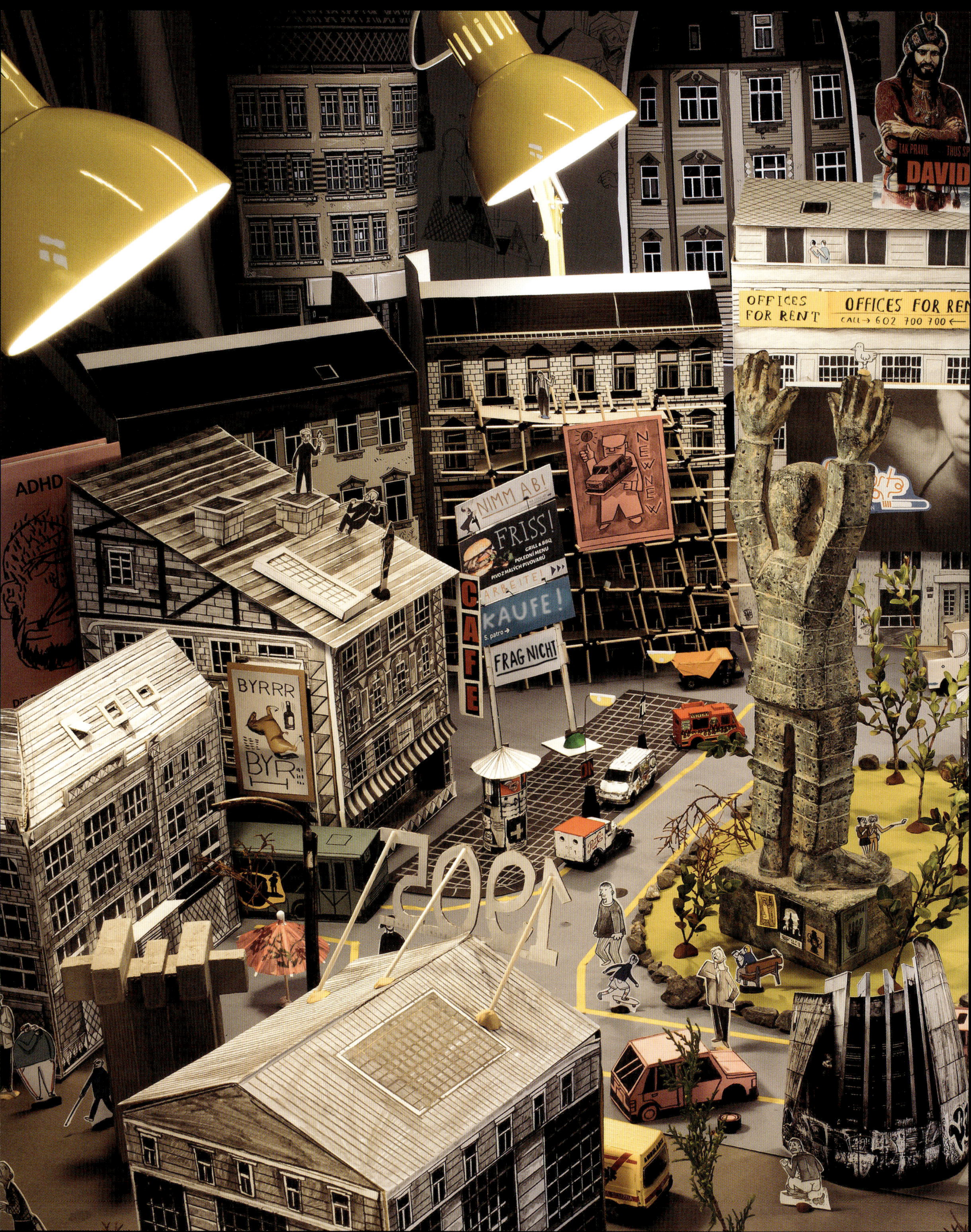
DAVID
OFFICES FOR RENT
CALL→ 602 700 700
ADHD
NIMM AB!
FRISS!
KAUFE!
FRAG NICHT
CAFE
NEW NEW
BYRRR

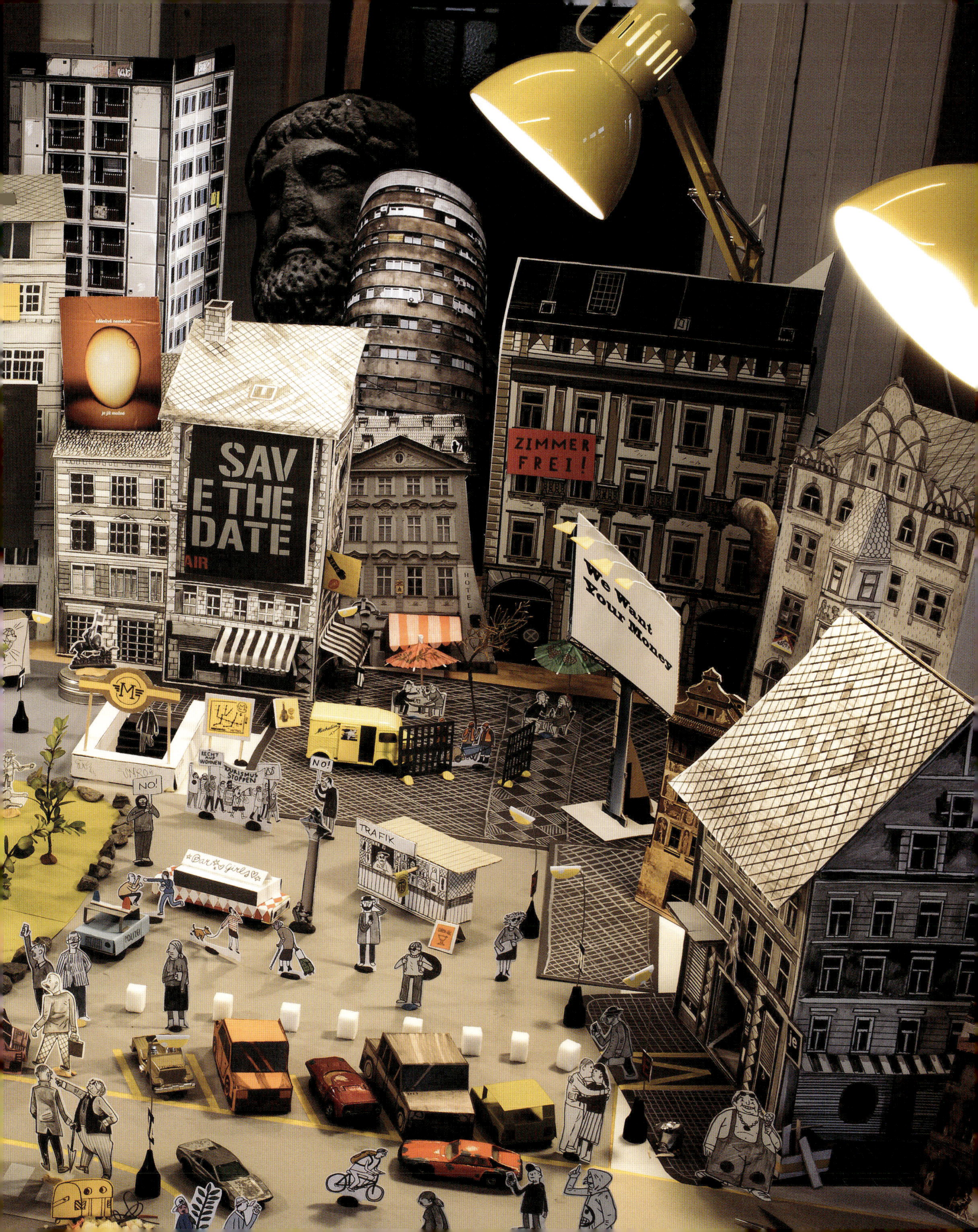
SAV
E THE
DATE
AIR
ZIMMER
FREI!
We Want
Your Money
HOTEL
TRAFIK
NO!
NO!

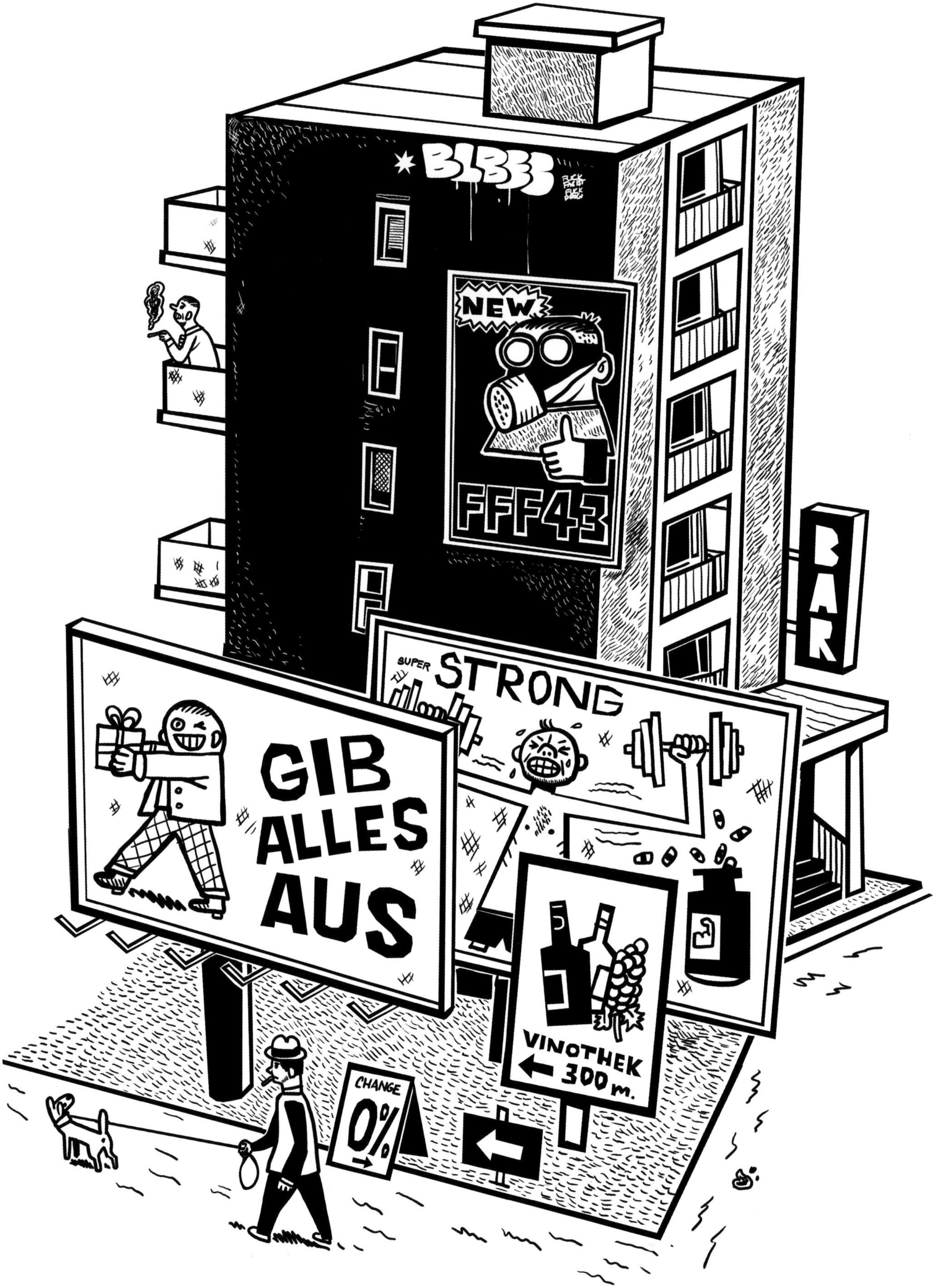
NEW
FFF43
BAR
SUPER
STRONG
GIB
ALLES
AUS
VINOTHEK
300 m.
CHANGE
0%

Der öffentliche Raum ist zunächst einmal für alle Menschen ohne Unterschied zugänglich. Er gehört der Gemeinde, dem Land oder dem Staat. Gemeint sind sowohl Plätze unter freiem Himmel als auch Innenräume, zum Beispiel in Institutionen wie Büchereien, Schulen oder Behörden. Wenn wir aber vom öffentlichen Raum in der Stadt sprechen, meinen wir meistens die Plätze, Straßen, Einkaufspassagen und Parks.

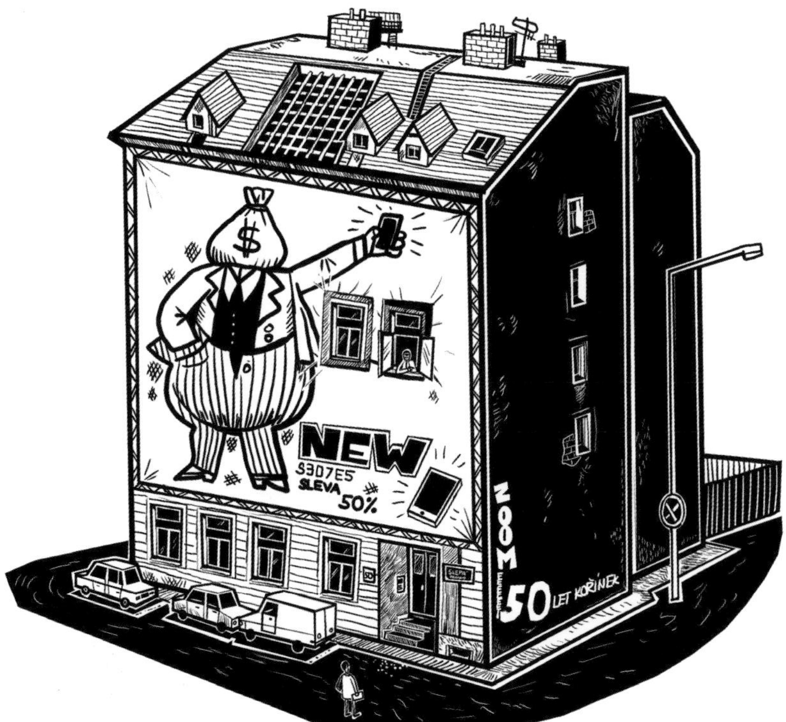

FEHLENDE INFRASTRUKTUR UND PLANUNG

In manchen Städten gibt es so viel öffentlichen Raum, dass die Kommunalverwaltung es nicht schafft, ihn überall zu pflegen und sinnvoll weiterzuentwickeln. Dann werden Orte vernachlässigt und mit der Zeit schmutzig und vermüllt. Es fehlt ihnen bald auch das städtische Mobiliar, das für verschiedene Altersgruppen und ihre Bedürfnisse geeignet wäre – Bänke, Wasserbrunnen, Spielplätze, Räume, wo sich sowohl Kinder und Jugendliche als auch Seniorinnen

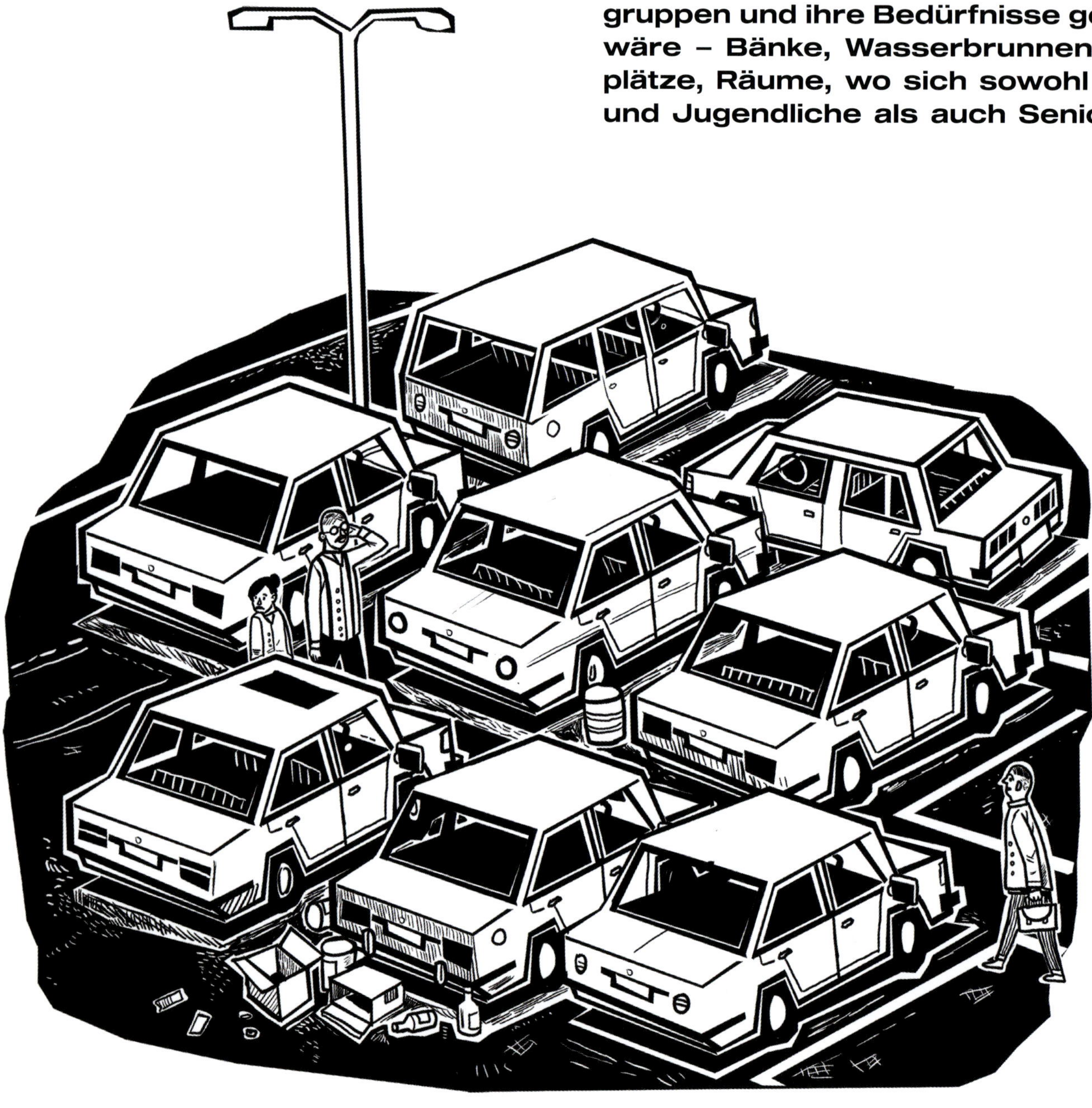

Die optimale Bevölkerungsdichte in einer Stadt beträgt 100–200 Einwohner pro Hektar.

und Senioren aufhalten können. In Parks fehlen oft öffentliche Toiletten, Zugang zu Trinkwasser, gute und instand gehaltene Sportplätze, Bereiche und Regeln für Grillpartys, Hundespaziergänge usw.

Vor allem, weil über lange Zeit nur für den Autoverkehr geplant wurde, gibt es im öffentlichen Raum viele unüberwindliche Hindernisse und Barrieren – Zebrastreifen an unlogischen Stellen, Fußgängerüber- oder -unterführungen, schmale Gehwege, die nirgends hinführen oder den viel zu breiten Fahrzeugen weichen müssen, zu kurze Intervalle an Fußgängerampeln und viele falsch oder ungünstig geparkte Autos. Weitere Probleme entstehen, wenn im Winter der Schnee nicht geräumt wird.

Eine Stadt muss sich die Frage stellen: Wie viel freier Raum ist gut zu bewältigen? Und wie viel Geld wollen wir für diesen Raum aus unserem gemeinsamen Topf ausgeben? Manchmal denken wir, je mehr öffentlichen Raum wir haben, desto besser. Aber das stimmt nicht immer. Es kostet relativ viel Geld, ihn zu pflegen. Außerdem verändern sich die Bedürfnisse der Einwohner manchmal sehr schnell. Es gibt Orte, die einmal lebendige Marktplätze waren und heute nur noch als Parkplätze dienen. Die allgemeine Nutzung des Platzes wurde zur privaten Nutzung, ohne neuen Wert für das öffentliche Leben.

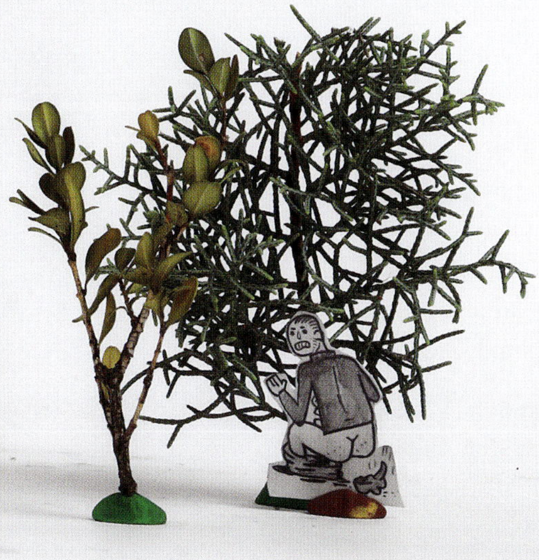

Die öffentlichen Straßen, Märkte, Plätze, Parks, Spiel- oder Sportplätze sollten ungefähr 30 Prozent der Fläche einer Stadt ausmachen. Sie erfüllen einen kommunikativen Zweck, sie sind Orte für Handel und Dienstleistungen, sie dienen der ökologischen Stabilität und stärken die Gesundheit, die Sicherheit und den sozialen Zusammenhalt der Einwohnerinnen und Einwohner.

S. 110–111

Schöner, menschenfreundlicher öffentlicher Raum entsteht nie von selbst. Infrastruktur und Koordination sind nötig, um ihn zu schaffen. Er sollte für möglichst viele Menschen und verschiedene Altersgruppen zugänglich und nutzbar sein – für Begegnungen, Entspannung, Kultur, Politik, Handel oder Sport. Eine sichere Umgebung ohne Barrieren und ohne Gefahren ist Grundvoraussetzung. Gleichzeitig sollte er über den ganzen Tag und zu allen vier Jahreszeiten auf verschiedene Arten benutzt werden können, und es sollte dort auch Natur geben.

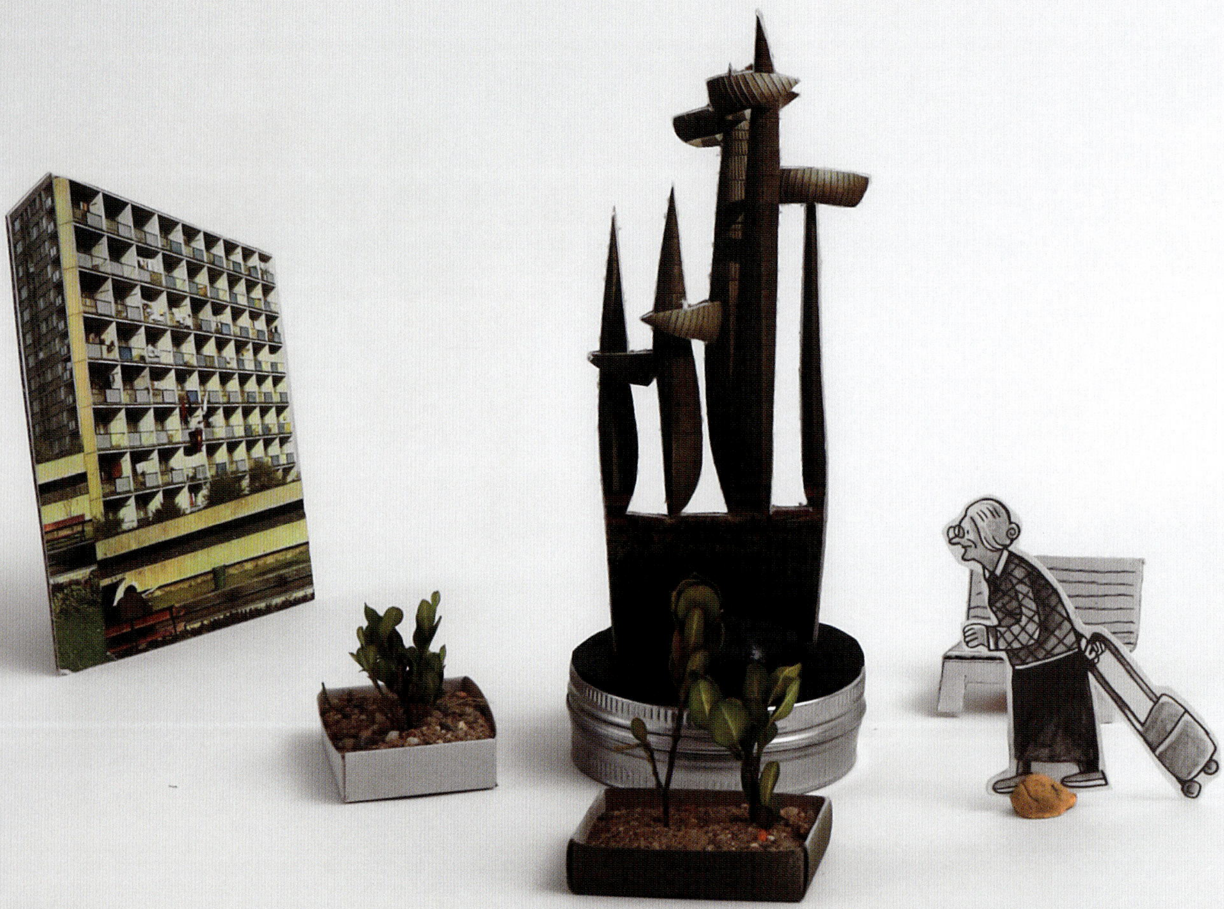

Nicht überall braucht der öffentliche Raum unbedingt ein klar festgelegtes Programm. Es muss auch Orte für spontane Veranstaltungen geben, für einmalige Ereignisse, Märkte oder Konzerte. Aber auch solche Veranstaltungen brauchen eine ausgeklügelte Infrastruktur – Zugang zu Strom und Wasser, Beleuchtung, Sicherheitsregeln. Der öffentliche Raum sollte uns die verschiedensten Aktivitäten ermöglichen. Dazu sind Zeitpläne und Regeln für die Nutzung wichtig. Der öffentliche Raum gehört allen, und deshalb müssen wir uns darüber verständigen, wie wir ihn nutzen wollen.

Öffentlicher Raum muss reguliert und gut erhalten werden. Deshalb müssen wir uns bei der Stadtplanung fragen, welches Modell der Nutzung dieses Raums wir als Gesellschaft wählen. Wollen wir ein striktes, restriktives Modell, also etwa umzäunte Parks mit klaren Öffnungszeiten, Überwachungskameras und einem Aufpasser, der uns sagt, was wir zu tun und vor allem zu lassen haben? Oder entscheiden wir uns für ein tolerantes Modell, in dem wir fast alles dürfen, aber auch nach jedem Tag oder jeder Veranstaltung Reinigungskräfte brauchen, die aus den Steuern aller Bewohner bezahlt werden und den Platz wieder in Ordnung bringen?

Städte lösen das sehr unterschiedlich. In London zum Beispiel werden viele Parks in der Nacht abgeschlossen, in Berlin dagegen finden wir eher die zweite, liberalere Variante. Das Berliner Modell funktioniert aber nur, weil die Reinigung des öffentlichen Raums aus Steuergeldern bezahlt wird. Die Menschen in Berlin haben sich dafür entschieden, lieber mehr Steuern zu bezahlen, als die ganze Zeit kontrolliert und eingeschränkt zu werden. Beides geht, aber die Kombination – alle machen, was sie wollen, aber es kommt kein städtischer Reinigungsdienst, weil niemand dafür Geld bezahlen möchte –, das wird im Ergebnis eher schlecht aussehen. Wenn Parks und Straßen vernachlässigt werden und voller Müll sind, dann fühlen wir uns darin weder wohl noch sicher. Damit der öffentliche Raum genutzt werden kann und die Stadtbewohner sich dort willkommen fühlen, muss man ihn pflegen.

VISUELLE VERSCHMUTZUNG

Grelle Reklame, die alle Aufmerksamkeit auf sich zieht, aber das Stadtbild nicht unbedingt schöner macht, ist in Städten ein großes Problem. Solche Werbung besetzt den öffentlichen Raum auf beinahe unverschämte Weise. Geschichtlich betrachtet gehört natürlich auch Werbung zum Stadtbild, aber nicht unbedingt in Form von hellen LCD Werbetafeln, die im Dunkeln leuchten und blinken, die Fußgänger blenden und den Straßenverkehr gefährden.

Architekten können sich ausgiebig Gedanken über die Gestaltung der Fassade eines neuen Gebäudes gemacht, Formsprache, Dimensionen, Funktionalität, Material und Farbe bedacht haben. Wenn dann später im Schaufenster eine riesengroße, hässliche Reklame hängt oder an der Fassade aufleuchtet, macht das die ganzen schönen Ideen zunichte. Aber Diskussionen entwickeln sich weiter, unsere Vorstellungen von Ästhetik, Kultur und Gestaltung verändern sich, und unser Gespür wird feiner. Unauffälligere Farben, kleinere Logos und kleinere Firmenschilder können das Aussehen der Stadt einheitlicher machen. Darum gibt es in manchen Städten neben Handbüchern zur Gestaltung von Straßen und Plätzen auch Gestaltungssatzungen, die festlegen, wie und wo Beschriftungen und Außenwerbung anzubringen sind.

Riesige Reklametafeln sind ein großes Geschäft und ein politisches Thema. Auch Politikerinnen und Politiker verwenden im Wahlkampf gerne überdimensionale Werbeflächen. Aber eigentlich hat überdimensionierte Werbung im städtischen Raum nichts verloren. Sie mag entlang von Autobahnen außerhalb der Städte ihren Platz haben, aber selbst das ist fraglich. Auch dort kann eine großflächige Reklame die Aufmerksamkeit ablenken und Unfälle verursachen. Für Werbung im städtischen Raum könnte man leere Flächen an Häusern neben Baulücken verwenden. In der französischen Stadt Grenoble wurde allerdings schon 2015 beschlossen, dass alle Werbetafeln aus den Straßen entfernt und durch Bäume ersetzt werden.

São Paulo, Brasiliens größte Stadt, verbot Werbetafeln im Jahr 2007. Chennai in Indien folgte 2009. In den USA gibt es ein generelles Verbot von Werbetafeln in den Bundesstaaten Vermont, Maine, Hawaii und Alaska. Die größte Werbetafel der Welt wurde 2018 in Dubai aufgestellt. Sie war 6260 Quadratmeter groß, also ungefähr so groß wie ein Fußballfeld.

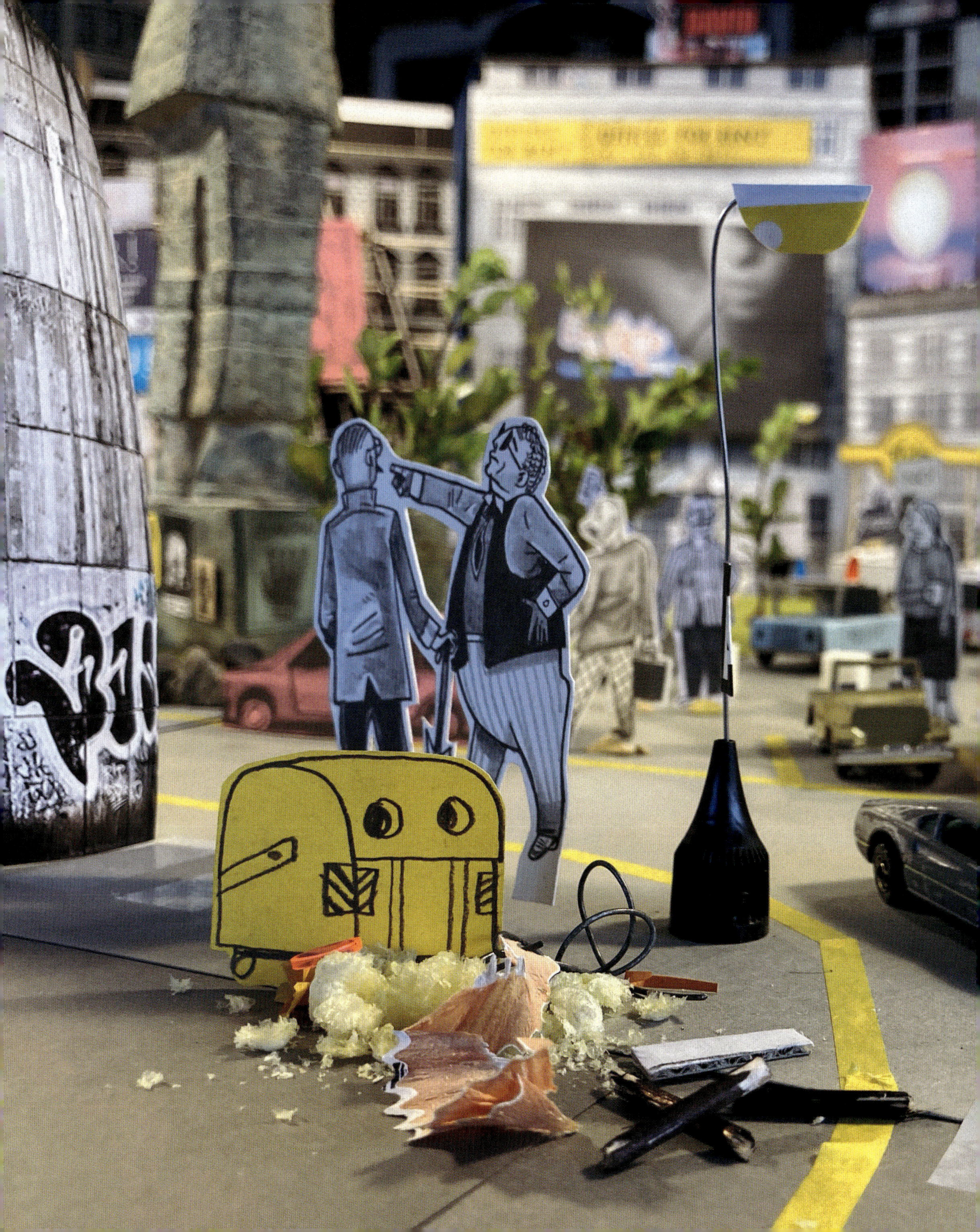

GENTRIFI
ZIERUNG

MANGEL AN
BEZAHL
BAREM
WOHN
RAUM

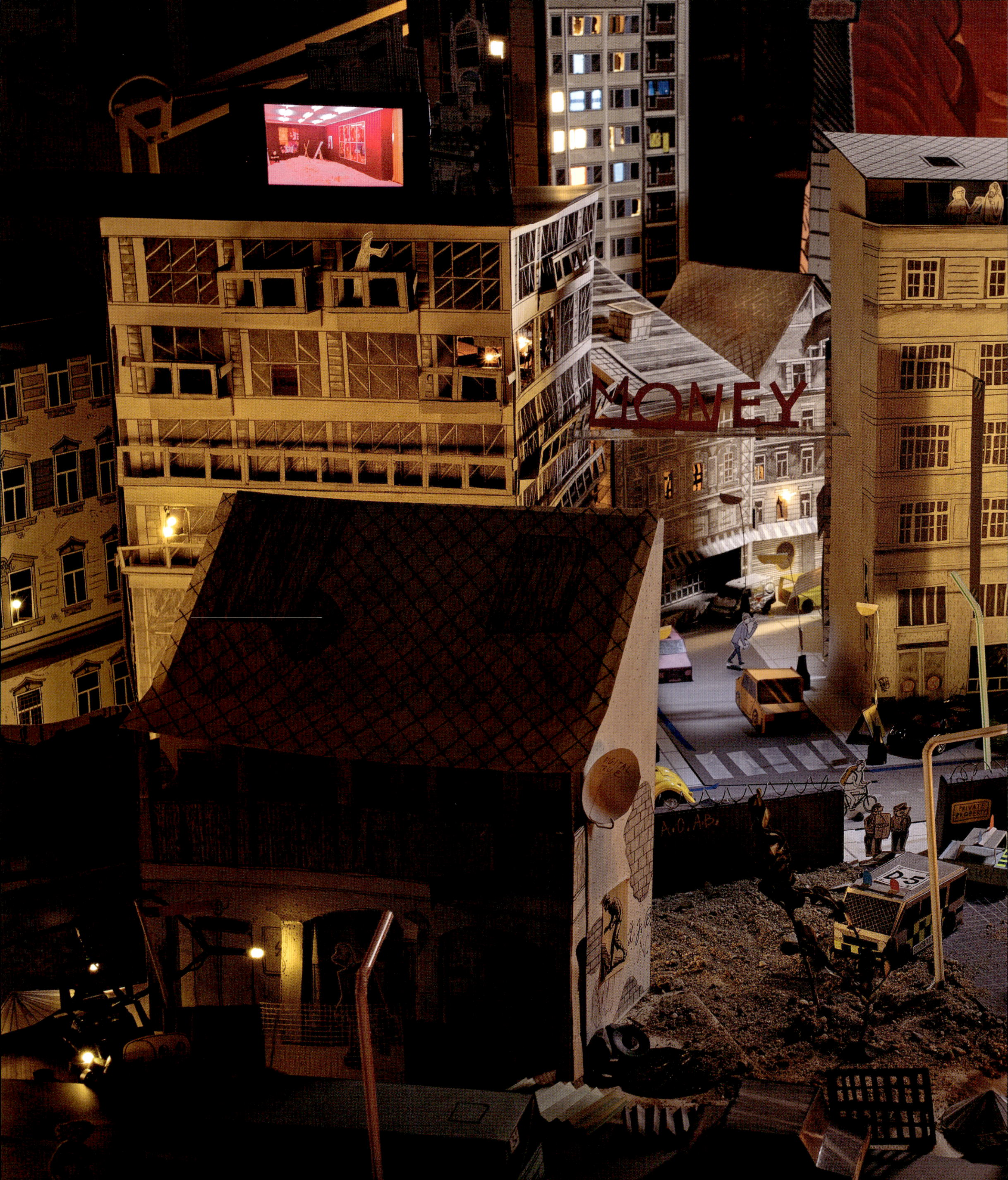
MONEY
A.C.A.B.

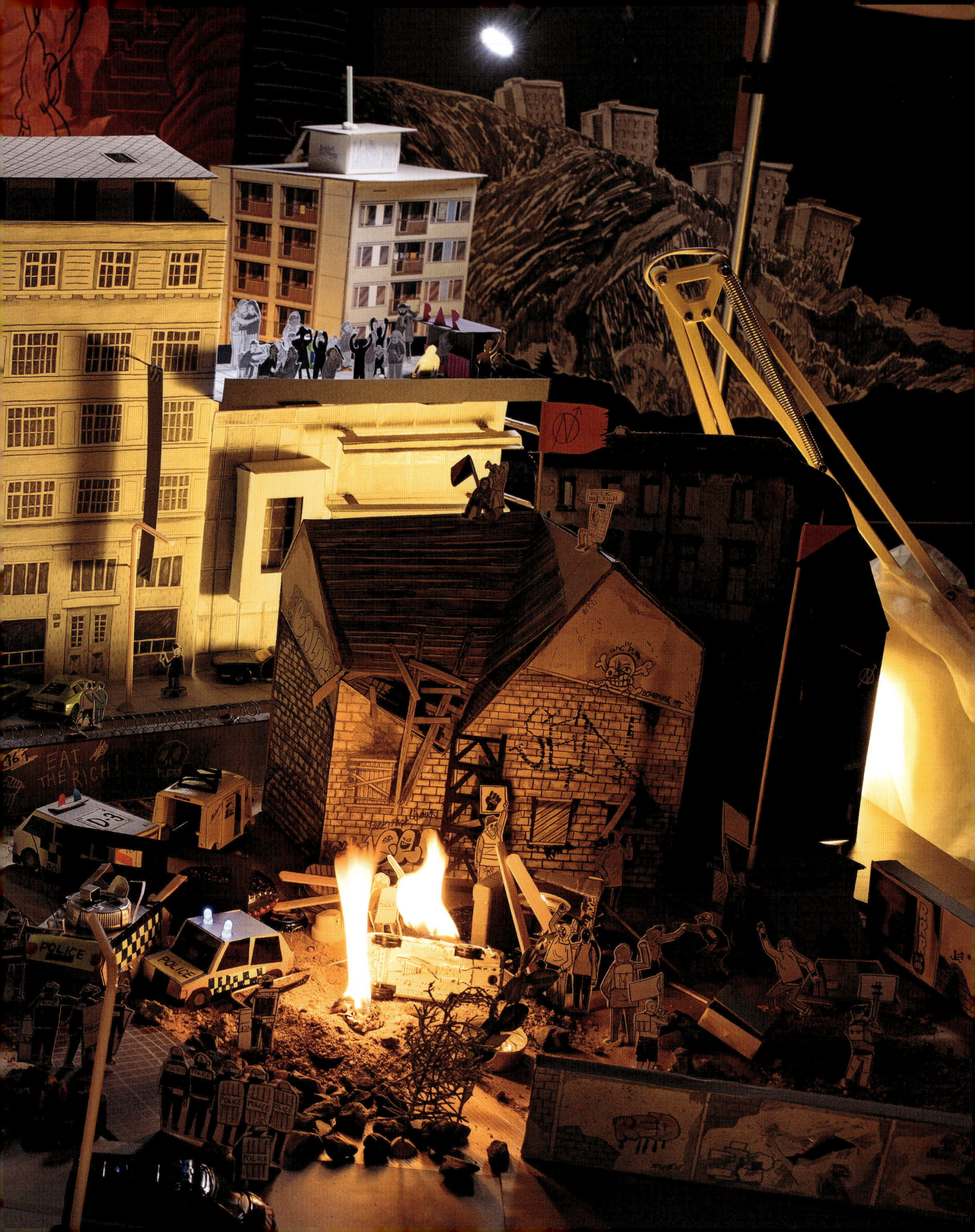
EAT THE RICH!
POLICE
POLICE

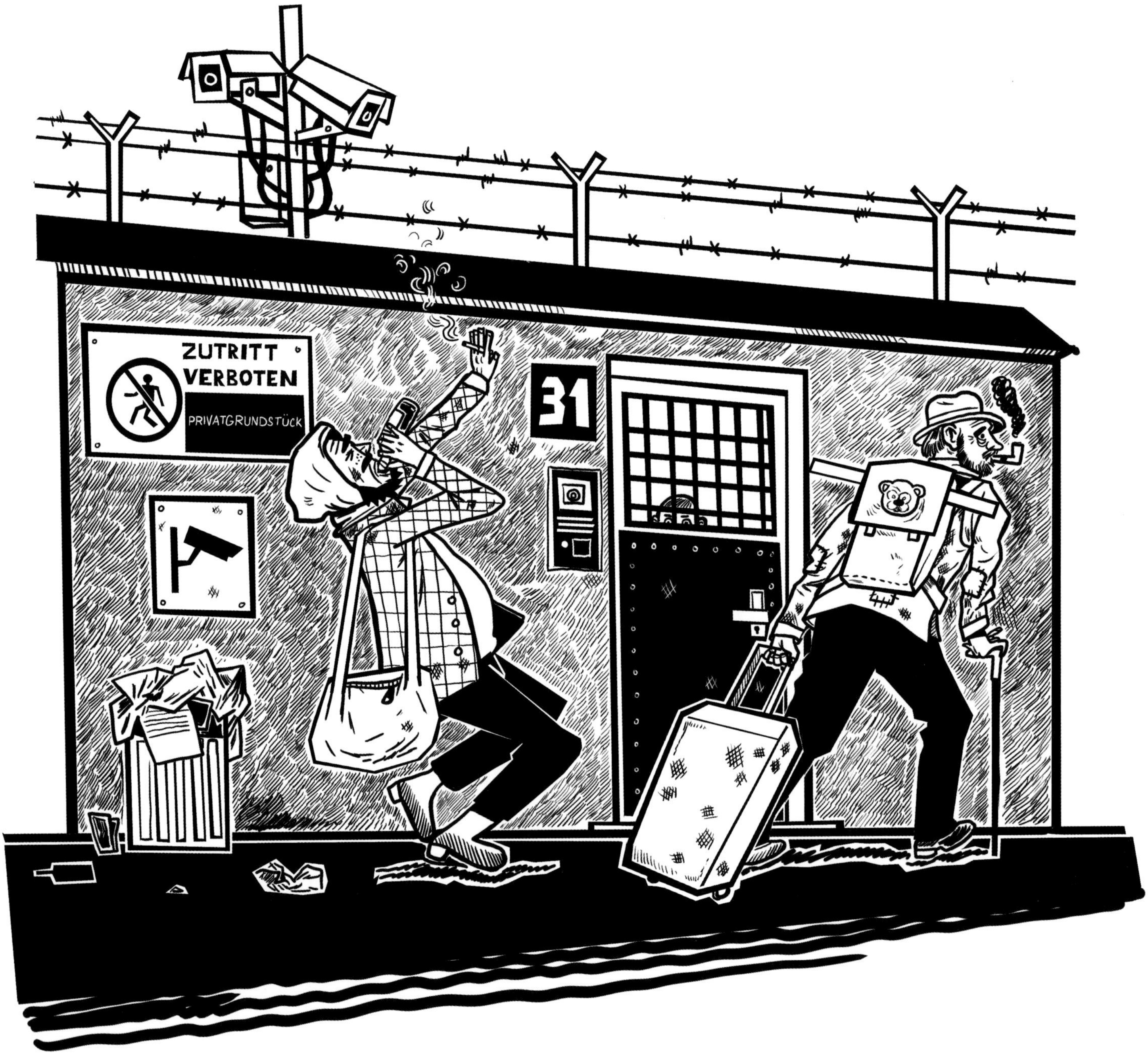
ZUTRITT
VERBOTEN
PRIVATGRUNDSTÜCK
31

Das Wort Gentrifizierung bedeutet, dass Menschen, die weniger Geld verdienen (z.B. junge Familien und Senioren) durch wohlhabendere aus den Stadtzentren verdrängt werden. Viele Städte und Kommunen haben Wohnungen, die sie gebaut hatten, an private Investoren verkauft und gleichzeitig kaum neue gebaut. Damit haben sie leider eine Möglichkeit aus der Hand gegeben, gegen die einkommensbedingte Verdrängung vorzugehen. In Extremfällen folgt aus dieser Verdrängung von Einwohnergruppen, dass einerseits umzäunte Millionärsviertel entstehen und andererseits Randbezirke für die Armen und Ausgeschlossenen. In so einer Situation nehmen soziale Spannungen und die Kriminalität zu.

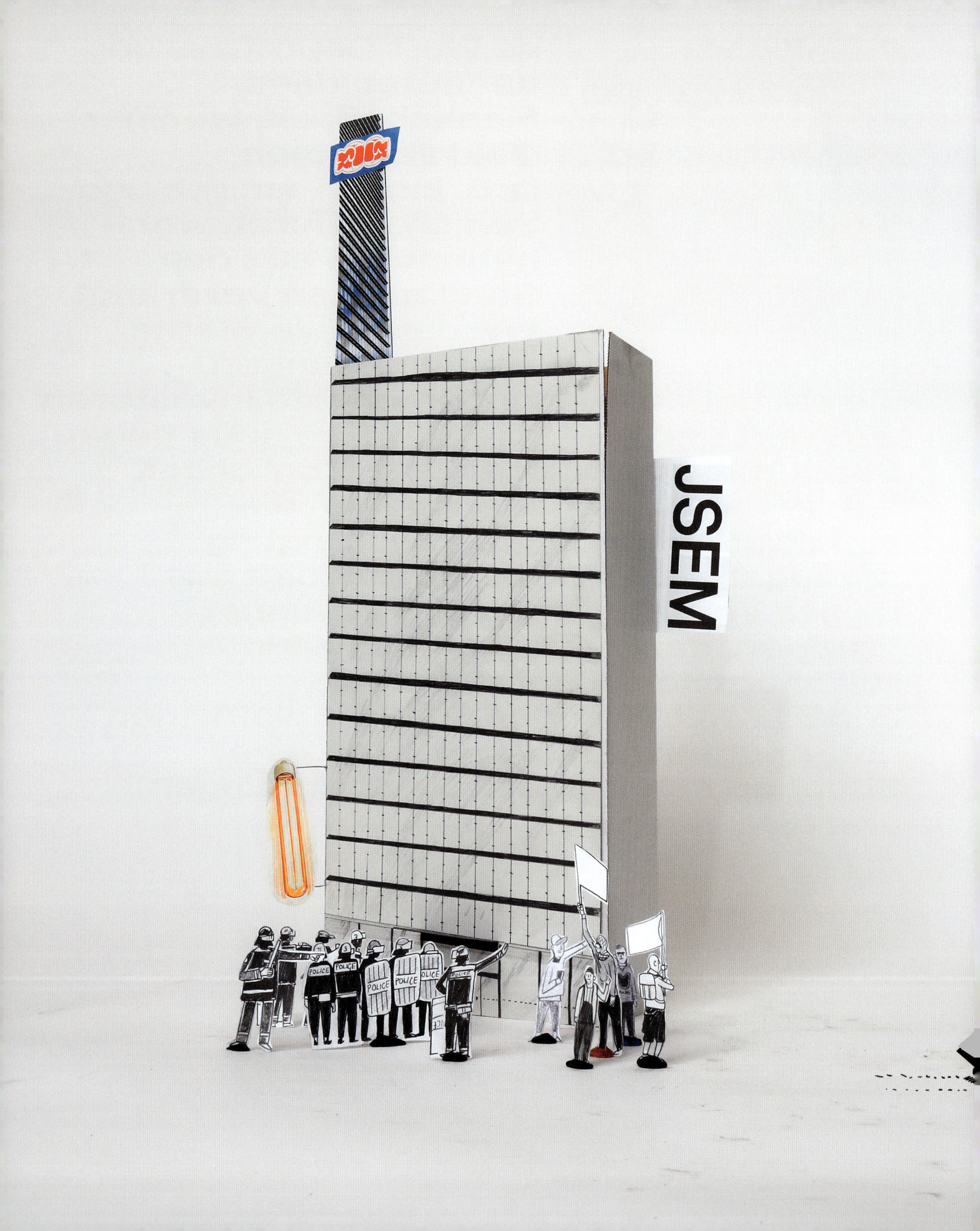
JSEM
POLICE

In jeder Stadt wohnen Menschen aus verschiedenen Schichten und mit unterschiedlich viel Geld. Wenn die verschiedenen Gruppen sich untereinander mischen und miteinander zu tun haben, dann ist das gut für die soziale Mobilität und die Durchlässigkeit der Gesellschaftsschichten. Wenn die Gesellschaft bunt zusammengesetzt ist, können zwar auch Konflikte entstehen und manche denken, ihre Identität sei bedroht. Klar, wir treffen uns am liebsten mit Leuten, mit denen wir irgendwas gemeinsam haben. Das zeigen auch Studien: In den glücklichsten Gesellschaften, zum Beispiel in Skandinavien, gibt es relativ wenige soziale Unterschiede zwischen den Einwohnergruppen. Aber man darf nicht vergessen, dass gerade in Städten zugezogene Bewohnerinnen und Migranten neue Energien und Ideen freigesetzt haben. Stadtplanerinnen und Stadtplaner bemühen sich um eine möglichst große Vielfalt in allen Teilen der Stadt wie auch in einzelnen Gebäuden. Eine gleichmäßig durchmischte Einwohnerstruktur hat sich als besonders nachhaltig für die soziale Entwicklung erwiesen. In London müssen zum Beispiel neue Bauprojekte 20 Prozent Sozialwohnungen enthalten.

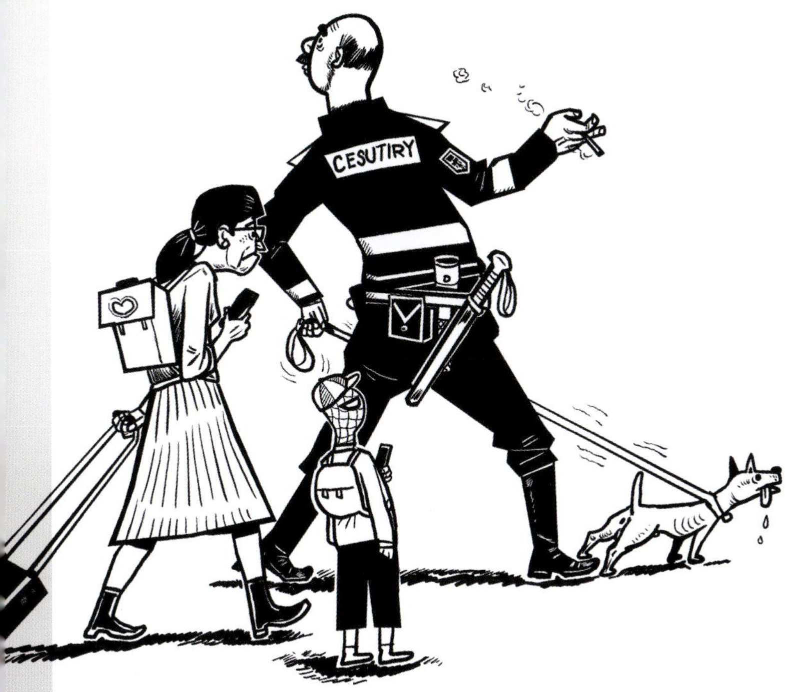

Unbestritten ist aber, dass es in unseren Städten bessere und schlechtere Viertel, bessere und schlechtere Adressen gibt. Beruflich weniger erfolgreiche Menschen oder solche, die nicht mehr arbeiten können, bekommen oft Probleme, wenn die Mieten in ihren Vierteln steigen. Sie können nicht mithalten mit denjenigen, die mehr Geld verdienen, und mit den Touristen, die bereit sind, für eine Nacht viel mehr zu zahlen als jemand in der Langzeitmiete. Ungezügelte Marktkräfte führen im Stadtviertel zu weniger Vielfalt. Gentrifizierung ist ein negatives soziales Phänomen, das die Kluft zwischen Menschen vertieft, städtischen Raum zerstört und die Probleme nicht löst, sondern an den Rand verschiebt, wo sie immer größer werden. Der Gentrifizierung der Städte kann man kaum etwas entgegensetzen, wenn die Politik nicht mit Regeln und Beschränkungen eingreift. Die Berliner Landesregierung beschloss zum Beispiel, die Höhe der Mieten für einen Zeitraum von fünf Jahren einzufrieren, und kurzfristige kommerzielle Vermietung an Touristen nur noch in Wohnungen zu gestatten, in denen der Besitzer mindestens 60 Prozent der Wohnfläche selbst bewohnt. Doch der Mietendeckel musste 2021 wieder abgeschafft werden, weil er politisch umstritten war und Klagen gegen ihn nicht standgehalten hat.

Die Stadt ist ein Ort, an dem Menschen laufend neue Eindrücke, Ideen und Möglichkeiten bekommen. Neue Menschen bringen neues Wissen in die Stadt, neue Lebensstile, neues Essen, neue Kultur. So gibt es einen anhaltenden Zufluss an Inspirationen, die die Einwohner bereichern. Wenn das Unbekannte verschwindet, hört die Stadt auf, sich weiterzuentwickeln, sie erstarrt.

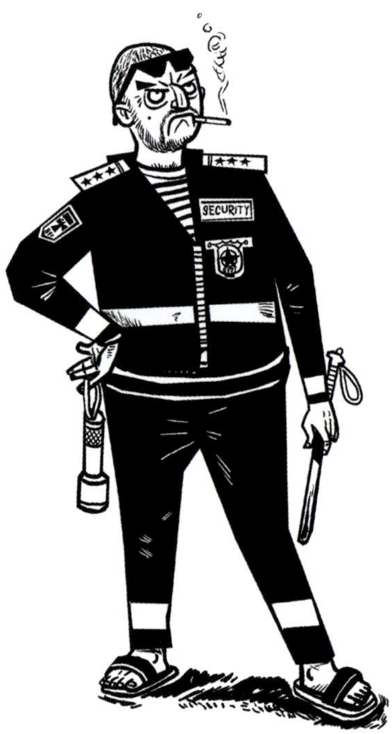

Manche wollen lieber in einer Gemeinschaft mit Menschen leben, die ihnen ähnlich sind. Einige ziehen sogar in umzäunte Wohnsiedlungen mit Pförtnern und privaten Sicherheitsdiensten (man nennt das „gated community"). Ihre schöne, sichere und ideale Welt soll sie vor unangenehmen Begegnungen mit der äußeren Wirklichkeit schützen. Was auf der anderen Seite des Zauns passiert, das interessiert sie gar nicht. Durch die schnell wachsende Ungleichheit zwischen einer extrem reichen Minderheit und einer immer ärmeren Mehrheit wird die Gesellschaft instabiler. In manchen Städten gibt es eine Hypersegregation (eine zunehmende Verteilung auf bestimmte Gebiete) mit immer mehr Armenvierteln. Begleiterscheinungen davon sind erhöhte Kriminalität und Aggression. In Chicago gab es im Sommer 2018 pro Wochenende bis zu 71 Schusswechsel mit bis zu 12 Toten. Schießereien sind in den Armenvierteln im Süden und Westen der Stadt, wo die Arbeitslosigkeit bei ca. 30 Prozent liegt und der Durchschnittslohn nur halb so hoch ist wie im reicheren Norden, fast an der Tagesordnung. Und der Gelegenheitsdiebstahl nimmt in der ganzen Stadt zu. In manchen Vierteln ist es nicht ratsam, mit dem Auto anzuhalten, auch nicht an einer roten Ampel. In Südafrika schützen sich manche Einwohner mit einer eigenen Schusswaffe und ziehen einen Elektrozaun um ihr Haus. Das ist nicht die Welt, in der wir leben wollen.

Ungefähr ein Fünftel der Menschen in der Europäischen Union lebt an der Grenze zu Armut und sozialem Ausschluss. Kinder, Frauen und ältere Menschen sind besonders gefährdet.
Auf dem Planeten Erde leben derzeit über 1 Milliarde Menschen in Slums, 80 Prozent davon in Ost-, Südost-, Süd- und Zentralasien sowie in Afrika südlich der Sahara. Diese Zahl steigt weiter an.

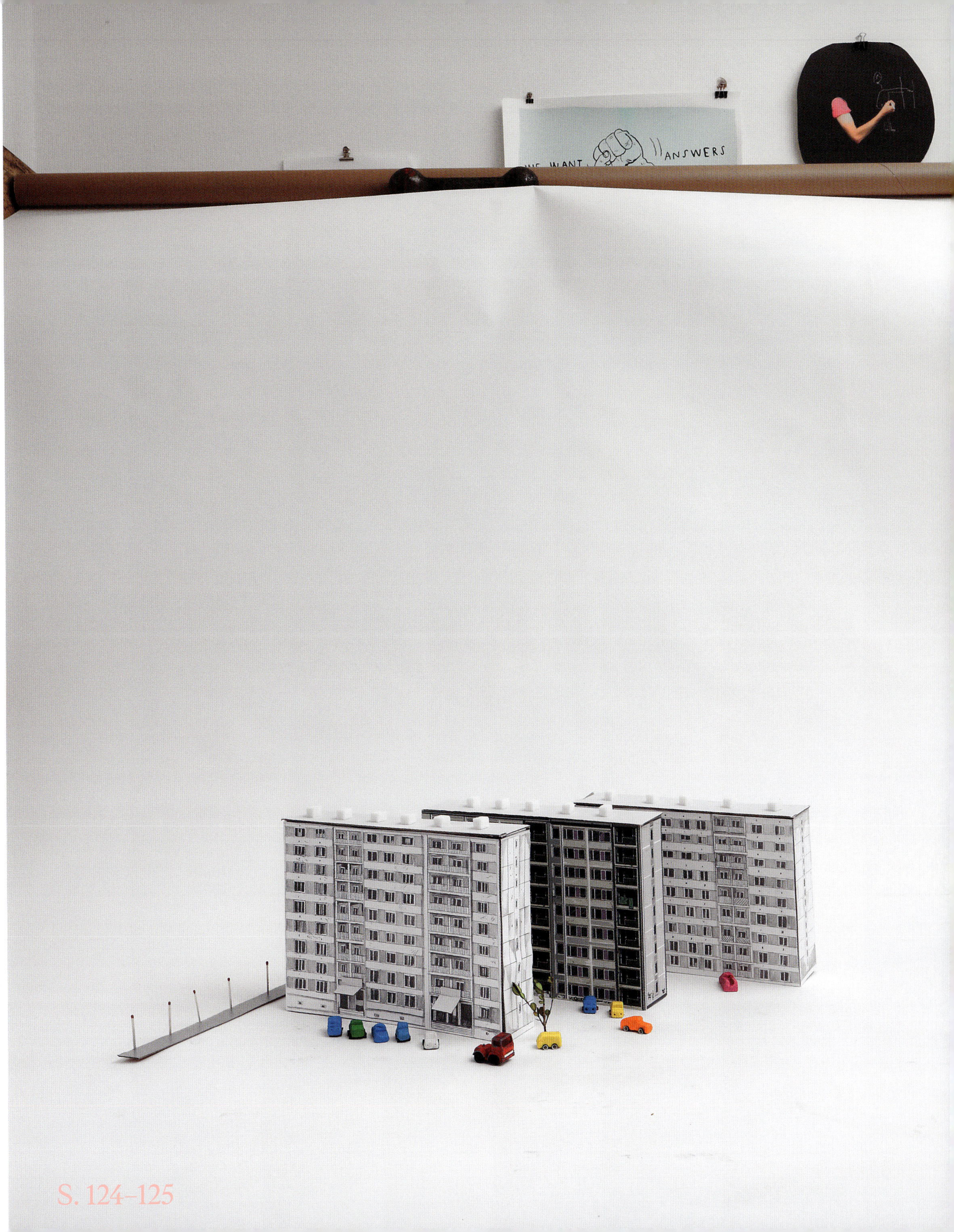

S. 124–125

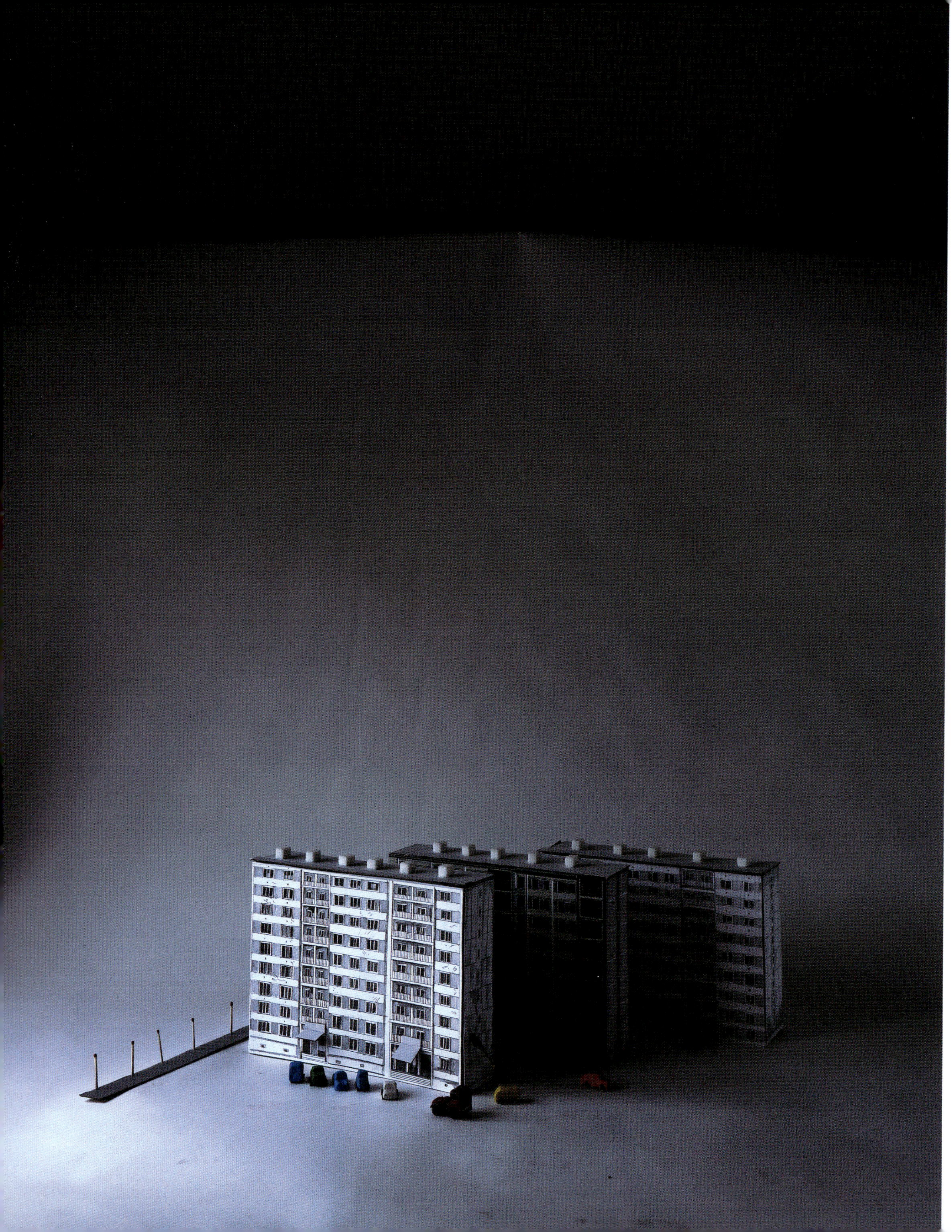

Sowohl in den Stadtvierteln als auch in einzelnen Häusern sollte es darum eine möglichst große Vielfalt geben. Idealerweise befinden sich im Erdgeschoss Geschäfte, darüber ein Stockwerk mit Büros, in weiteren Stockwerken Sozialwohnungen, darüber normale Mietwohnungen und ganz oben die Lofts für Reiche. Wenn in den Häusern unterschiedliche Gruppen von Menschen leben, gibt es in der Gegend ein breiteres Angebot an Diensten, Läden und Schulen. Die tägliche Begegnung der Menschen und die Durchmischung der Gesellschaft können kleine Herausforderungen und Konflikte mit sich bringen, aber sie wirken anderen, weitaus größeren Problemen entgegen.

Die Stadt ist ihrem Wesen nach ein Ort der Konflikte. Stadtplaner und Politikerinnen versuchen, die verschiedenen Ansprüche und Bedürfnisse der Bewohnerinnen und Bewohner in Einklang zu bringen. Die Forderungen sind oft so widersprüchlich, dass man es nicht allen recht machen kann. Wie können also Menschen gut zusammen leben und tolerant miteinander umgehen? Viele denken, dass Konflikte dann gelöst sind, wenn wir uns untereinander ganz einig geworden sind. Stadtplaner haben in multikulturellen Megastädten aber beobachtet, dass Menschen eine gegenseitige Akzeptanz entwickeln und sich unterstützen, wenn man es den verschiedenen Gruppen ermöglicht, nebeneinander zu leben. Wir sollten uns nicht bemühen, alles ganz gleich zu machen. Das wäre doch schade. In heutigen Metropolen sieht man sehr gut, dass verschiedene Gruppen und Kulturen nebeneinander blühen, sich entwickeln und gegenseitig bereichern können.

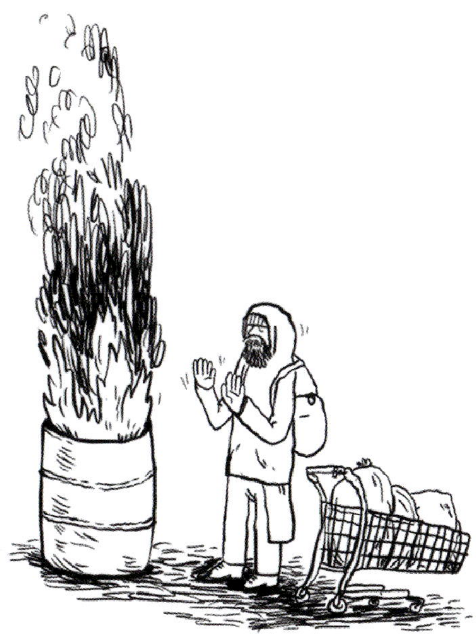

Kapitel: Gentrifizierung und Mangel an bezahlbarem Wohnraum

PRIVATIS

DER S

SIERUNG

TADT

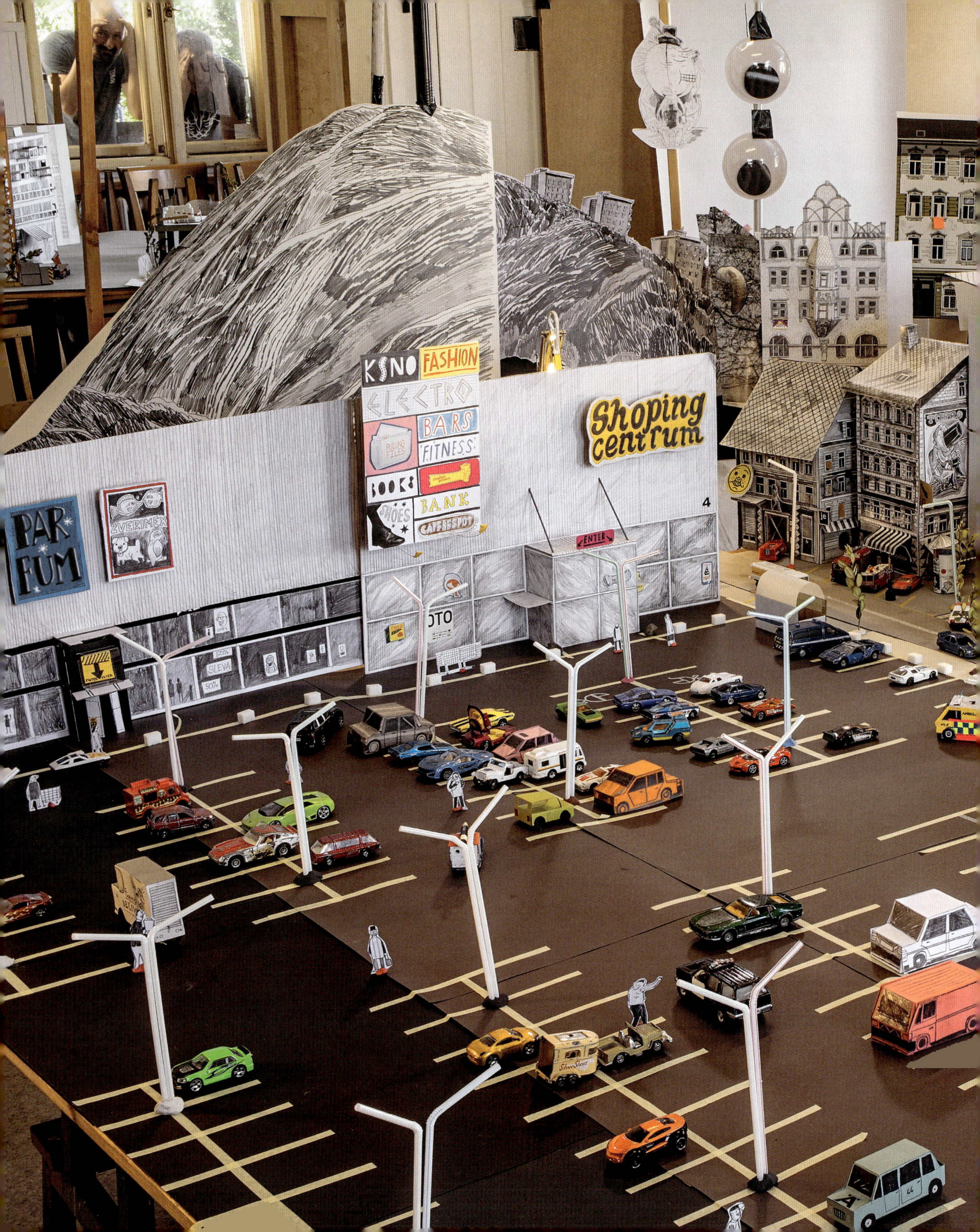
KINO
FASHION
ELECTRO
BARS
FITNESS
BOOKS
SHOES
BANK
Shoping centrum
PAR FUM
ENTER
SLEVA
4

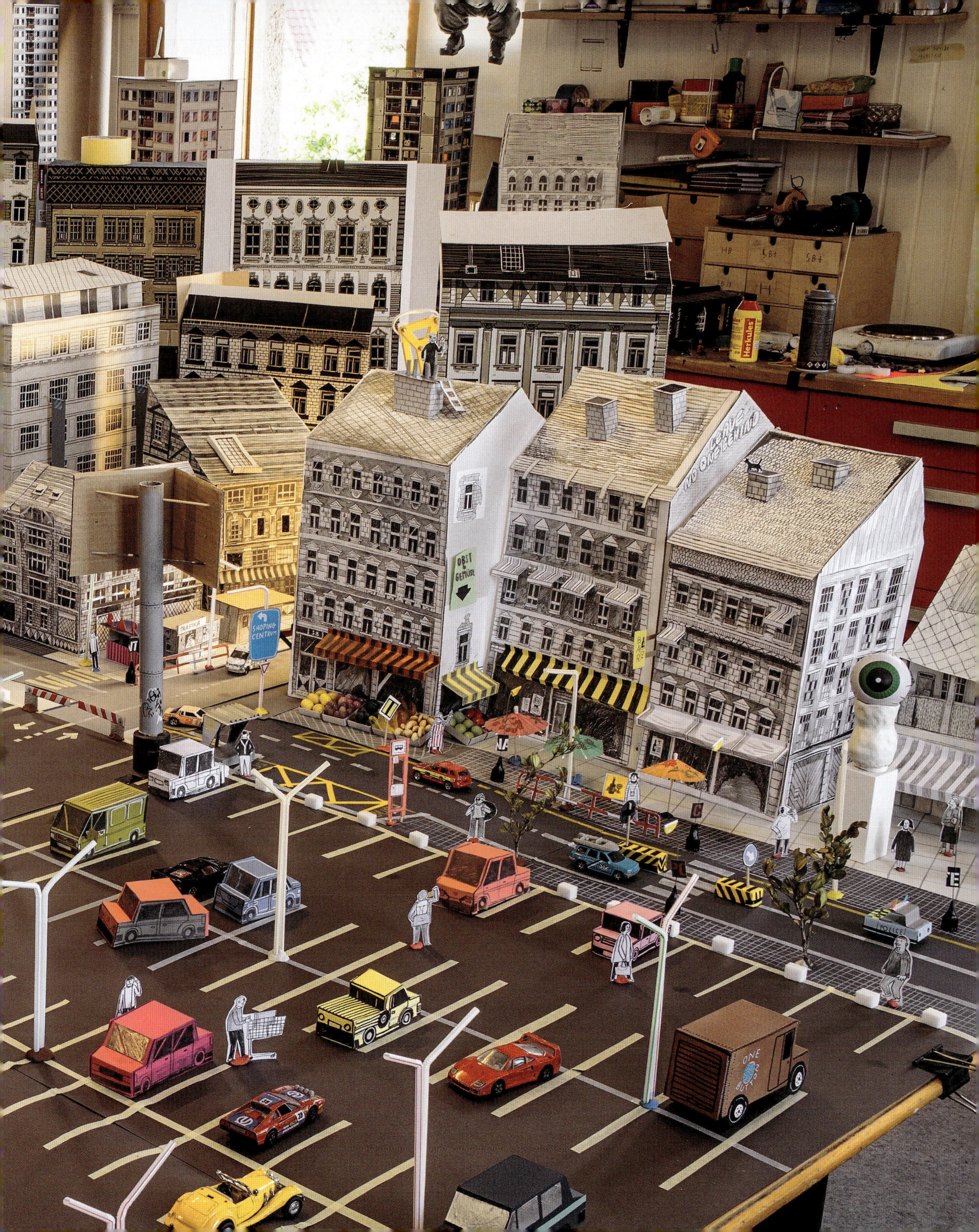

SHOPING CENTRUM
OBST & GEMÜSE
Herkules

Die Vereinten Nationen veröffentlichen jedes Jahr den „World Happiness Report“ über die Lebenszufriedenheit der Menschen. Mehr als 150 Länder werden in Bezug auf Löhne, soziale Absicherung, Lebenserwartung, persönliches Glück, Vertrauen und gesellschaftlichen Zusammenhalt bewertet. Auf den ersten Plätzen landen meist die skandinavischen Länder. Dort zahlen die Menschen hohe Steuern, aber es gibt

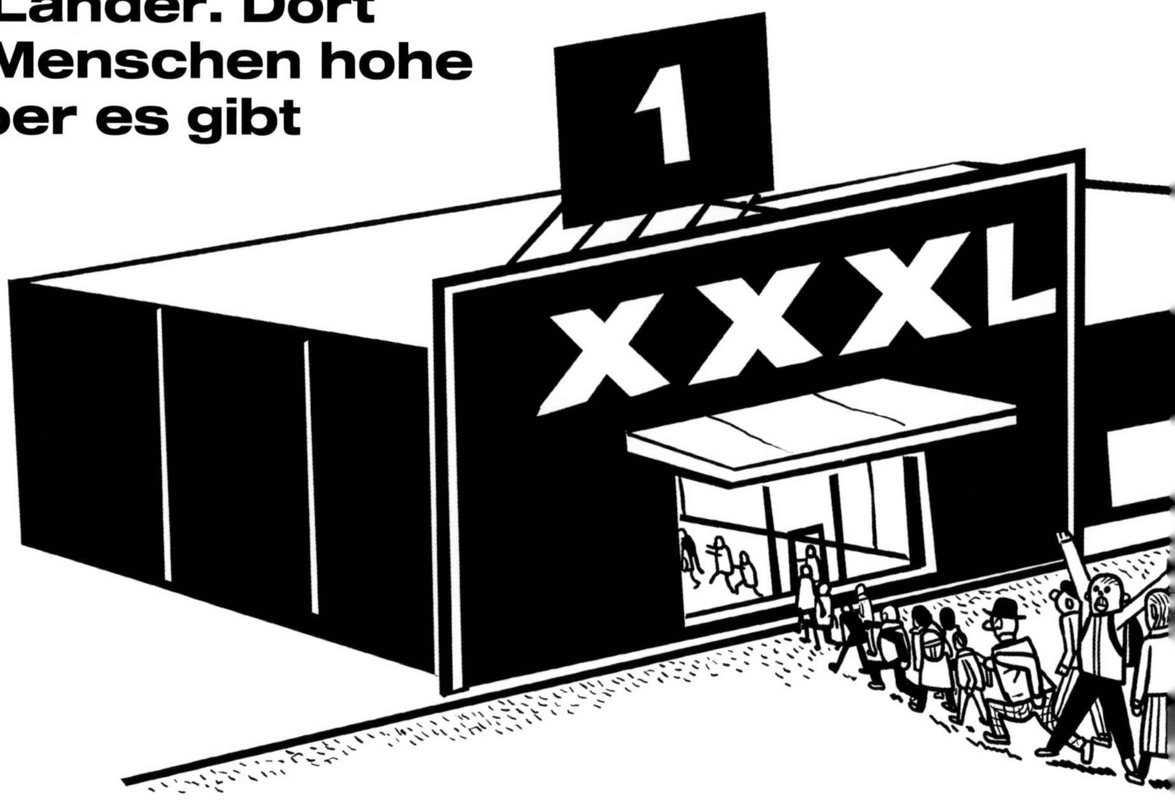

auch ein großzügiges soziales Auffangsystem. Die Einwohner haben Vertrauen in die Politik und in die ganze Gesellschaft. Sie schätzen ein hohes Maß an persönlicher Freiheit und interessieren sich füreinander. Deutschland belegte in dem Bericht von 2025 den 22. Platz, Österreich landete auf dem 17. Platz. Auf den ersten beiden Plätzen sind Finnland und Dänemark, die auch zu den Ländern mit den geringsten Einkommensunterschieden gehören. Wenn wir so glücklich werden wollen wie die Menschen in Finnland oder Dänemark, dann sollten wir uns von ihnen eine Scheibe abschneiden. Leider gehen aber viele Entwicklungen in den Städten genau in die andere Richtung.

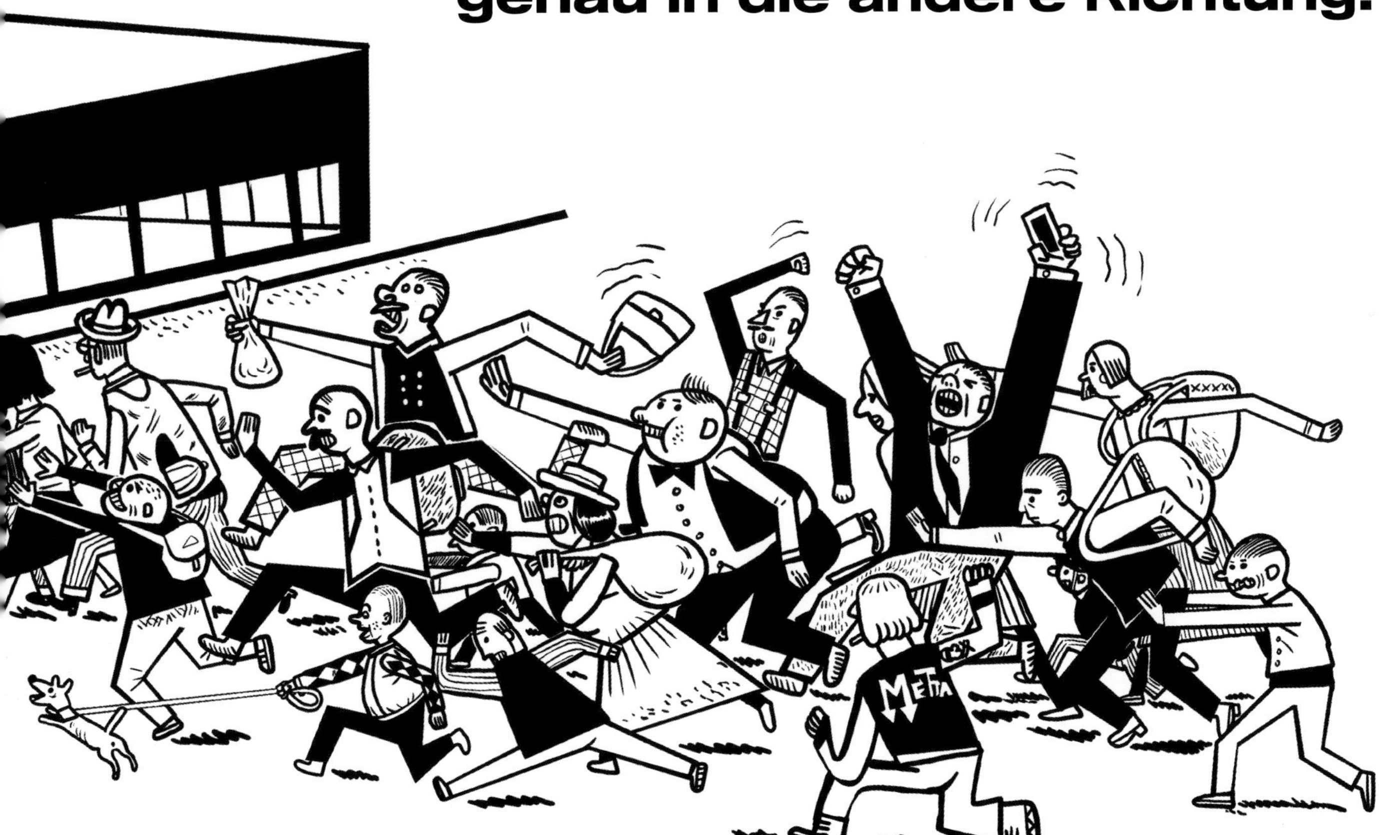

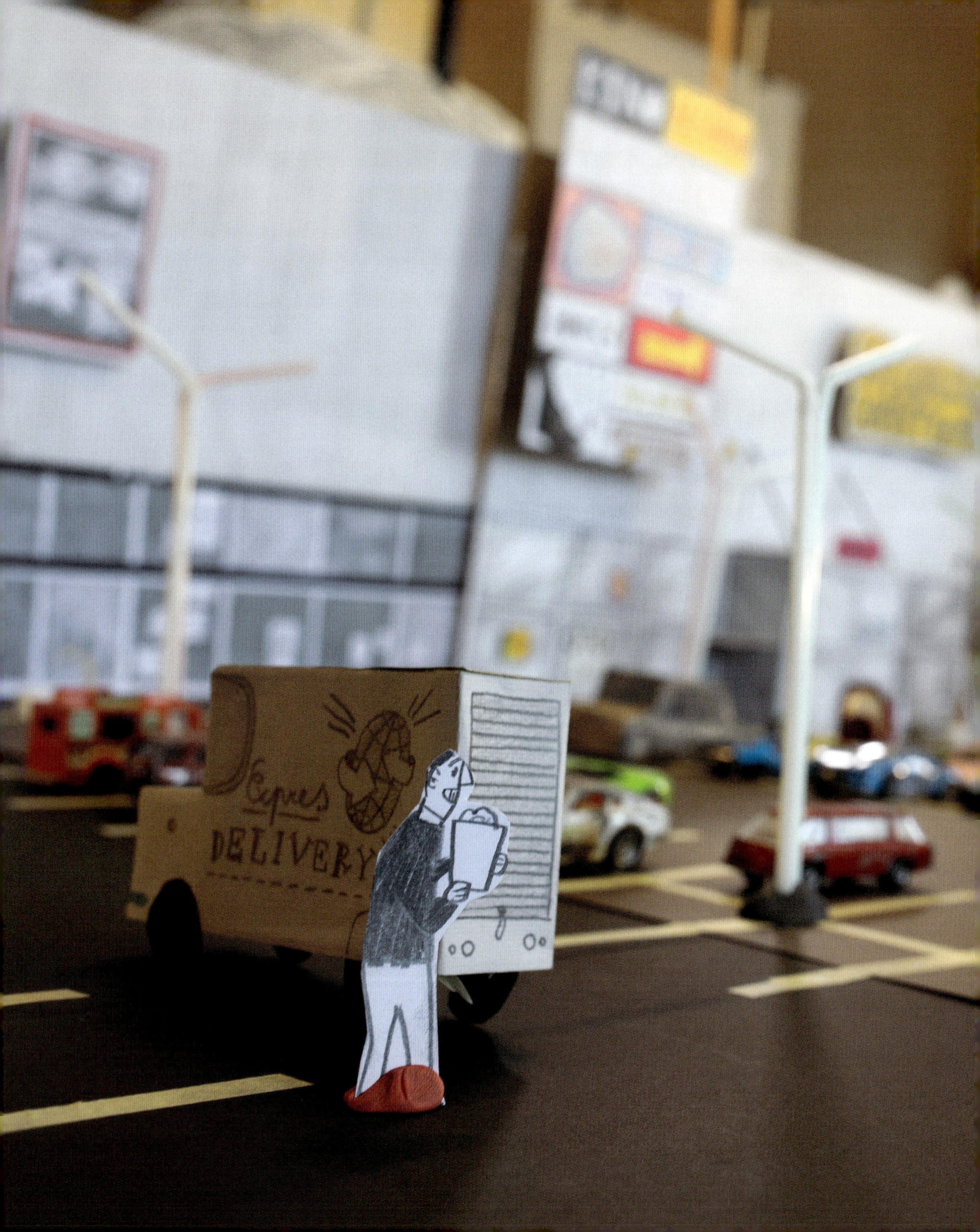
DELIVERY

EINKAUFSZENTREN

Wenn Läden und Geschäfte in große Einkaufszentren weit außerhalb des städtischen öffentlichen Raums verlegt werden, dann wird der Stadt wirtschaftliche Kraft und ein Stück Leben abgesaugt. Anstatt lokale Geschäfte und die Nachbarn zu unterstützen, verbringen die Menschen ihre Zeit in einer privatisierten Parallelwelt, die zur Weiterentwicklung der Stadt überhaupt nichts beiträgt.

Die großen Einkaufszentren haben leere Fassaden und sind mit hässlichen Laderampen „geschmückt". Ihr Verhältnis zur Stadt ist oft parasitär. Die Konzentration vieler Läden an einem Ort verursacht sehr viel Verkehr, vor allem von Autos. Die traditionelle Innenstadt mit ihren Einkaufsstraßen stirbt aus, ein Phänomen, das erstmals in den 1960er- und 1970er-Jahren in amerikanischen Städten wie Denver, Dallas, Kansas City und St. Louis zu beobachten war. Erstaunlicherweise begehen viele Städte in der Welt immer noch denselben Fehler.

Ursprünglich waren fast überall in der Stadt Geschäfte im Parterre von Mietshäusern untergebracht – in der Erdgeschosszone der Stadt. Die Räume gehörten den Hausbesitzern, und die konnten aus den Mieteinnahmen das ganze Haus instand halten. Eigentümerinnen und Eigentümer von Häusern kamen also an Geld, das sie dann wieder in die Häuser steckten. Das brachte Wohlstand für die Straße und das Viertel und letztlich die ganze Stadt.

Das Erdgeschoss der Häuser belebt die Stadt und zieht die Leute auf die Straße. Hier können sie sich begegnen, einkaufen, unterhalten – und der öffentliche Raum blüht auf. Dieses Modell funktionierte lange gut. Mit der Erfindung der riesigen Einkaufszentren wurden die Läden und Geschäfte von den Wohnhäusern abgetrennt. Sie wurden an spezielle Orte gebracht, weil man dachte, so viele Läden unter einem Dach ergäben ein besonders attraktives, reiches Angebot.

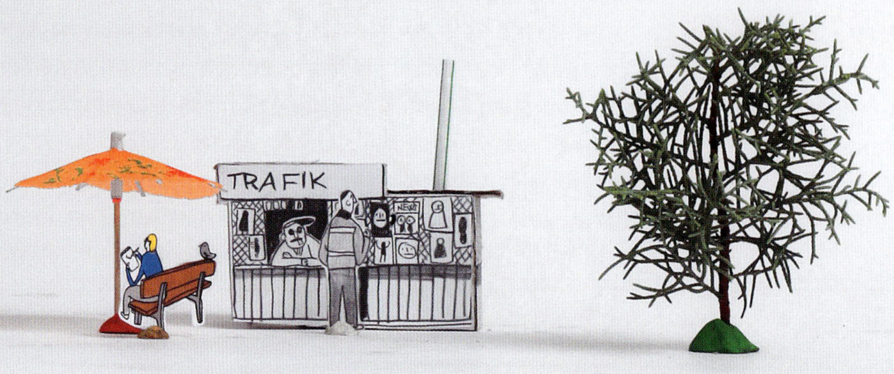

Aber die Gewinne, die in diesen Einkaufszentren erzielt werden, kommen den Straßen und Vierteln nicht zugute. Sie fließen in die Taschen der Eigentümer und Investoren, die meistens in anderen Städten, nicht selten in anderen Ländern leben. Das Geld, das die Menschen im Alltag ausgeben können, wird nicht mehr in die Entwicklung der Stadt gesteckt und vor Ort investiert, sondern verschwindet auf Nimmerwiedersehen. Wenn die Läden und ihre Kunden in die Einkaufszentren am Stadtrand verlagert werden, lassen sich auch die Ladengeschäfte im Parterre der Innenstädte nicht mehr so leicht vermieten. Viele stehen leer, manchmal machen Kioske oder Spirituosenläden auf. Die Stadt wird ärmer, die Häuser werden nicht mehr repariert. Handwerker und Händlerinnen vor Ort haben keine Arbeit, die Ladenmieten sinken, das Stadtviertel verfällt. So rauben wir selbst unsere Städte aus.

Da sich eine Stadt ständig weiterentwickelt, ist es schwierig vorherzusagen, welche Folgen eine bestimmte Entscheidung haben wird. Vor etwa hundert Jahren wurden die damals neuartigen Warenhäuser mit ihren riesigen Schaufenstern, einem großen Warenangebot, Rolltreppen, freundlichen Verkäuferinnen und guter Service-Qualität als Fortschritt für die moderne Gesellschaft betrachtet. Erst später merkte man, dass die großen Kaufhäuser einen negativen Einfluss auf die Stadtentwicklung hatten. In der heutigen globalen Gesellschaft sollten wir aus solchen Fehlern lernen und sie nicht wiederholen.

In Paris, München oder London beträgt die Fläche von Geschäften in Einkaufszentren höchstens 400 m^2 pro 1.000 Einwohner. In Tallinn ist sie fast viermal so groß, obwohl die Menschen in der estnischen Hauptstadt im Vergleich weniger Geld zur Verfügung haben. Viele Einkaufszentren sind heute halb leer, weil die Kaufkraft der Menschen an ihre Grenzen gekommen ist. Die Städte sind nicht mehr reich genug, um den ganzen Platz in den Einkaufszentren zu nutzen.

Nicht nur Läden und Vergnügungsangebote, sondern auch andere Dienste wie Post, Banken, Arztpraxen und Freizeitsport wurden zum Teil in die Einkaufszentren verlegt. Inzwischen gibt es Überlegungen, Wohnungen hineinzubauen. Es ist, als würden sich Einkaufszentren zu Städten innerhalb unserer Stadt entwickeln, aber diese Städte sind in der Hand privater Investoren, und ihre Bewohner sind freiwillige Geiseln ohne Recht auf Mitbestimmung.

Immer dringlicher stellt sich aber auch die Frage, was mit den großen Einkaufszentren geschieht, wenn die Menschen alle Einkäufe im Internet erledigen. Vielleicht gehen sie pleite, dann könnten wir eine Rückkehr zu guten multifunktionalen Städten mit kurzen Entfernungen erleben.

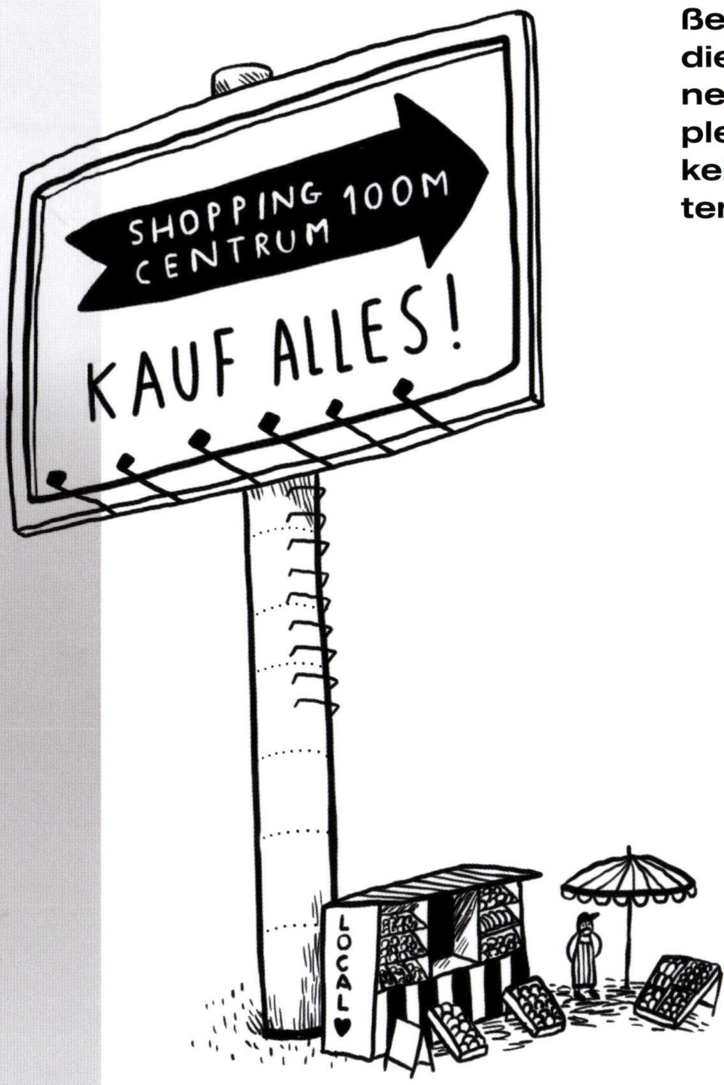

In den Vereinigten Staaten war 2007 das erste Jahr seit den 1950er-Jahren, in dem kein neues Einkaufszentrum gebaut wurde. Eine Welle von Insolvenzen hat seitdem Begriffe wie »dead mall«, »ghost mall« oder »zombie mall« hervorgebracht.

S. 136–137

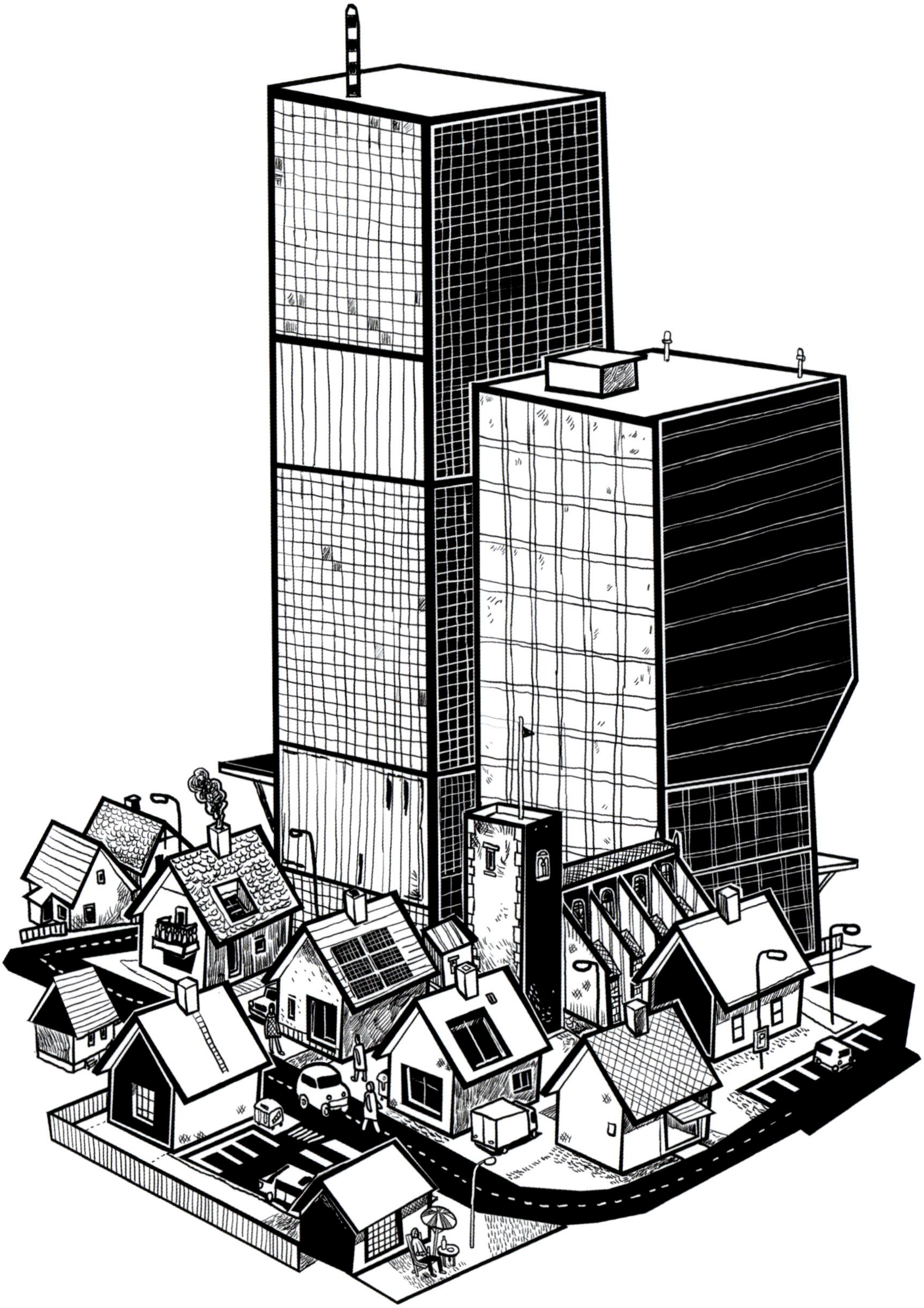

Sieben der zehn höchsten Wolkenkratzer stehen heute in autokratischen und nicht demokratisch verfassten Ländern. Fünf davon allein in China, einer in Saudi-Arabien. Der allerhöchste, der Burj Khalifa, ist mehr als 828 Meter hoch und steht in den Vereinigten Arabischen Emiraten.

WOLKENKRATZER

Wenn wir überlegen, was für uns eine Stadt ausmacht, müssen wir auch entscheiden, was in die Höhe wachsen darf und was nicht. Türme sind seit jeher ein Symbol für Macht oder Kontrolle. Türme können dem Feuerschutz dienen, uns die Zeit anzeigen, den Weg zur Stadtverwaltung weisen. In der Vergangenheit wurde das Stadtbild zum Beispiel von der Burg des Herrschers dominiert oder vom Glockenturm der Kirche. Rathaustürme kamen hinzu, dann die Radio- und Fernsehtürme. Die Höhe der Gebäude war stets ein Ausdruck der Machthierarchie in einer Stadt.

Wenn ein privates Unternehmen beschließt, den höchsten Wolkenkratzer der Stadt zu bauen, dann sendet es damit ein Signal, das man so verstehen kann: In dieser Stadt regiert das private Kapital, öffentliche Institutionen sind nachgeordnet. Die Unternehmen stellen sich und ihre Interessen ins Zentrum der Aufmerksamkeit. Im Grunde privatisieren sie die Stadt, so weit das Auge reicht.

Ihr kennt wahrscheinlich die typische Silhouette von New York, dem Wirtschafts- und Finanzzentrum der Welt, das so anders aussieht als die meisten anderen Städte. In den USA steht das private Unternehmertum eher über dem Gemeinwesen, was in Europa meist anders ist. In Tokio gehört der Rathaus-Wolkenkratzer mit seinen 243 Metern zu den höchsten Gebäuden der Stadt. Die Aussichtsplattform in 202 Metern Höhe ist für die Öffentlichkeit frei zugänglich. Es geht hier um eine feine Symbolik, die sich auf gesellschaftliche Abmachungen beziehen sollte. Ein privater Wolkenkratzer im Stadtzentrum kann sowohl eine starke Wirtschaft, als auch eine schwache städtische Öffentlichkeit symbolisieren. Außerdem sagt er: Wer genug Geld hat, kann hier machen, was er will.

Wo sollten besonders hohe private Büro- oder Wohngebäude ihren Platz finden? Hochhäuser werden, als Symbole für die wirtschaftliche Stärke und den technologischen Fortschritt einer Stadt, meist außerhalb des historischen Zentrums gebaut, auch wenn es Ausnahmen gibt wie London oder Frankfurt am Main. Wollen wir solche Investitionen ins Zentrum holen, müssen wir einen Ort finden, der dafür geeignet ist, und zwar in Bezug auf den Denkmalschutz, die Umgebung, die Gesamtkomposition, die Verkehrsanbindung und die Kapazität der technischen Infrastruktur. In Wien wurde zum Beispiel entschieden, dass Wolkenkratzer nur in der Nähe von bestimmten S- und U-Bahn-Stationen gebaut werden dürfen. Damit wird verhindert, dass sich hier Autos stauen. Große Gebäude bringen es mit sich, dass viele Menschen zu diesem Ort strömen. Zu den Hauptverkehrszeiten morgens und nachmittags müssen Menschenmassen in kurzer Zeit zum Arbeitsplatz und dann wieder nach Hause gelangen.

Besondere Eigenschaften des Geländes und Sichtachsen sind ebenfalls wichtig für die Planung, außerdem die Silhouetten und Proportionen der verschiedenen Gebäude. Ganz zu schweigen von den Anforderungen an die praktische Umsetzung und die Sicherheit. Hochhäuser zu bauen ist nicht einfach, und oft ist es wirtschaftlich, ökologisch und sozial gar nicht sinnvoll.

LEERS

ALTERNDER WOHN

IMMO

SPEKU

STAND,

UNGSBESTAND UND

BILIEN

LATION

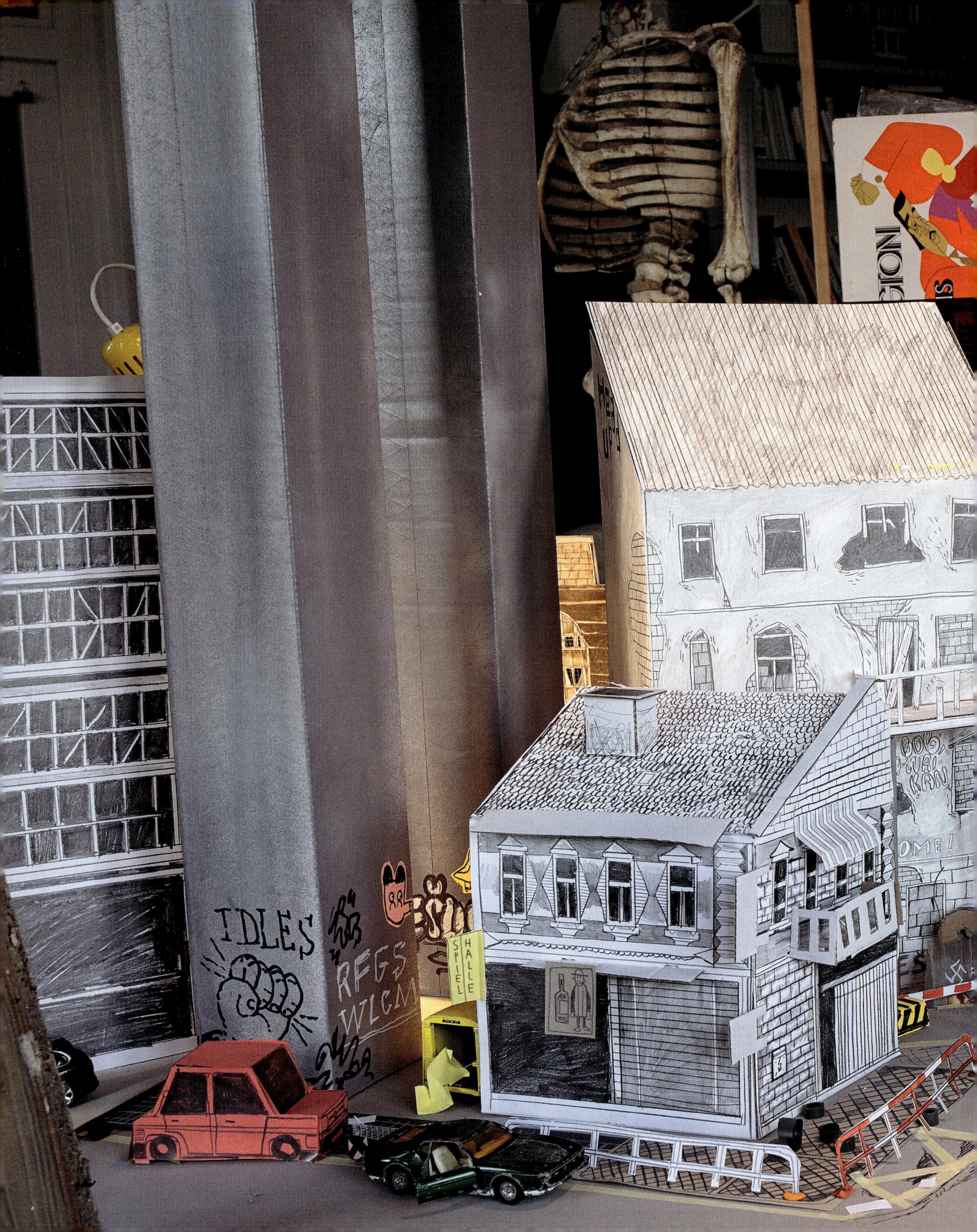
IDLES
RFGS
WLCM
SPIEL
HALLE

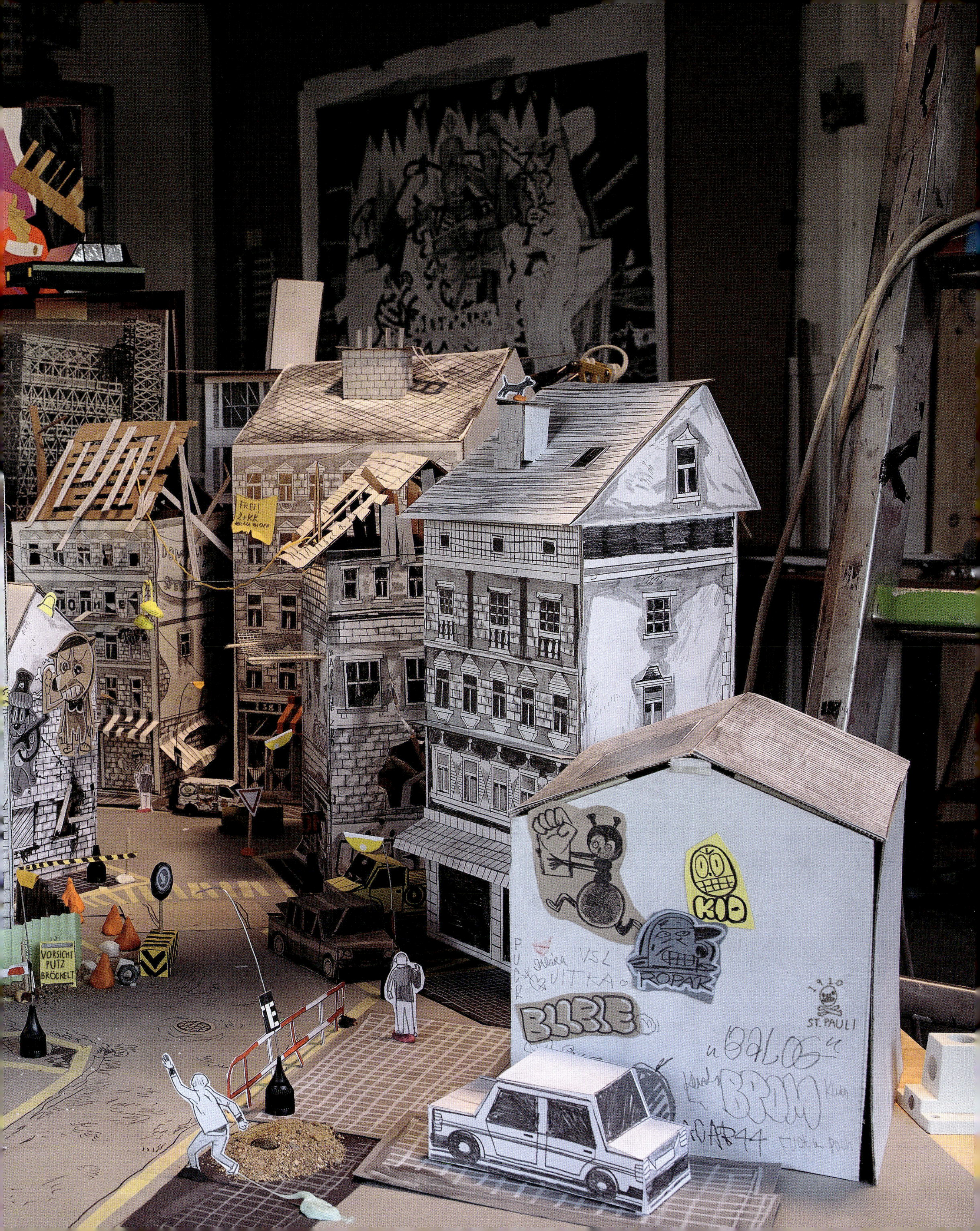
VORSICHT
PUTZ
BRÖCKELT
KIO
ROPAK
ST. PAULI
BROM

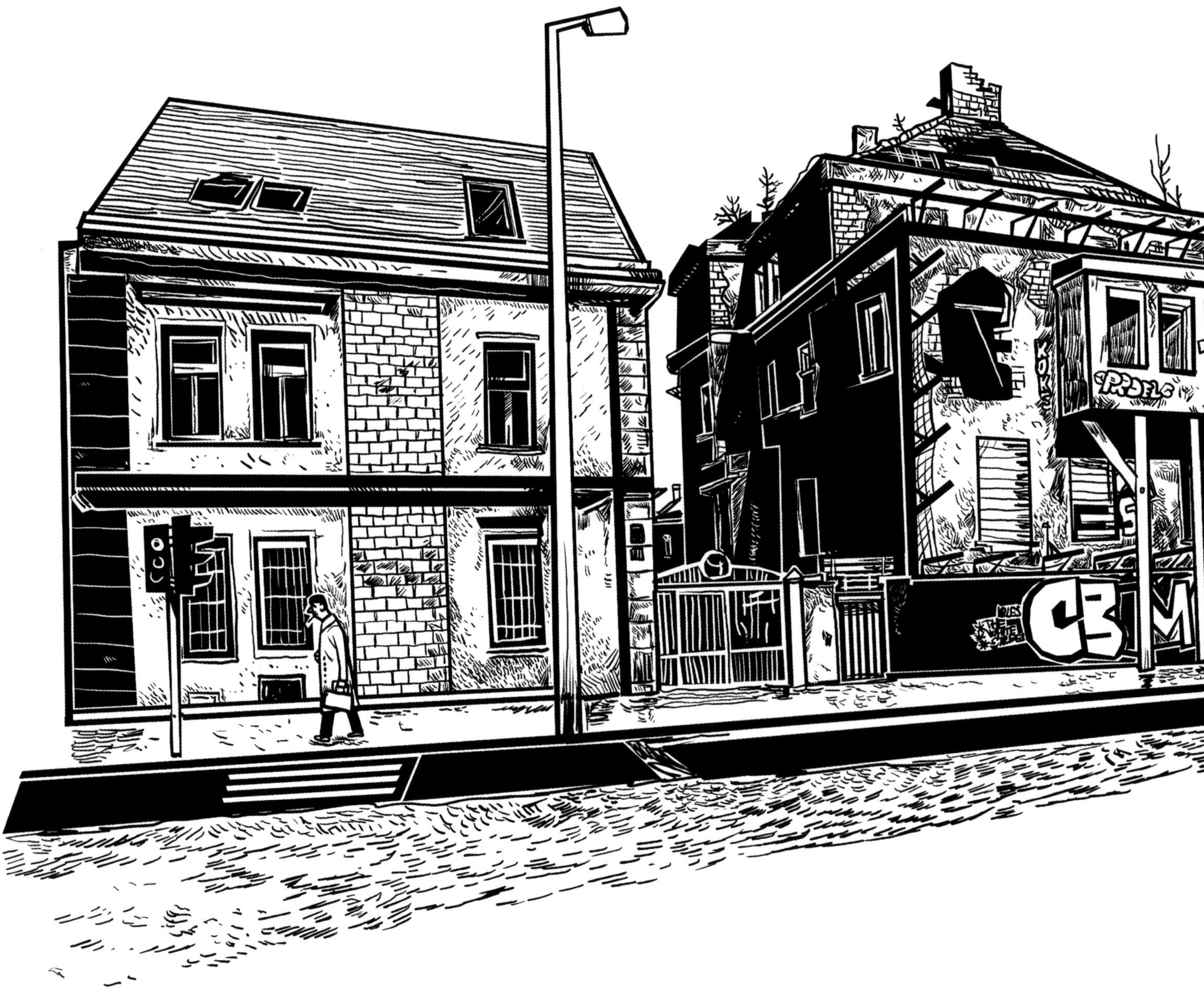

Für leer stehende Wohnungen und Häuser fallen niedrigere Steuern an, deshalb stehen Wohnungen in Ballungszentren oft lange leer, die Eigentümer spekulieren mit ihnen. Demgegenüber haben Städte, aus denen die Menschen wegziehen oder in denen ein wirtschaftlicher Wandel geschieht, massenhaft unbenutzte und langsam verfallende historische Gebäude und Baudenkmäler, deren Renovierung oft teuer ist. Viele dieser Objekte sind in der Hand von Staat und Kommunen, die aber meist nicht viel damit machen können, außer sie instand zu halten.

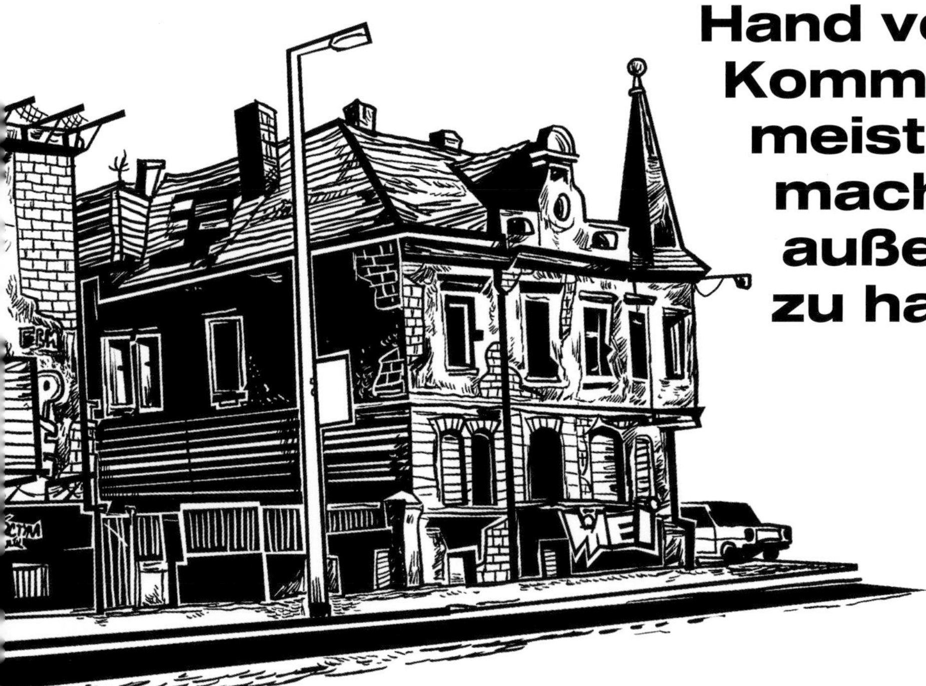

Kapitel: Leerstand, alternder Wohnungsbestand und Immobilienspekulation
S. 144–145

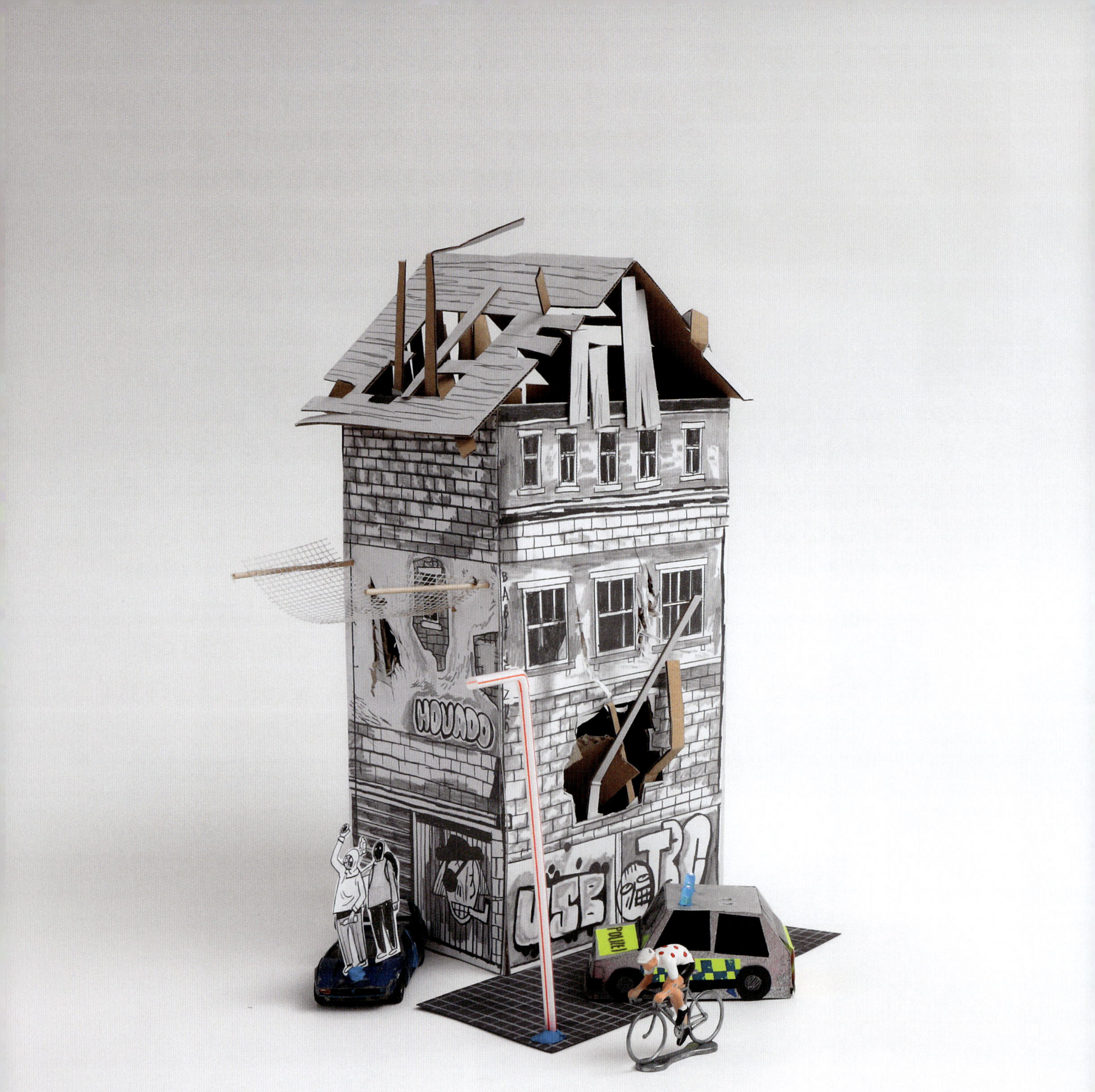

Japan, Zypern, Ungarn, die USA, Finnland, Chile und Slowenien haben mit über 10 Prozent einen hohen Anteil an leer stehenden Wohnungen. Im Gegensatz dazu sind die Quoten in Großbritannien, Island und der Schweiz mit weniger als 2 Prozent sehr niedrig. Besonders viel Leerstand findet man in Großstädten: jeweils mehr als 100.000 in New York, Paris und Sydney (2020).

Leer stehende Gebäude helfen aber nicht dabei, die lokalen Läden, Geschäfte und Straßen zu beleben. Außerdem können „Geisterhäuser" schlecht für den Ruf eines Viertels sein und der Nachbarschaft schaden. Nicht nur alte, baufällige Häuser sind betroffen. Es gibt auch luxuriöse Neubauten, die für lange Zeit unbewohnt bleiben, da die Eigentümer sie nur bauen ließen, um ihr Geld gut anzulegen oder sich einen Zweit- oder Drittwohnsitz zu gönnen. In bestimmten Londoner Luxusvierteln sind bis zu 30 Prozent der Wohnungen leer oder kaum benutzt, obwohl die Preise für Wohnungen in astronomische Höhen gestiegen sind.

Historische Städte sind voll von schönen Gebäuden aus verschiedenen Epochen. Auch ein hundert Jahre altes Haus kann mitunter noch immer als modern gelten. Diese alten Häuser zu erhalten und zu renovieren kann kostspielig und arbeitsintensiv sein. Zum Glück lassen sich viele ältere städtische Bauwerke dank ihrer großen Räume und hohen Decken relativ leicht heutigen Anforderungen anpassen.

Wenn wir heute ein neues Haus bauen, sollten wir mitbedenken, welche neue Funktion es in der Zukunft bekommen könnte. Verwaltungsgebäude können zum Beispiel zu Wohnungen umgebaut werden, Fabriken zu Konferenzzentren, Mietshäuser zu Hotels. In der State Street in Chicago, einer ehemals wichtigen Einkaufsstraße, wurden die prächtigen Kaufhausbauten durch kleine Veränderungen in Universitätsgebäude umgewandelt. Auf den Fluren tummeln sich nun statt der hastigen Kaufhausbesucher lauter Grüppchen diskutierender Studentinnen und Studenten. Die offenen Stockwerke konnten dank der Skelettbauweise leicht durch Trennwände in Lehrsäle umgebaut werden, was wunderbar funktioniert.

Wenn Häuser lange leer stehen, leidet die Stadt darunter. Gäbe es höhere Steuern auf leere, unbenutzte Immobilien, dann müssten Eigentümer schneller entscheiden, was sie mit ihrem Gebäude machen. (Es gibt solche Steuern zum Beispiel in Städten in Israel, in Paris, in Melbourne oder in Vancouver.) So aber lassen sie sie brachliegen und schaden damit allen anderen. Wer in einem Mietshaus wohnt, neben dem andere Häuser für lange Zeit leer stehen, bekommt bald das Gefühl, in einer schlechten Gegend zu wohnen. Wenn dann der Vermieter kommt und wegen der Inflation die Miete erhöhen will, protestiert man, dass das in einem Viertel, in dem niemand wohnen will, doch wohl nicht möglich sein kann. Erhöht er nicht, kommt der Vermieter in die Bredouille, weil er die Gebäudereparaturen nicht bezahlen kann. Die Mieterin sagt sich: So eine komische Gegend, nur leere Häuser. Will ich die Letzte hier sein? Ich ziehe lieber auch weg! Im Laufe der Zeit kann das Viertel ein unbeliebter, unangenehmer, toter Stadtteil werden.

FEHL

NEUB

FEHL

POLITISC

ENDE
AUTEN,
ENDE
HE VISION

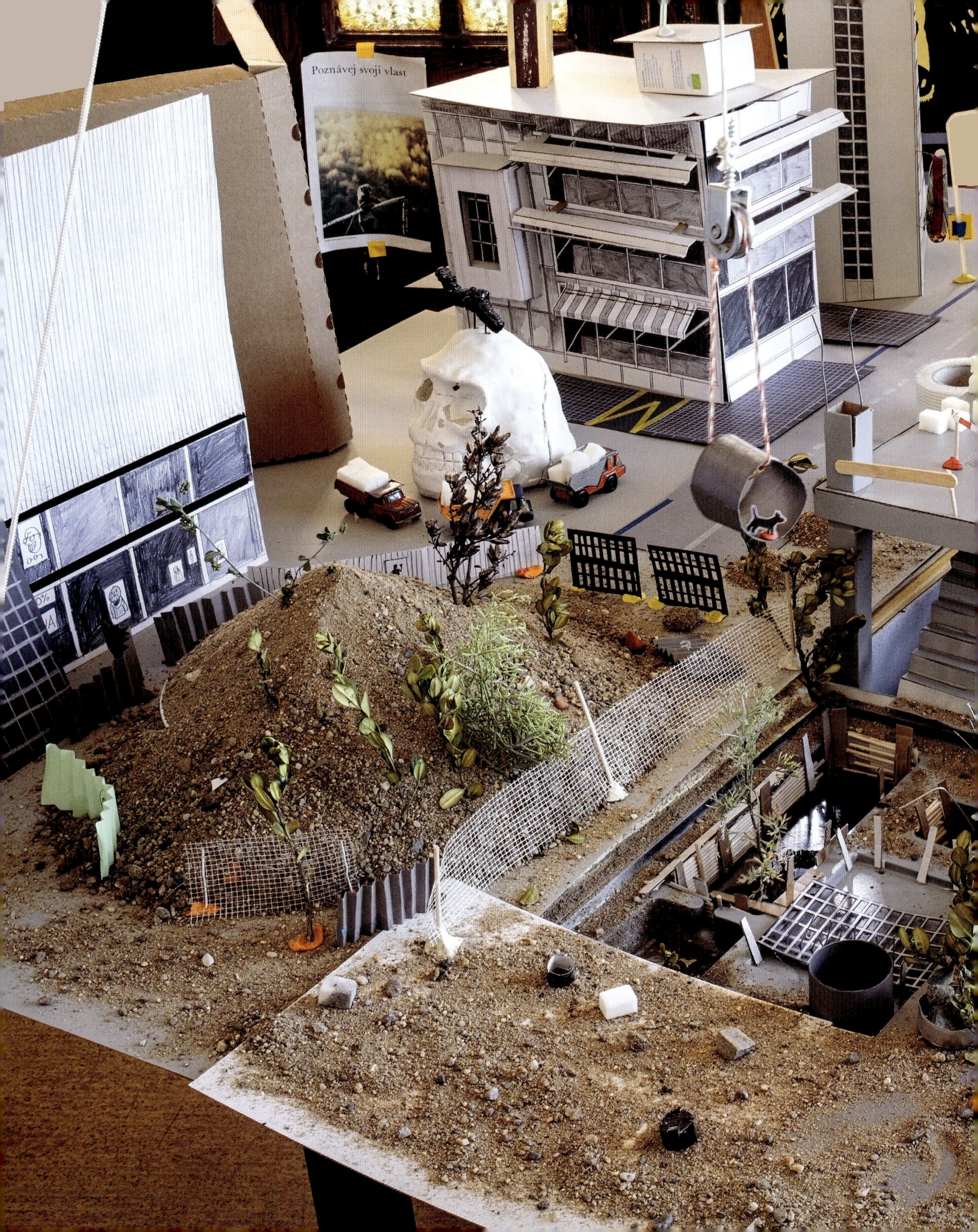
Poznávej svoji vlast

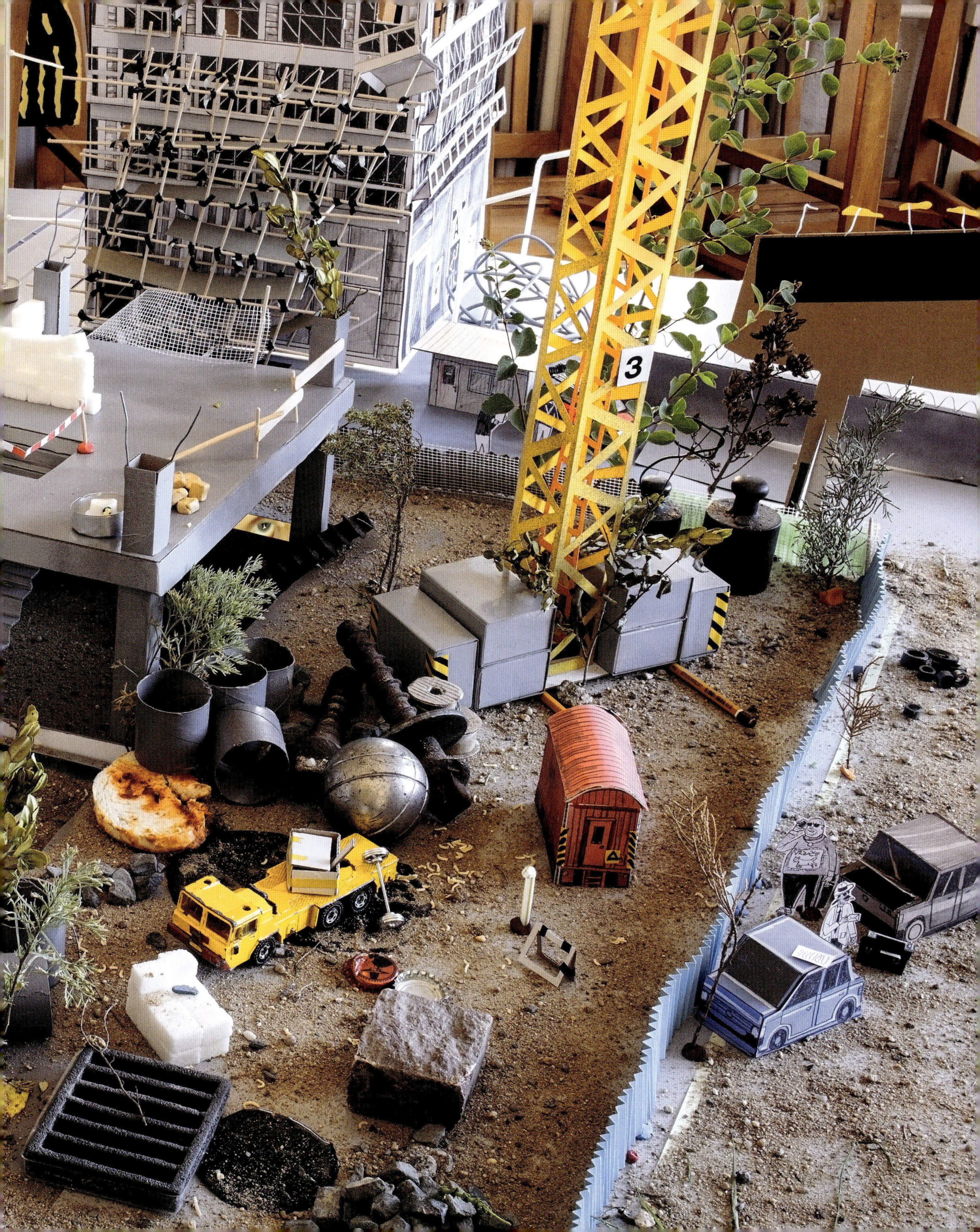

Mancherorts führen der Kollaps der Raumplanung, eine aufgeblähte Bürokratie und langsame Entscheidungsprozesse dazu, dass man auf eine Erlaubnis zum Bauen eines Hauses lange warten muss. In Dänemark bekommt man eine Baugenehmigung innerhalb von 64 Tagen. In Tschechien liegt die Obergrenze bei 246 Tagen, doch es kann sogar Jahre dauern, bis alle betroffenen Stellen sich dazu geäußert haben. Laut dem *Ease of Doing Business Index* der Weltbank für das Jahr 2020 geht es in Südkorea mit 27,5 Tagen am schnellsten. In Deutschland dauert es 126 Tage, in der Schweiz 156, in Österreich 222 Tage.

Auch das Verhältnis zwischen dem Durchschnittseinkommen und den Kosten für eine Wohnung ist international sehr unterschiedlich. In Amsterdam und Prag zahlt man länger für eine Wohnung als in allen anderen Städten der EU. Eine Wohnung mit einer Fläche von 70 m^2 kostet hier 15,1 bzw. 13,5 Jahresgehälter. In Rom sind es nur 6,9 Jahresgehälter (2024).

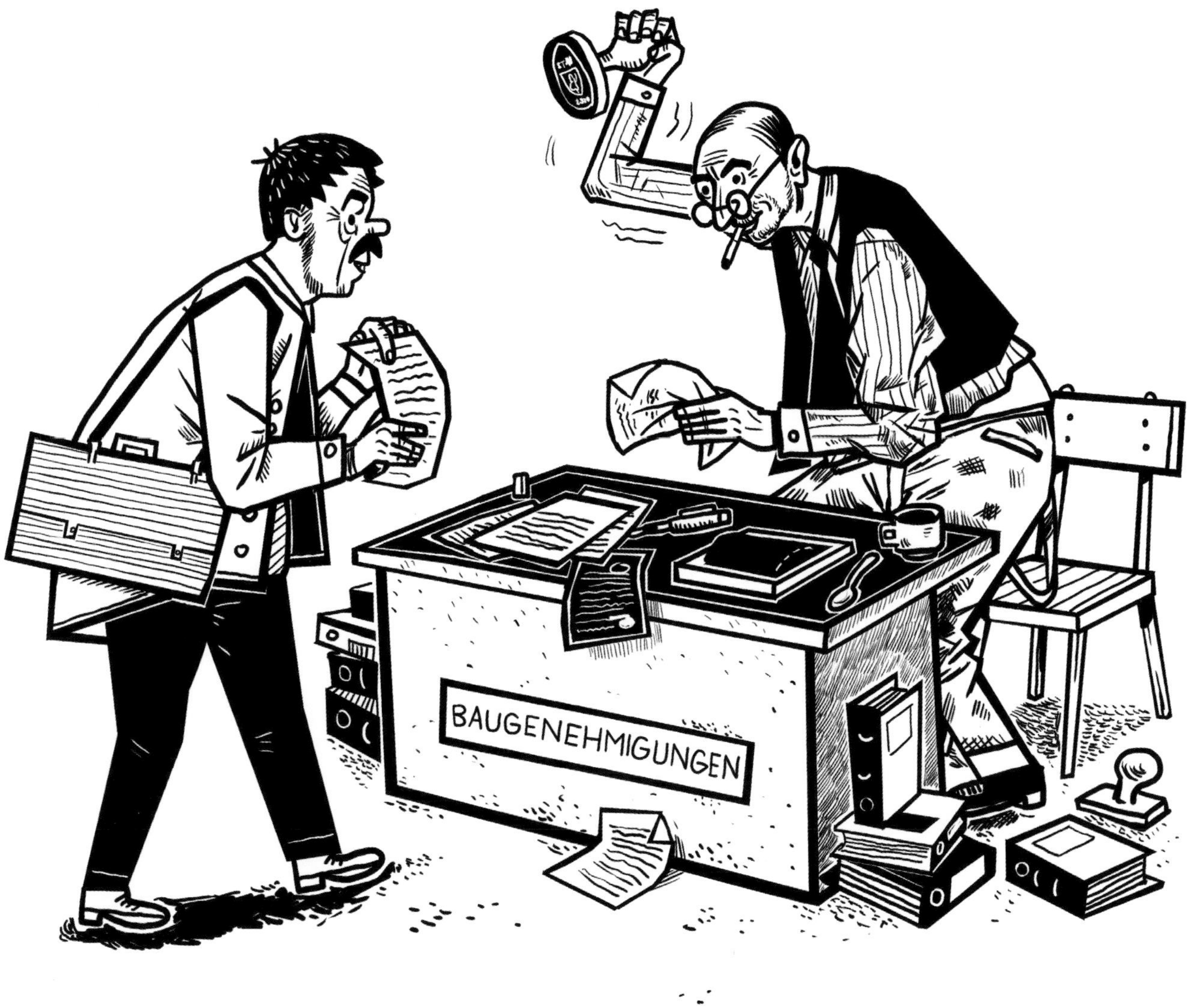

Kapitel: Fehlende Neubauten,
fehlende politische Vision

S. 152–153

Ein anderes Problem für Neubauten kann die Zweckbindung von Flächen sein. Brachflächen sind im Flächennutzungsplan oft auf die vorherige Nutzung festgelegt. Das hat auch dann noch Gültigkeit, wenn das Gebiet so nicht mehr genutzt wird, zum Beispiel für einen bestimmten Industriezweig. Dann muss das Gebiet umgewidmet werden auf eine neue Nutzung, man braucht städtebauliche Studien und einen Plan für die Anschlüsse an das Verkehrs- und Energienetz. Erst dann kann ein Wettbewerb für Stadtplaner und Architektinnen ausgeschrieben werden. Wenn beispielsweise an einem Ort, an dem nur Eisenbahnschienen verliefen, ein Wohnviertel für 50.000 Menschen entstehen soll, dann muss der Ort plötzlich etwas ganz anderes leisten als zuvor. Das muss gut recherchiert und vorbereitet werden. So ein Prozess kann Jahre oder Jahrzehnte dauern.

Die Bautätigkeit in Städten kommt selten zum Erliegen. Das liegt nicht immer an einer wachsenden Einwohnerzahl, sondern auch an steigenden Ansprüchen der Menschen an den Lebensstandard. Kaum jemand würde sich heute mit der ganzen Familie einen Raum teilen, wie es noch vor hundert Jahren oft vorkam. Heute will jeder am liebsten eine eigene Wohnung. Also muss man mehr bauen, auch wenn die Bevölkerung nicht wächst. Wenn Städte nicht genug bezahlbare Wohnungen im Zentrum anbieten, besteht die Gefahr, dass die Menschen in Randbezirke abwandern oder ganz wegziehen.

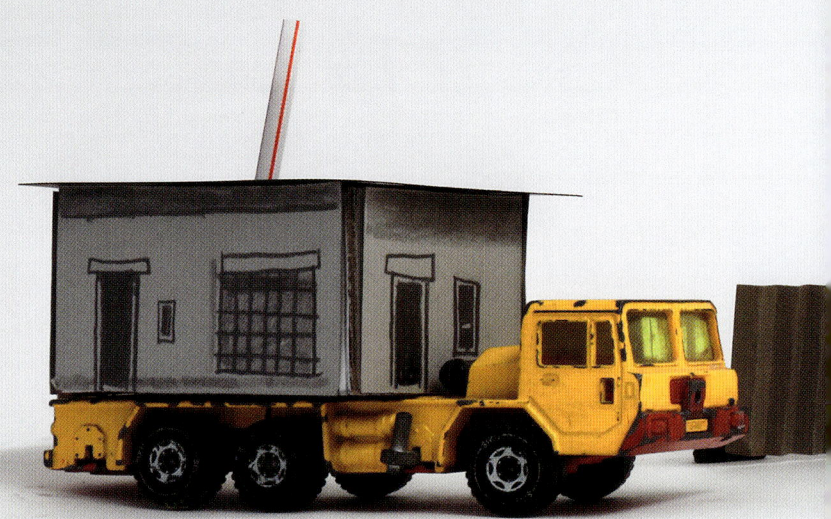

Die Politik des sozialen Wohnungsbaus ist heute, da die Mechanismen der Marktwirtschaft scheitern, wieder ein aktuelles Thema. Als positives Beispiel gilt Wien. Der Anteil an sozial regulierten Mietwohnungen ist hier seit langer Zeit am höchsten: 62 Prozent der Wienerinnen und Wiener leben in kommunalen und sozial regulierten Mietwohnungen oder geförderten, etwa genossenschaftlichen Wohnungen. Die Stadt hat das geschafft, indem sie öffentliche Grundstücke behalten, teilweise langfristig verpachtet, aber nicht verkauft hat. Andere Städte taten jedoch das Gegenteil und entledigen sich ihrer Grundstücke und Wohnungen, ohne Aussicht, sie jemals zu einem erschwinglichen Preis zurückkaufen zu können.

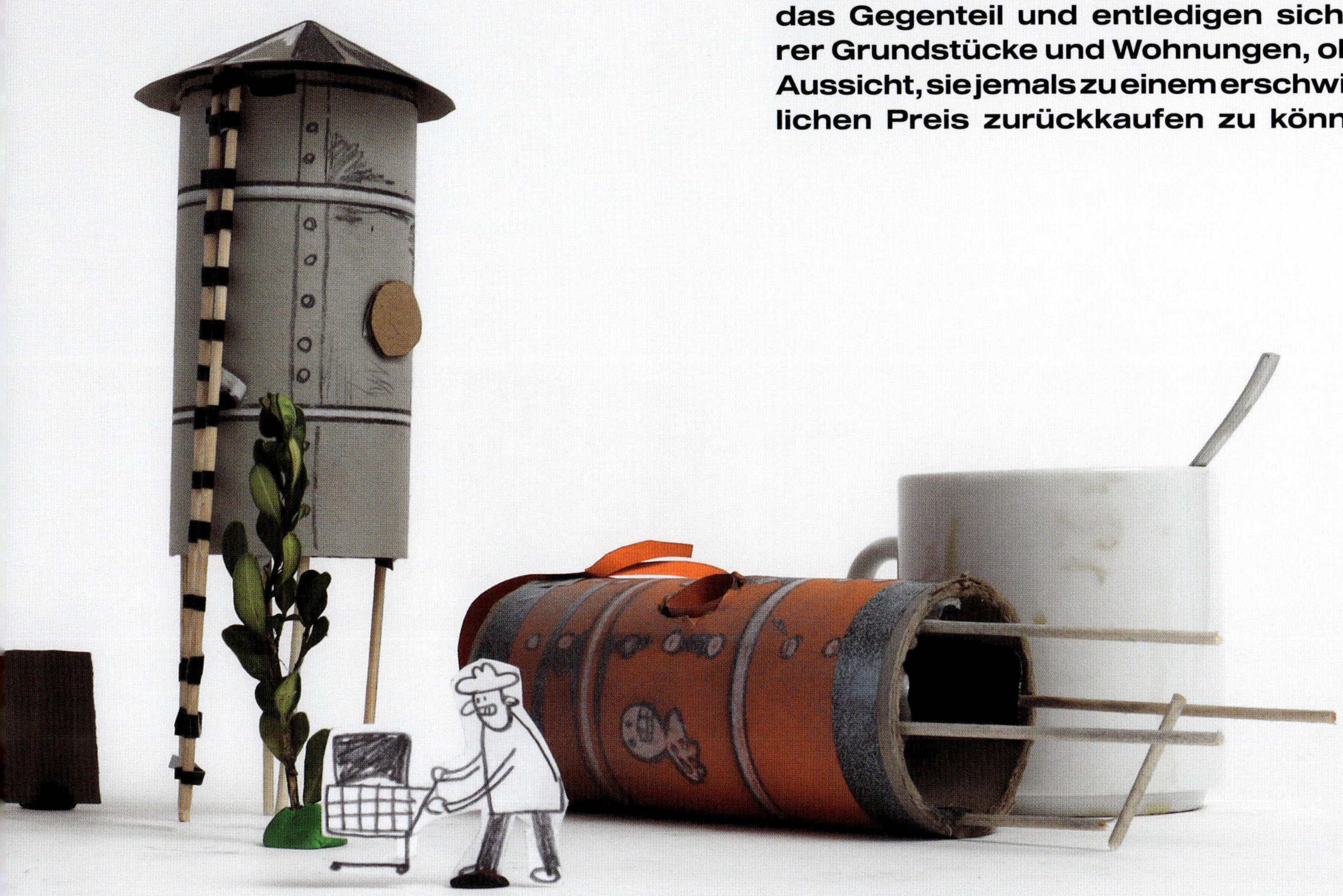

S. 154–155

Kapitel: Fehlende Neubauten, fehlende politische Vision

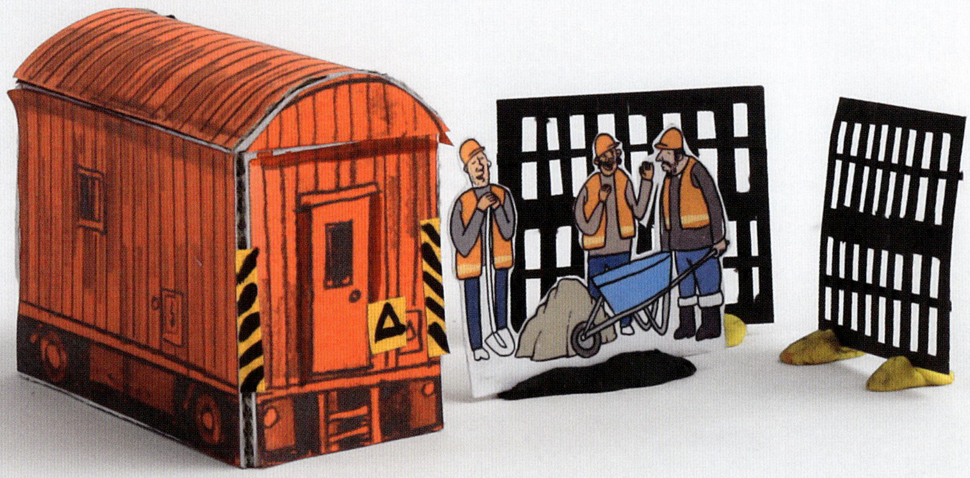

Etwa ein Drittel der europäischen Bevölkerung lebt in Mietwohnungen. In Deutschland beträgt dieser Anteil fast die Hälfte (52,8 Prozent), in vielen anderen Ländern weniger, etwa Frankreich (38,8 Prozent), Spanien (26,3 Prozent), Polen (12,9 Prozent), Rumänien (5,7 Prozent).

Städtische Wohnungen sichern die soziale Vielfalt. So können in einer relativ teuren Gegend auch Menschen bleiben, die es sich auf dem freien Wohnungsmarkt nicht mehr leisten könnten. Das funktioniert, wenn die Stadt mindestens fünf Prozent der Wohnungen selbst besitzt. Viele Städte haben aus kurzsichtigen politischen Interessen öffentliche Wohnungen in private Hände gegeben und sie weit unter dem Marktpreis verkauft. Auf diese Weise konnten sie hervorragende wirtschaftliche Ergebnisse präsentieren, ohne sich um den seit Langem vernachlässigten Wohnungsbestand kümmern zu müssen, der erhebliche kommunale Investitionen erfordert hätte ...

Wien besitzt und verwaltet 24 Prozent des städtischen Wohnungsbestands. In Wien, Kopenhagen und Zürich kommt eine kommunale Wohnung auf weniger als 10 Einwohner. In Berlin liegt das Verhältnis bei 1:12. In München liegt es bei 1:18 und in Budapest bei 1:44. Dies steht in krassem Gegensatz zu der harten Realität, dass 90 Prozent der Städte der Welt überhaupt keine Sozialwohnungen für bedürftige Bürger bereitstellen. Manche Bewohner schließen sich zu Wohnungsbaugenossenschaften zusammen, um gemeinsam Häuser und Wohnungen zu bauen und zu unterhalten, ohne dass sie dabei Gewinn machen müssen. Diese Selbstorganisation zur Förderung von erschwinglichem Wohnraum wird oft vonseiten der Städte gefördert.

MANG
PAR
PAT

ELNDE
TIZI
ION

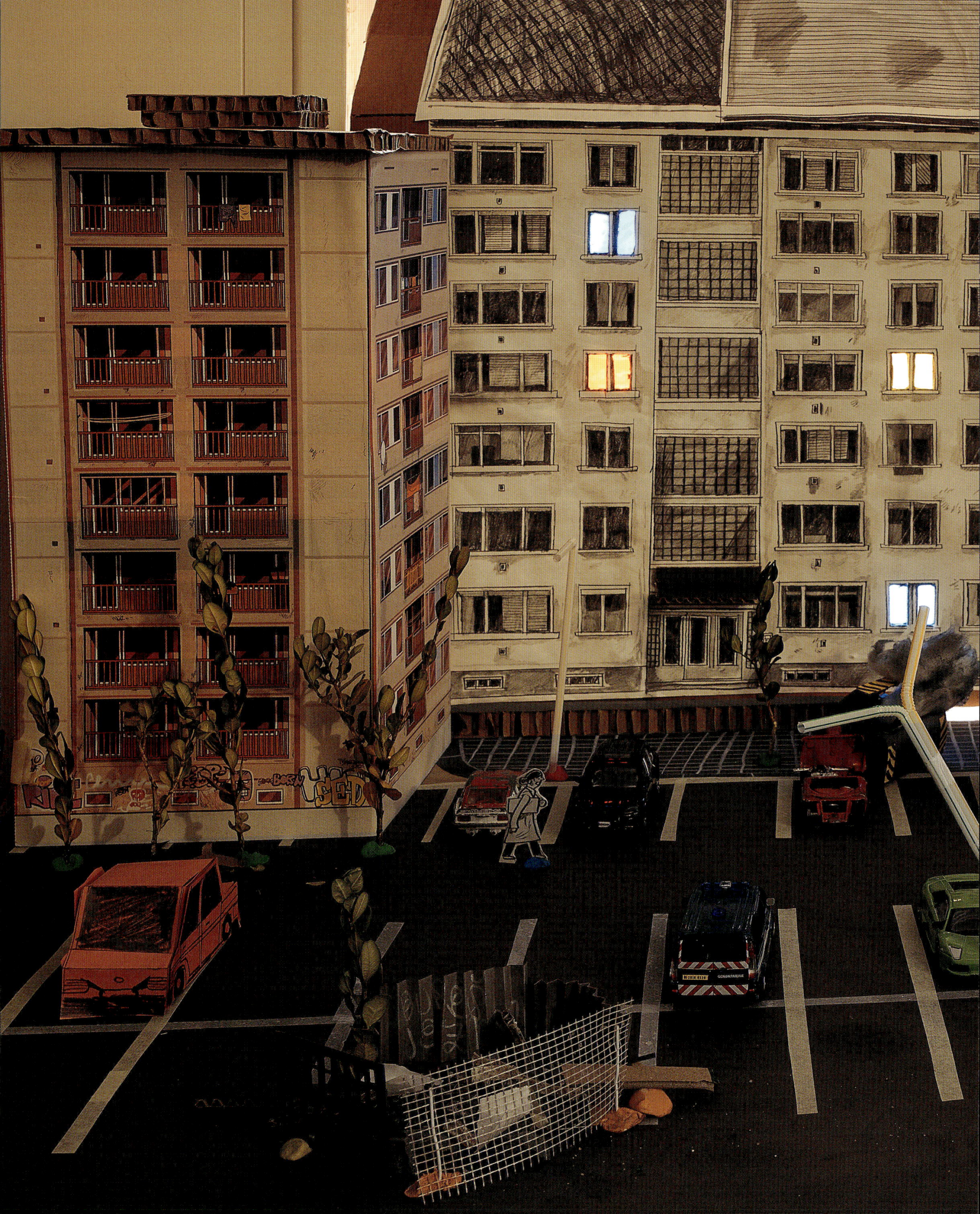

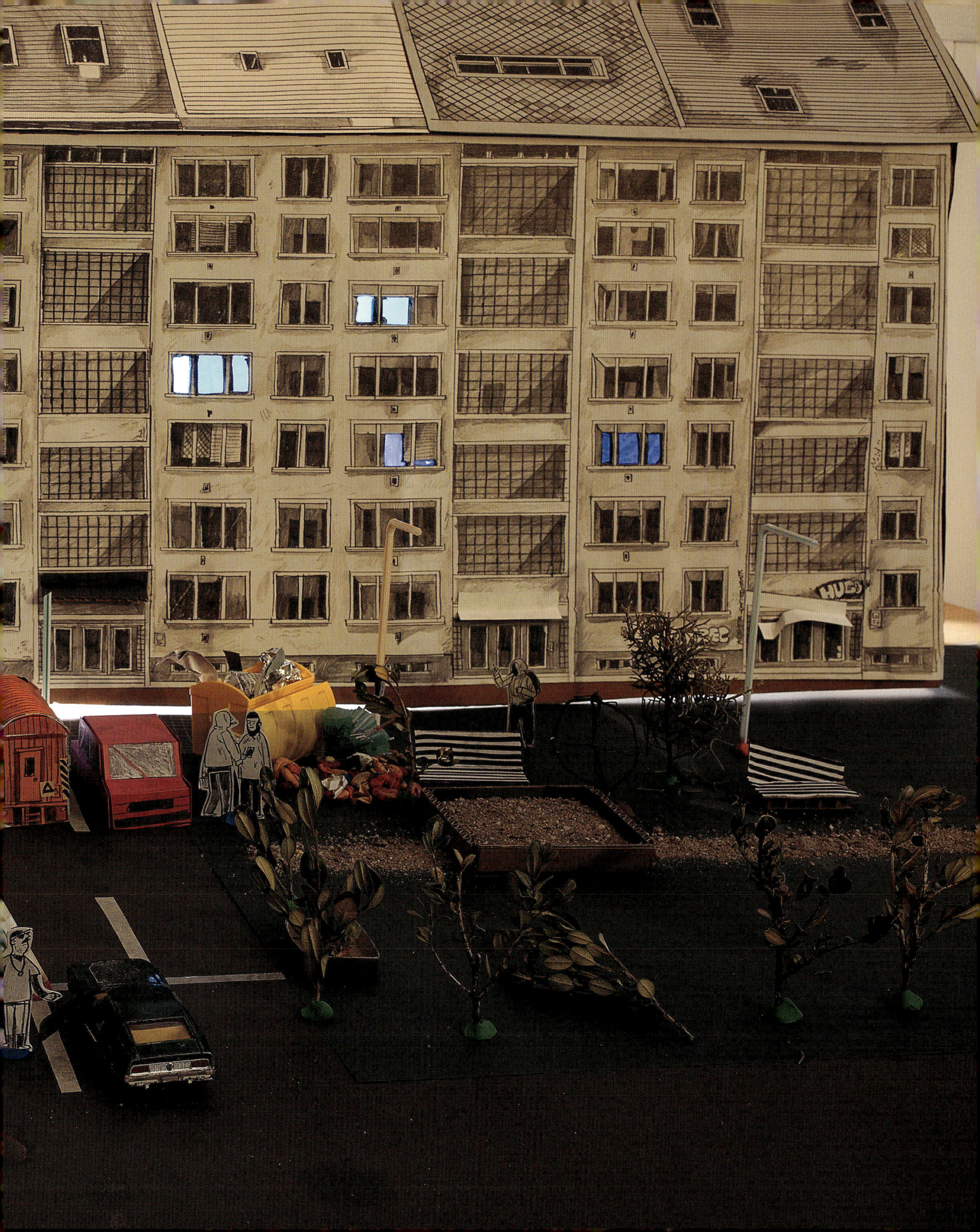

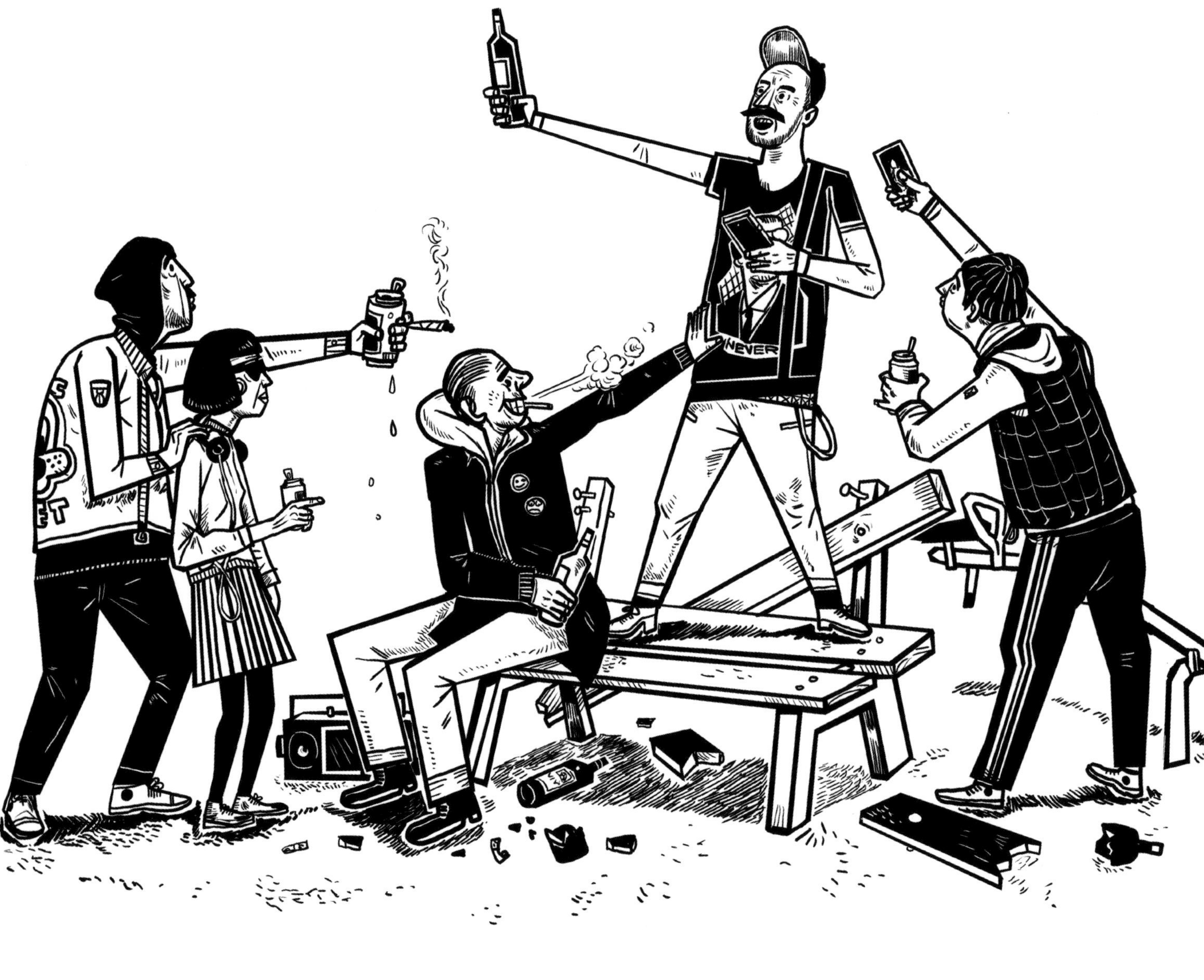
NEVER

Zu wenige Menschen aus der breiten Bevölkerung sind an Planung, Instandhaltung und Bebauung der Städte beteiligt. Die aktiven Bürgerinnen und Bürger sollten nicht nur mit der kommunalen Verwaltung Kontakt haben, sondern auch mit Investorinnen, Developern und Fachleuten für Stadtplanung, Wirtschaft, Soziologie und Geografie. Wir haben oft gar keine Plattformen, Räume und Kanäle für solche Diskussionen. Die breite Öffentlichkeit sollte nicht nur in die erste Phase der Planung einzelner Projekte einbezogen werden, sondern auch in die Umsetzung und Weiterentwicklung. Zu wenig Partizipation führt dazu, dass unsere Städte weniger widerstandsfähig gegenüber unerwarteten Herausforderungen sind – seien es klimatische, wirtschaftliche oder politische.

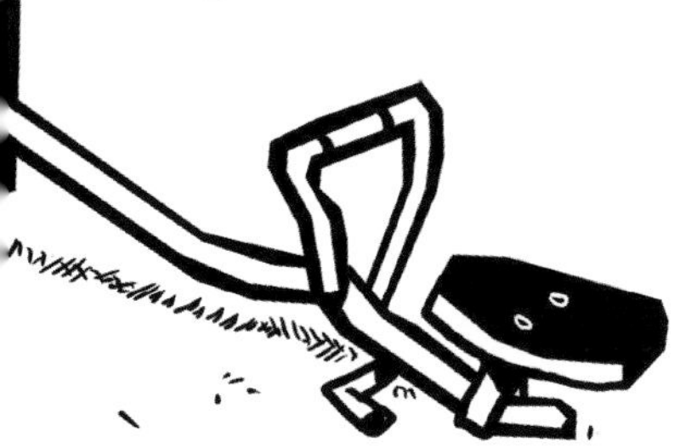

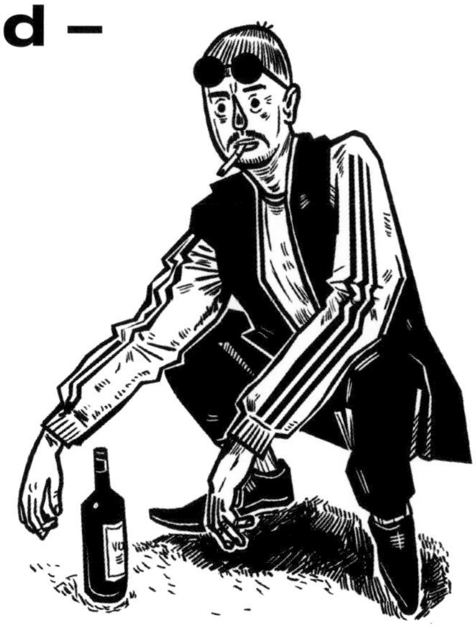

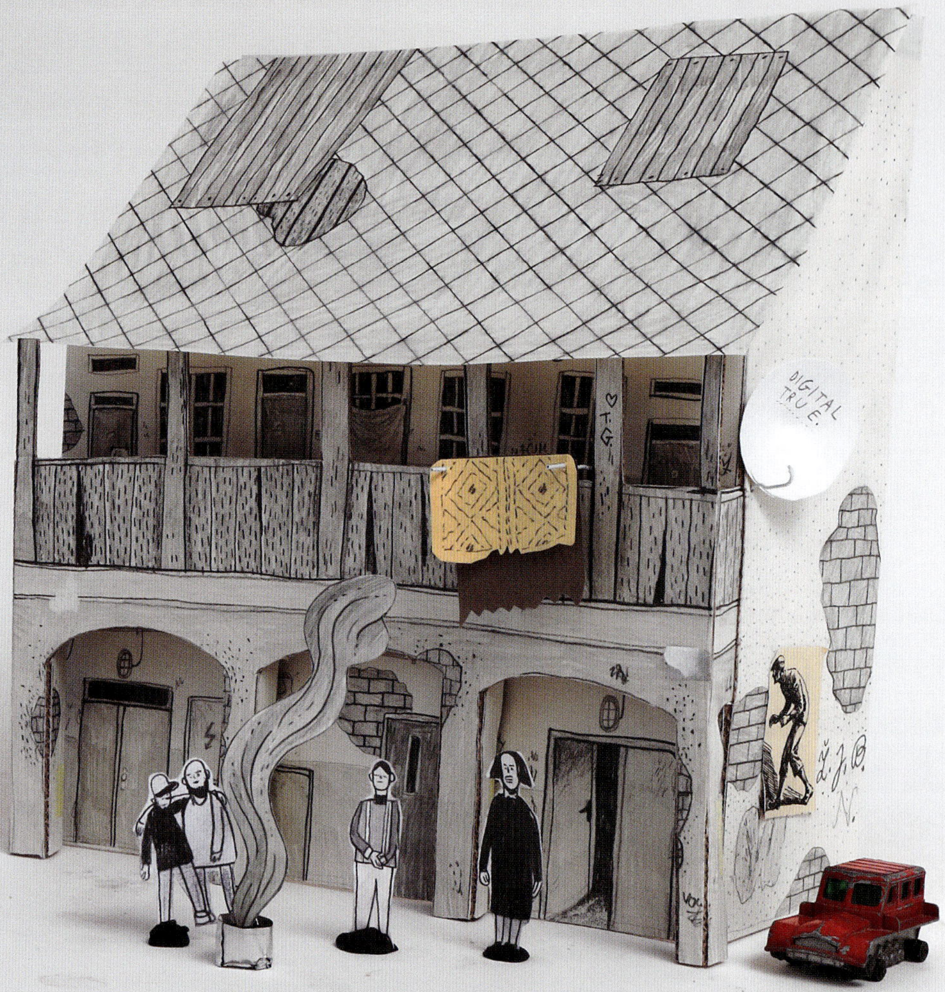

Nach Angaben des World Urban Forum gibt es heute weltweit etwa 10.000 Städte mit mehr als 50.000 Einwohnern, die auf einem zusammenhängenden Gebiet leben. Dies ist jedoch nur eine von vielen Möglichkeiten, wie »Stadt« sich in Zahlen definieren lässt. Der Stadtstaat Vatikanstadt hat nur 880 Einwohner, während Adamstown auf den Pitcairninseln, die Hauptstadt (und einzige Stadt) der kleinsten Demokratie der Welt, nur 35 Einwohner hat.

Viele halten die Stadt für eine gegebene Tatsache, auf die man keinen Einfluss hat. Sie haben gelernt zu akzeptieren, dass die Dinge von Experten geregelt werden. Oft verlässt man sich darauf, dass irgendjemand die Probleme wohl lösen wird. Aber auch Experten können irren. Die Kommunikation mit der Bevölkerung kann helfen, Fehler zu vermeiden. Manchmal ist es besser, eine Sache in einer größeren Gruppe länger und tiefer zu diskutieren und sich nicht für eine schnelle, aber möglicherweise schlechte Lösung zu entscheiden. Dann kommen wir entweder zu einem guten Kompromiss, den mehr Menschen akzeptieren, oder wir kommen gemeinsam auf ganz neue Lösungen, die besser sind als die vorherigen.

Es ist gut, dass Menschen in vielen Städten inzwischen aktiver werden und die Situation sich langsam ändert. Ob jemand Planer, Bürgerin, Politiker, Developer, Investorin oder Aktivist ist, muss nicht ein für alle Mal feststehen, es kann sich im Lauf des Lebens auch ändern und überschneiden. Aber für uns alle gibt es kein abenteuerlicheres und tolleres Strategiespiel als die Gestaltung einer Stadt. Wir lernen dabei, auf einem Grundriss gemeinsam zu spielen. Auf dem einen Stapel sind die Karten mit den individuellen Interessen, auf dem anderen die Karten mit den Problemen und Herausforderungen. Für all das braucht man Unterstützung und gute Informationen – dafür gibt es zum Beispiel dieses Buch.

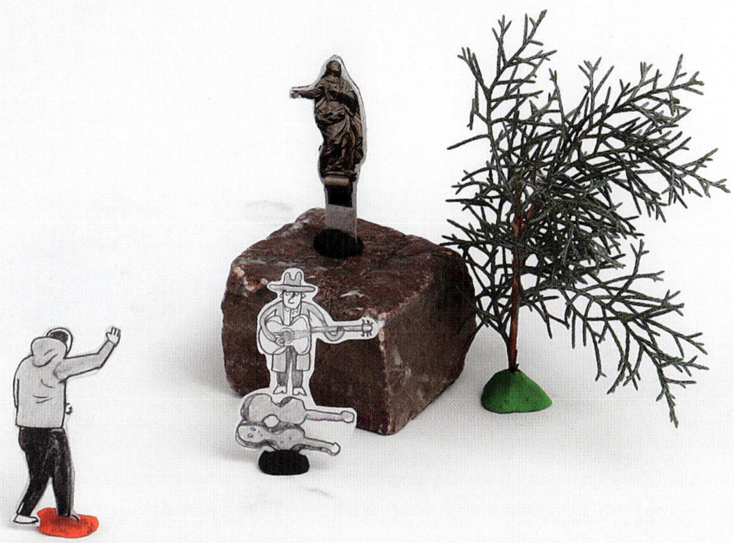

Multimodale Straße: Mariahilfer Straße in Wien (2015)

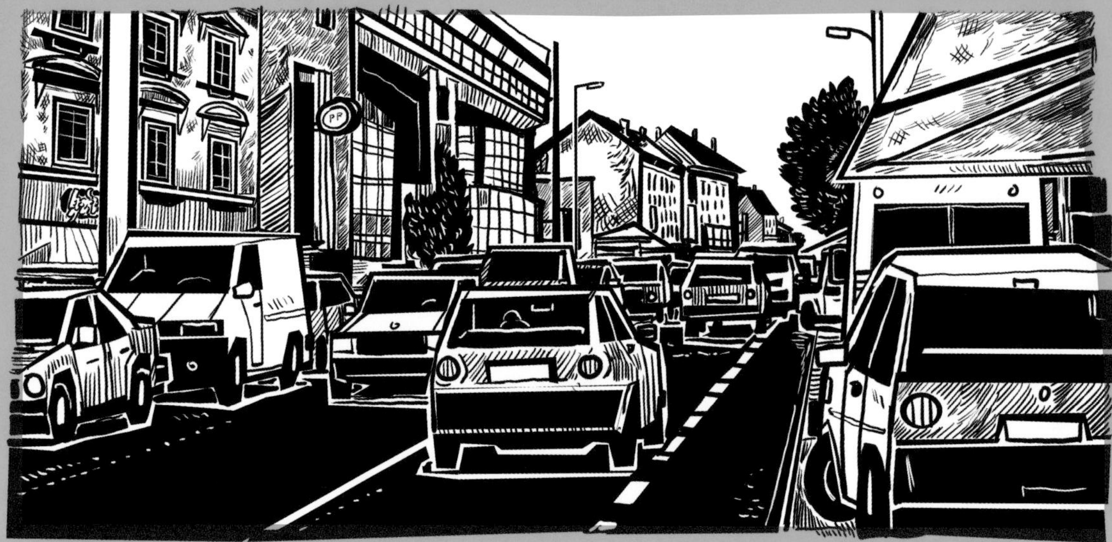

Vorher

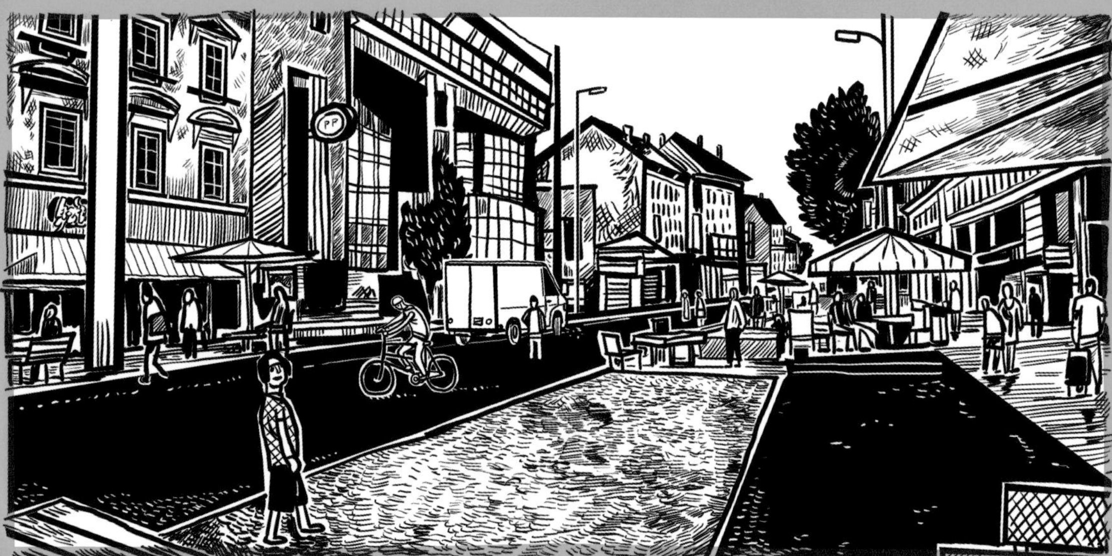

Nachher

Die wichtigste Einkaufsstraße Wiens hatte lange mit endlosen Staus zu kämpfen. Der Stadtrat organisierte deshalb mehrere Informations- und Diskussionsveranstaltungen mit der Bevölkerung, woraufhin ein öffentlicher Architekturwettbewerb ausgeschrieben und eine Bürgerbefragung durchgeführt wurde. Es gewann ein Entwurf des niederländischen Architektenbüros B+B, der vorsah, den Verkehr drastisch zu reduzieren und Lärm und Luftverschmutzung zu minimieren. Nach der Neugestaltung haben heute Fußgänger und Fahrradfahrer den Vorrang. Aus einer monofunktionalen Straße wurde ein geteilter Raum mit gut geplanter Verkehrsanbindung, Erholungsbereichen, Wasserelementen und ganz viel Grün.

Wenn ihr jetzt das Gefühl habt, dass es schlecht um unsere Städte steht und dass es nur noch bergab geht, dann liegt ihr falsch. Keine Panik: Es ist nicht zu spät, um etwas zu verändern. Allerdings sind unsere Möglichkeiten begrenzt. Oder in den Worten des Architekten und Theoretikers Rem Koolhaas: „Mehr als je zuvor ist die Stadt alles, was wir haben.“ ▬ Wenn wir eine intensive Beziehung zu unserer direkten Umgebung eingehen, können wir einen kritischen Blick auf die Stadt entwickeln. Wenn wir uns um uns selbst, um die Menschen, die uns nahe stehen, um unser Zuhause, unser Land und unseren Planeten kümmern, werden wir unsere Stadt ebenso beeinflussen, wie sie uns beeinflusst. Deshalb seht ihr auf den folgenden Seiten mehrere Beispiele für eine positive Stadtgestaltung aus verschiedenen Orten der Welt. Die besten Ideen kommen euch aber bestimmt selbst! Wie sagte es der isländische Komiker Jón Gnarr, der für kurze Zeit Bürgermeister wurde, um Reykjavik zu retten? „Liebe besteht aus Taten, nicht aus Worten.“ ▬ Und ich persönlich freue mich schon, bald mit euch allen zusammenzuarbeiten. Denn unsere Städte SIND für alle da. O.O.

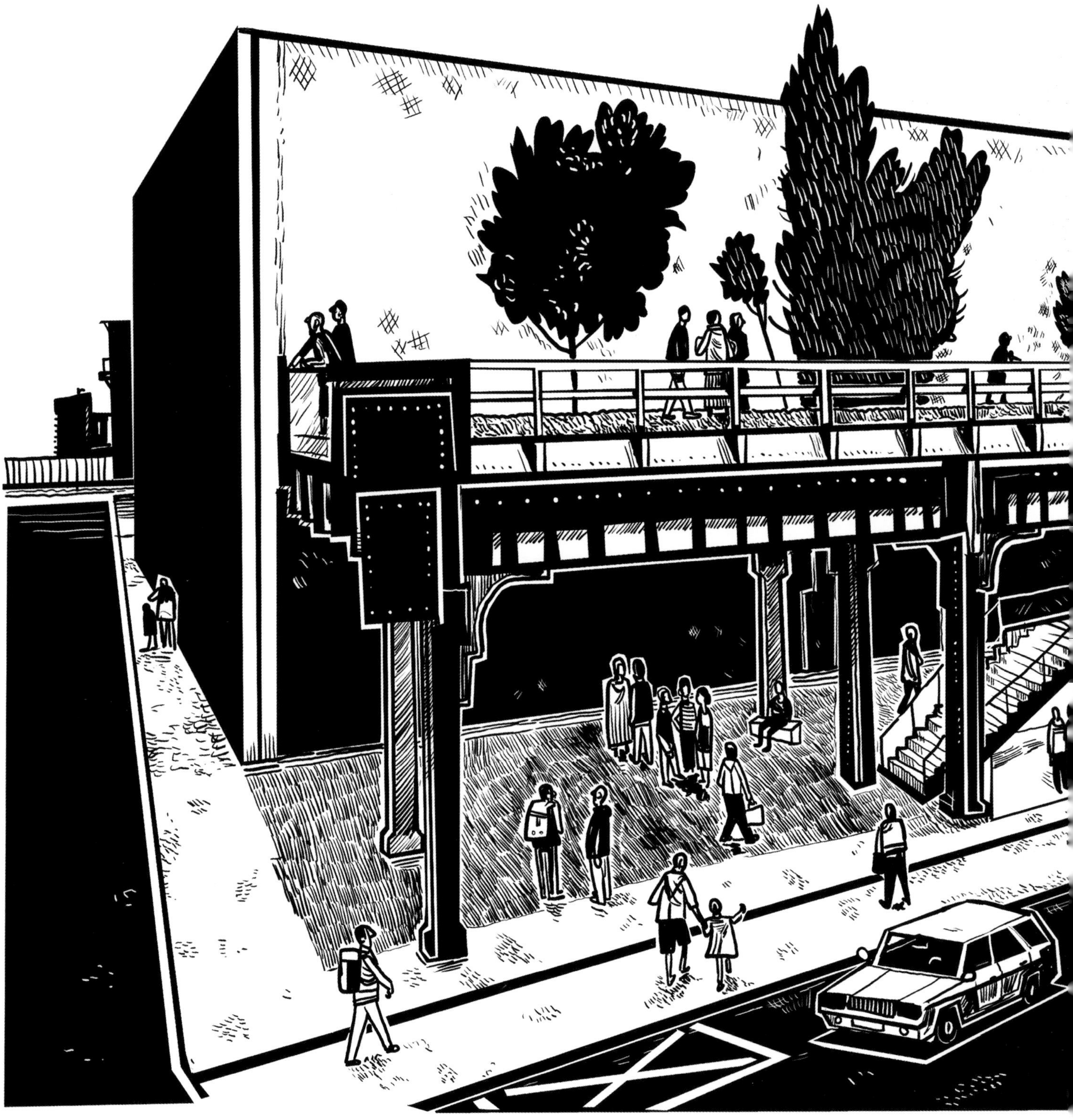

Ein Park, der durch den Umbau einer Bahnstrecke entstand: High Line in New York (2009)

Die High Line ist eine ehemalige Zugtrasse, die die Fabriken und Lagerhallen von drei Stadtvierteln Manhattans verband. Als die Stadt plante, die nunmehr ungenutzte Strecke abzureißen, starteten Joshua David und Robert Hammond im Jahr 1999 eine Bürgerinitiative, um sie zu retten und zu öffentlichem Raum zu machen. Am Ideenwettbewerb für die neue Nutzung nahmen 720 Entwürfe aus 36 Ländern teil. Umgesetzt wurde dann eine zweieinhalb Kilometer lange Oase im Schatten der Wolkenkratzer, ein Entwurf des Architekturbüros Diller Scofidio + Renfro und Piet Oudolf zusammen mit dem Landschaftsplaner James Corner Field Operations. Umsetzung, Instandhaltung und Betrieb des linearen Parks werden zu fast 100 Prozent aus Spenden der Bürger finanziert.

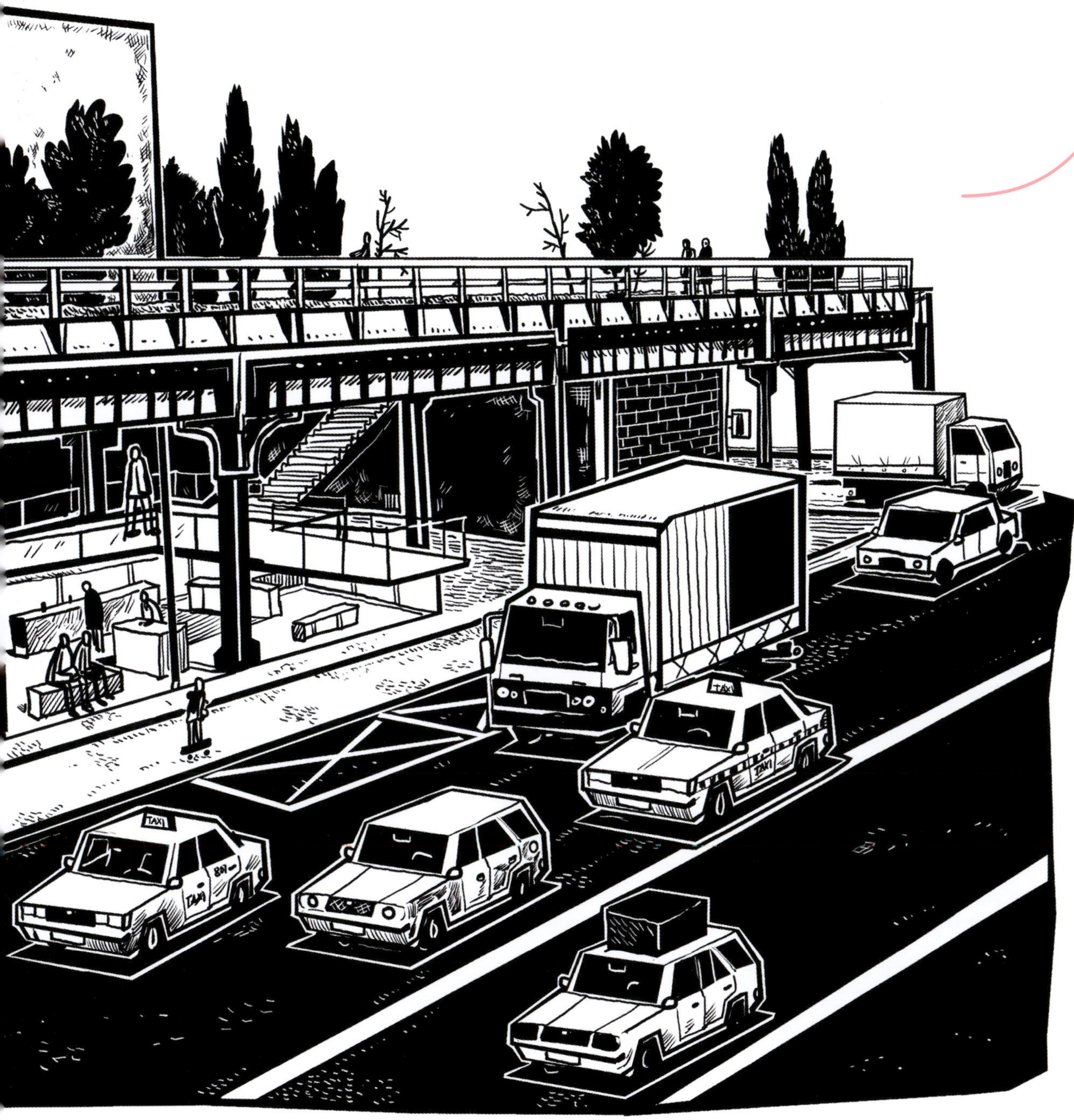

Eine kunstvoll gestaltete U-Bahn-Station: Westfriedhof in München (1998)

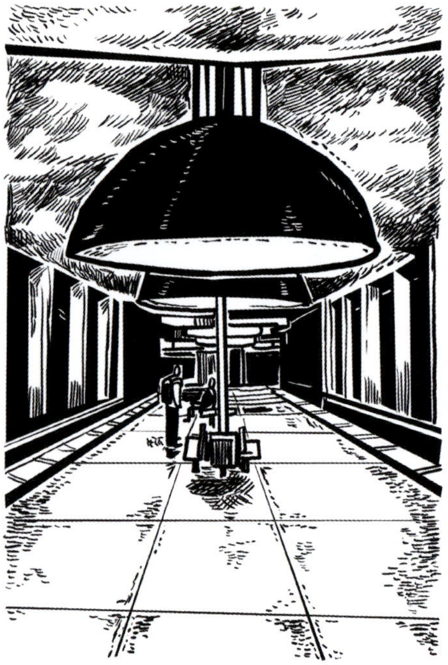

Wenn Verkehrsingenieurinnen und Architekten mit Künstlern zusammenarbeiten, kann eine U-Bahn-Fahrt zu einem künstlerischen Ereignis werden. Bei der durch das Atelier Auer+Weber durchgeführten Renovierung der Haltestelle Westfriedhof entwarf der berühmte Designer Ingo Maurer eine einfache, aber sehr wirkungsvolle Lichtinstallation mit 11 riesigen Lampen, die den Bahnsteig dezent in Nuancen von Blau, Rot und Gelb beleuchten.

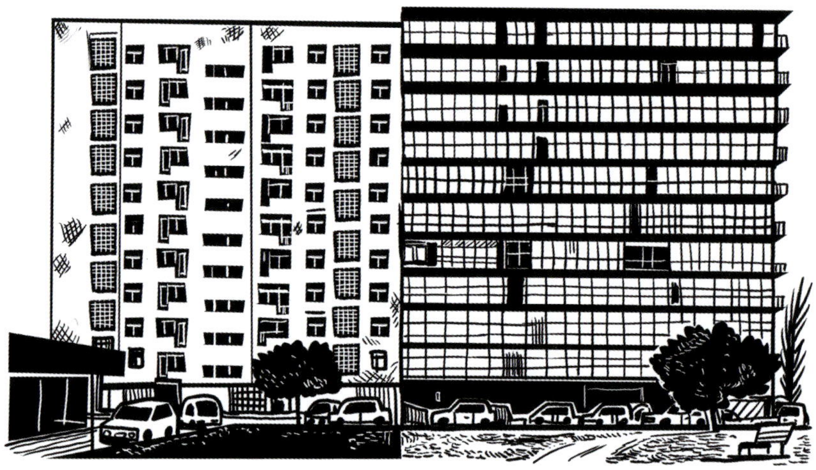

Kreative Stadtentwicklung: Holzmarkt in Berlin (2017)

Am Ufer der Spree, wo eigentlich ein weiteres Viertel von verglasten Hochhäusern mit Luxusapartments, Hotels und Büros entstehen sollte, finden wir heute einen kreativen Ort, der in seiner Struktur eher einem Dorf oder einer Künstlerkommune ähnelt. Maßgeblich entwickelt von einer Gruppe, die zuvor die legendäre Berliner Bar25 betrieben hatte, entstand schließlich eine ungewöhnliche Zusammenarbeit mit einem Schweizer Pensionsfonds, der auf nachhaltige Investitionen spezialisiert ist. Hier treffen Studentenwohnungen auf einen Akrobatiksaal, einen Technoclub, eine Bäckerei, ein Soundstudio, einen Kindergarten und einen Nistplatz für Biber.

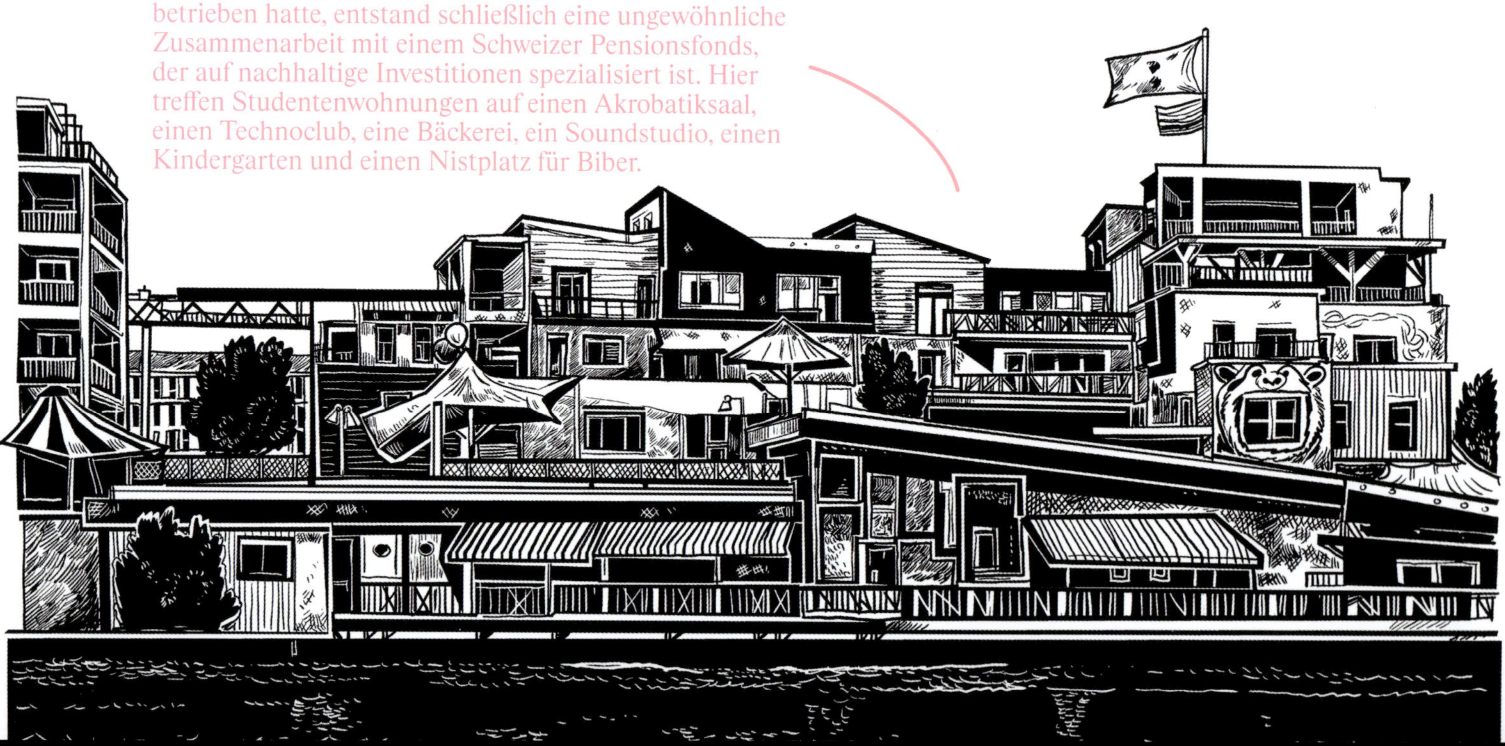

Revitalisierung eines Plattenbauviertels: Grand Parc in Bordeaux (2016)

Eine Renovierung von Plattenbauten muss nicht auf Wärmedämmung und neue Farben für die Fassade beschränkt sein. Drei französische Architekturbüros erarbeiteten unter der Leitung des Ateliers Lacaton & Vassal das Konzept für eine Renovierung von Gebäuden aus dem sozialen Wohnungsbau mit insgesamt 530 Wohnungen. Durch einen Anbau an der Fassade bekamen die Wohnungen Wintergärten und wurden heller und größer. Die Badezimmer wurden vergrößert und die Innenausstattung modernisiert. Dank guter Planung wurden die Bewohner für die Zeit des Umbaus vorübergehend anderweitig untergebracht und kehrten danach zurück. Die bestehenden sozialen Beziehungen blieben so erhalten.

Vorurteile beiseite – auch eine Müllverbrennungsanlage kann zu einem gefragten und viel besuchten Sport- und Freizeitort werden. Amager Bakke ist eine Verbrennungsanlage und ein Heiz- und Elektrizitätskraftwerk, das jährlich mehr als 400.000 Tonnen Müll verarbeitet und CO_2-armen Strom und Wärme an die Kopenhagener Haushalte liefert. Der Entwurf des Architekturbüros BIG Architects arbeitet sowohl mit den modernsten Technologien und Methoden, als auch mit einer besonderen Außengestaltung des Gebäudes. Auf dessen Dach gibt es eine Skipiste, einen Bergwanderweg, die höchste künstliche Kletterwand der Welt, ganz viel Grün, ein Besucherzentrum und ein Panoramacafé.

Eine Skipiste auf dem Dach einer Müllverbrennungsanlage: Amager Bakke in Kopenhagen (2019)

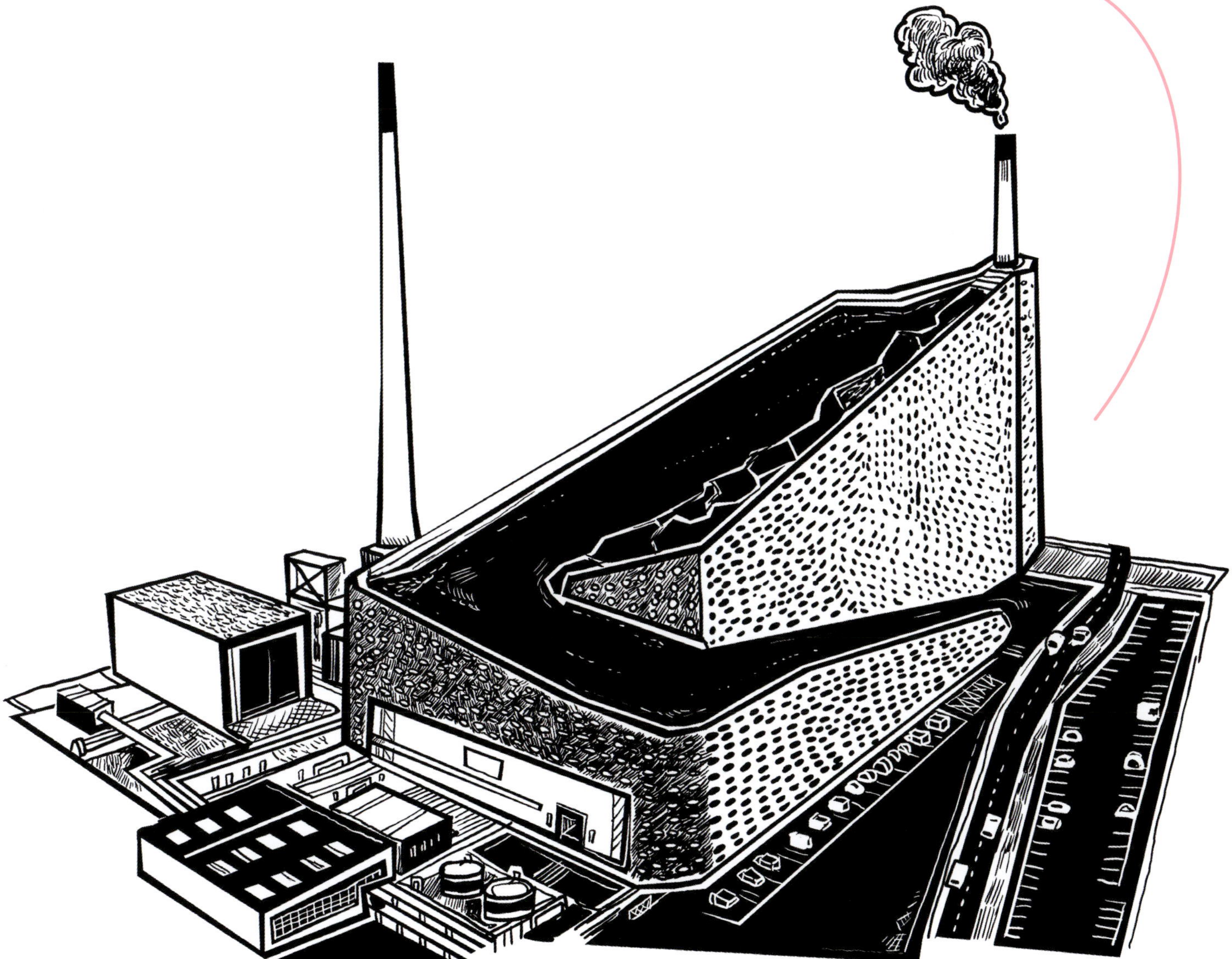

Für alle Städte, die ich liebe.
O. O.

Vielen Dank für wertvolle Hinweise
zum Text an die Fachlektoren und
Fachlektorin der Tschechischen
Architekturstiftung:
Ing. arch. Jan Kasl
Ing. arch. David Mareš
Ing. arch. Martin Peterka
Ing. arch. Renata Vrábelová, Ph. D.
Vielen Dank für die fachlichen Hinweise
zur deutschen Version
an Valentin Frevel.

Für die erste Inspiration möchte ich
Lynn Osmond und Gabrielle Lyon vom
Chicago Architecture Center danken,
den Mitautoren des Buches *No Small
Plans* (2017), Dewin Mawdsley und
Deon Reed, sowie Hana Ripková von
Fulbright Czech Republic in Prag.

Ein besonderer Dank geht an
Lenka Kostrounová.

Danke für das Ausleihen und Spenden
von Modellautos, Radfahrern,
Figürchen, Dunstwolken aus
U-Bahnschächten usw.:
Jakub Stýblo
Marek Imlauf und Terezka Imlaufová
Šimon Havelka
Karel Mlejnek
Klára Cvachovcová
Ski- und Bike-Zentrum Radotín

Und ein Dank an alle Kinder, von
denen wir Modellautos geliehen
haben. Inzwischen haben sie
sie vergessen, deshalb geben
wir sie nicht mehr zurück.

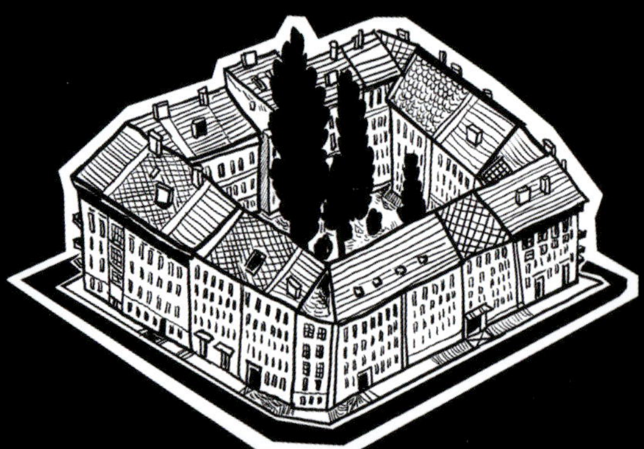

Osamu OKAMURA
(*1973) ist Architekt und Pädagoge, der sich auf die Verbesserung der Lebensqualität von Städten und die städtebauliche Interpretation konzentriert. Ehemals Gastprofessor an der Tokyo University of Science (2023), Dekan der Fakultät für Kunst und Architektur der Technical University of Liberec (2019–23), Mitglied des Komitees für die Entwicklung des Städtebaus, der Architektur und des öffentlichen Raums der Bezirksverwaltung Prag 7 (2015–21). Er arbeitete als Kurator für das Projekt Shared Cities: Creative Momentum, über besseres Teilen in Städten (2015–2019), war Programmdirektor von reSITE, einem Festival über lebenswertere Städte (2013–2017), und Chefredakteur der Architekturzeitschrift ERA21 (2005–2012). Im Jahr 2018 erhielt er ein Fulbright-Masaryk-Stipendium für ein Studium an der Chicago Architecture Foundation (jetzt Chicago Architecture Center), wo er sich auf Programme für junge Menschen konzentrierte. 2014 wurde er zu einem der „New Europe 100 Outstanding Challenger from Central and Eastern Europe“ ernannt.
www.diestadtfueralle.de
www.cityforeveryone.info

David BÖHM
(*1982) ist Absolvent der Akademie der Bildenden Künste in Prag. Als Autor und Illustrator wurde er mit vielen internationalen Preisen ausgezeichnet, für sein bei uns erschienenes Buch *A wie Antarktis* erhielt er 2020 den Deutschen Jugendliteraturpreis und den Magnesia Litera Preis der Tschechischen Republik. Mehrfach erhielt er den Bologna Ragazzi Award.
www.bohmfranta.net

Jiří FRANTA
(*1978) ist ein Künstler, dessen Spektrum sich nicht aufs Zeichnen und Malen beschränkt. Als Illustrator und Comicautor wurde er mehrfach mit dem Magnesia Litera Preis ausgezeichnet. Gemeinsam mit David Böhm stand er auf der Shortlist für den Jindřich-Chalupecký-Preis.
www.bohmfranta.net

Lena DORN
(*1984) hat Slawistik und Geschichte studiert, lebt in Berlin und übersetzt aus dem Tschechischen und Slowakischen. 2021 wurde sie mit dem Sonderpreis „Neue Talente Übersetzung“ des Deutschen Jugendliteraturpreises ausgezeichnet.

Ausgezeichnet mit dem Bologna Ragazzi Award: New Horizons
und dem DAM Architectural Book Award

Die Stadt für alle

Handbuch für angehende Stadtplanerinnen und Stadtplaner

Text
Osamu Okamura

Illustrationen und Modelle
David Böhm & Jiří Franta

Fotografien
Pavel Horák

Übersetzung
Lena Dorn

Vorwort
Laura Weißmüller

Grafikdesign
Štěpán Malovec

Original title: Město pro každého
Author: Osamu Okamura
Illustrators: David Böhm, Jiři Franta,

Published by arrangement with Albatros Media a. s., Prague

Die deutsche Ausgabe wurde vom
Ministerium für Kultur der Tschechischen Republik gefördert.

MINISTERSTVO KULTURY

Schriften: Sequel, Tusker, Rhymes

Druck & Bindung: Jelgavas Tipogrāfija, Jelgava, Lettland
Printed in Latvia.

2. Auflage 2025

ISBN 978-3-7920-0379-4
www.karl-rauch-verlag.de

Karl Rauch Verlag GmbH & Co KG,
Grafenberger Allee 82, 40237 Düsseldorf
info@karl-rauch-verlag.de

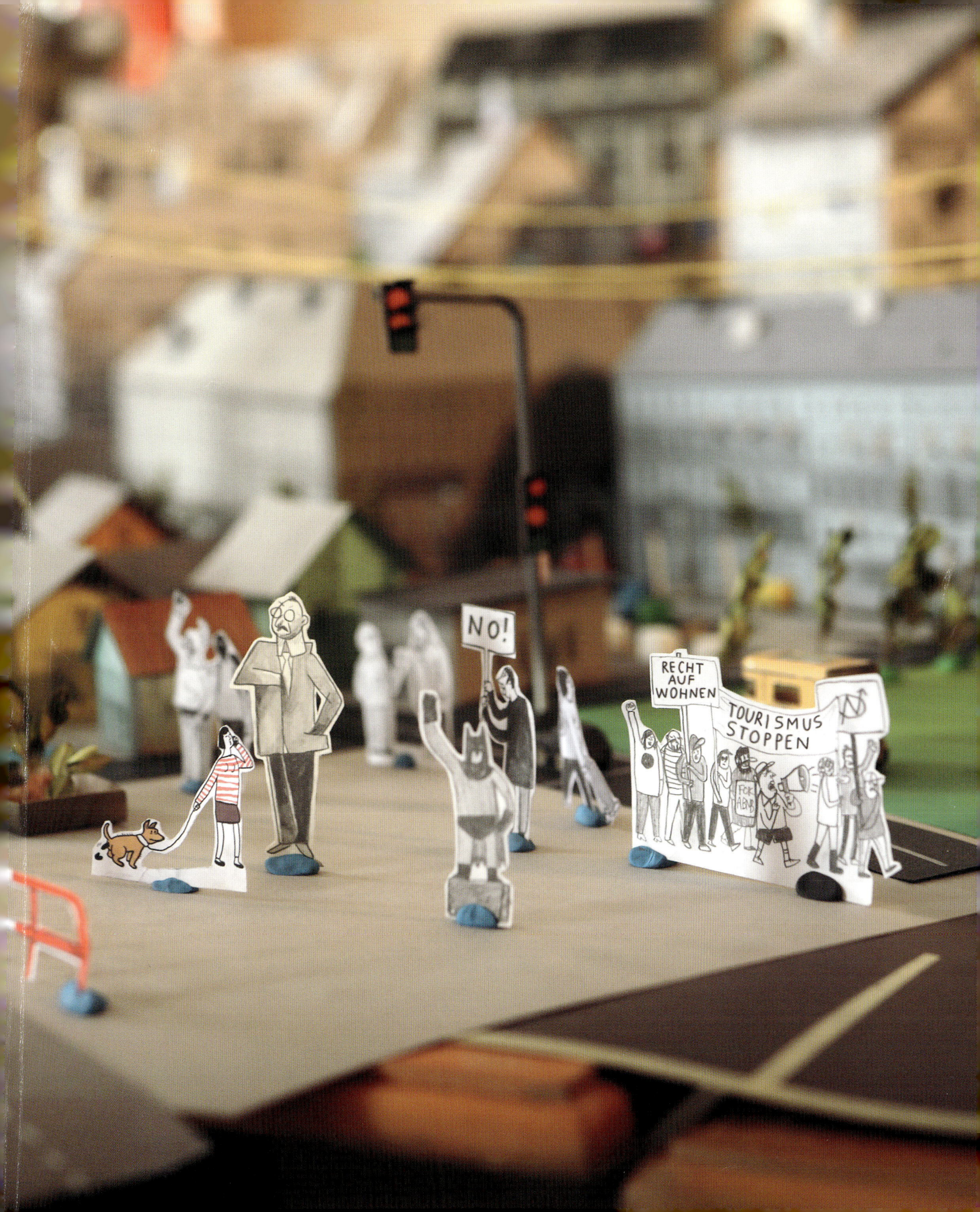
NO!
RECHT AUF WOHNEN
TOURISMUS STOPPEN

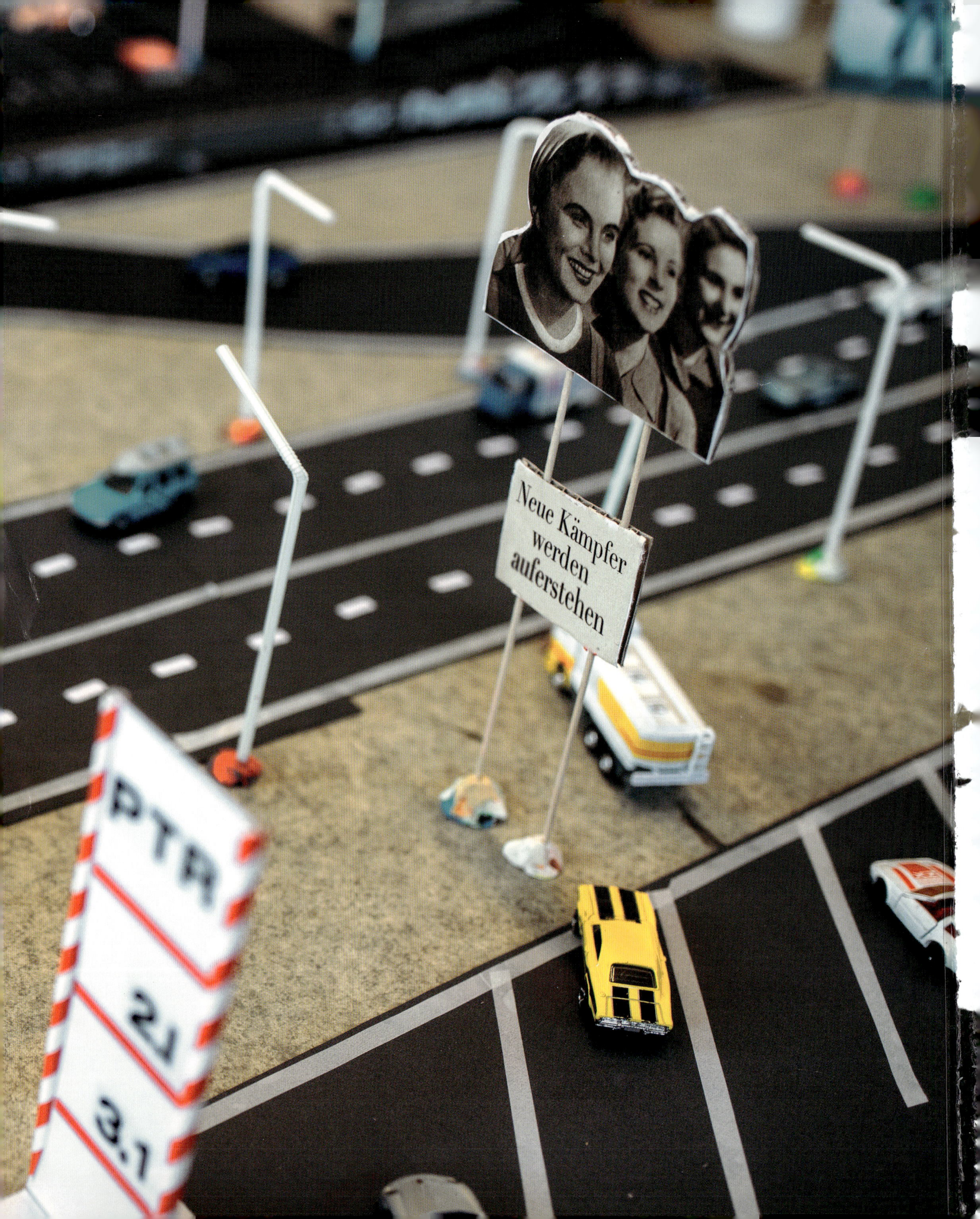
Neue Kämpfer
werden
auferstehen
PTR
2.1
3.1